놀이중심 교육과정
어떻게 실천할 것인가?

유치원 교육과정-수업-평가-기록 일체화

놀이중심 교육과정
어떻게 실천할 것인가?

발행일 2021년 12월 20일 초판 1쇄 발행
지은이 조경희, 임선아, 박은성, 김진화, 최소라, 고유진, 박장미
발행인 방득일
편 집 박현주, 허현정, 한해원
디자인 강수경
마케팅 김지훈

발행처 맘에드림
주 소 서울시 도봉구 노해로 379 대성빌딩 902호
전 화 02-2269-0425
팩 스 02-2269-0426
e-mail momdreampub@naver.com

ISBN 979-11-89404-57-4 93370

유치원 교육과정-수업-평가-기록 일체화

놀이중심 교육과정 어떻게 실천할 것인가?

조경희, 임선아, 박은성, 김진화, 최소라, 고유진, 박장미 지음

맘에 드림

2019 개정 누리과정으로부터 진정한 자유를 얻으려면…
교실에서 기쁨과 눈물, 홍조를 관찰하자

교육과정이 개정되면 현장은 불안감에 휩싸인다. 지금까지도 잘하고 있지는 않은 것 같은데 뭘 변화시켜야 할지 고민에 휩싸인다. 다른 교사들은 어떻게 하는지 두리번거리게 된다. 제대로 하고 있지 않은 것 같으면 자책하게 된다. 2019 개정 누리과정으로부터 진정한 자유를 얻으려면 좌충우돌하더라도 여러 가지 방법으로 시도해 보고 확신을 가져야만 자유로울 수 있다. 교육과정의 가능성을 실천해 보고 개인적인 확신감을 가져야 한다. 교사에 따라 교육과정의 가능성이 무한대로 펼쳐진다. 교과서가 없는 유치원 교육과정이야말로 교육과정 생산자이면서 동시에 소비자의 두 역할을 가장 이상적으로 실천할 수 있는, 전문성이 가장 요구되는 교육과정이다.

우리 선생님들은 2019년에 2019 개정 누리과정 시범유치원을 운영하고 2020년부터 전남혁신학교로 지정되면서 교사중심 계획에 의한 수업에서 유아·놀이 중심 수업으로 변화하기 위하여 노력하였다. 유아들이 요구하는 놀이를 반영하여 주제를 정하고 놀이의 확장과 발전을 물살의 방향과 힘에 따라 달라지는 물길을 만들 듯이 놀이 흐름으로 따라가 보았으며, 놀이 시간을 어떻게 주어야 할지, 아이들이 상상하는 놀이 공간을 어떻게 실현해 줄 것인지를 고민했다. 자유로운 놀이를 보장하고 활동으로 놀이의 주제를 확장하도록 지원하였으며, 그것과 아울러 중요한 일상생활 관련 수업을 진행하였다. 힘들고 어려운 시간도 있었지만 아이들의 변화가 느껴질 때 교사들도 기뻤다. 함께 놀 때 재미있고 성장한 아이들을 볼 때 자랑스러웠다. 그럴 때 개정 누리과정에 대한 진정한 '자유'로움을 느꼈다. 이 책을 읽는 선생님들도 실천적 자유를 느껴 보셨으면 좋겠다.

교육자이자 아동문학가인 이오덕 선생님의 삶과 교육사상에 대한 연수를 들을 때 감동받은 말 중에 "교실에서 미소와 눈물, 홍조를 관찰하자."가 있었다. 유치원 교실은 수많은 감정이 생겼다 사라졌다를 반복한다. 미소와 눈물이야 당연히 알겠지만 연수를 받은 이후로 홍조라는 단어를 매우 좋아하게 되었다. 놀이에 빠진 아이들을 보면 얼굴에 홍조가 있다. 몰입과 집중이 보이고 성공과 실패가 있으나 든든한 지원자인 교사가 있기에 또 다른 도전이 있는 맛좋은 실패다. 아이들은 혼자 또는 같이 뭔가를 만들면 지나가는 나를 부르거나 데리고 가서 설명하고 자랑한다. 세상을 다 가진 것처럼 기쁨이 넘쳐난다. 그때 유아의 얼굴에 발그레한 홍조가 피어 있다. 아이들의 얼굴이 아름답다. 그 얼굴을 보는 선생님은 행복하다. 놀이를 통해 배우는 아이들의 행복한 순간이 행복한 미래를 만들게 될 거라고 꿈꾸게 된다. 선생님들도 교실에서 수많은 놀이와 활동을 실행하면서 미소와 눈물, 그리고 아름다운 홍조가 보이는 순간을 관찰하면 좋겠다.

이 책은 선생님들이 학급의 놀이를 지원하면서 기록한 내용을 정리한 것이다. 같은 연령끼리 같은 놀이 주제를 전개하더라도 학급마다 놀이 흐름과 내용이 달랐다. 그래서 함께 고민하고 의견을 나눈 우리끼리 진행된 놀이를 공유해 보자는 취지로 정리하다가 책으로 발간하게 된 것이다. 아이들이 원하는 공간을 만들고 필요한 재료를 적시에 제공해 주려다 보니 절차에 따라 교재·교구를 구입하지 못하고 당장 사 나르기도 했었다. 생각한 대로 안 되는 날도 많았다. 그런데 아이들이 교실에서 "이제 놀아도 돼요?"라는 질문이 사라졌다. 적어도 놀이의 자유가 보장되는 교실이 된 것이다. 가장 기본이 된 것은 아이들의 눈높이에서 무엇을 하고 놀고 싶은지를 듣는 것이었고, 하고 싶은 놀이를 교육과정에서 제시한 배움과 연결하여 지원하는 것이었다. 유아의 자율적 동기를 지지하고, 학급의 아이들이 함께 살아가는 공간이므로 민주적으로 수용하고 결정하며, 결정된 내용이 실천되는 것을 공유하는 곳이 교실이어야 한다. 유아의 눈높이에서 바라보는 교사의 시선이 유아의 마음을 알아차리고 엿본 마음을 알아주는 공간이 교실이었으면 좋겠다. 교육의 본질에 충실해지는 순간이 될 것이다.

이 책은 크게 Part I 과 Part II, Part III로 구성되어 있다. 'Part I. 혁신유치원과 놀이중심 교육과정의 만남'은 교육과정-수업-평가-기록 일체화를 실현하기 위해 교육과정 계획에서 연간-월간-주간-일일 계획의 수립과 실천에 대해 소개하고, 그것을 실천한 것을 기록하고 기록을 바탕으로 유아 개인별 발달 평가를 하는 과정을 소개하였다. 누리과정 평가 중 유아 평가에 초점을 맞춰 놀이 기록에서 추출한 내용을 중심으로 생활기록부 기록까지의 과정을 맥락적으로 다루고자 노력하였다. 'Part II. 놀이와 배움을 잇다'에서는 연령별로 한 주제가 놀이 흐름에 따라 확장되는 내용을 진행된 날짜별로 제시하였다. 놀이가 시작되는 순간 포착의 초점을 놀이의 시작이라고 정한 후 변화하는 놀이에서 흥미와 몰입을 읽을 수 있고 흥미진진한 상호작용이 엿보이며 교사의 고민과 함께 해결해 나간 과정들이 있다. 놀이마다 유아들의 유능감으로 가득 찼고 기발한 아이디어와 신나는 대화로 가득 차 있다. 아이들이 모두 다르듯 교실에서 일어나는 모든 놀이는 다르다. 이 책에 수록된 사례들이 학교 안과 밖의 전문적 학습 공동체를 중심으로 놀이를 이해하는 마중물이 되고 수업 나눔 대화의 동기가 되기를 희망한다.

좋은 선생님이 되기를 희망하는 전국의 모든 선생님을 응원합니다.

2021년 12월

유아와 함께 배우고 성장하는 저자 일동

차례

Part Ⅱ.
놀이와 배움을 잇다(연령별 놀이 사례 및 놀이 기록) / 89

Part Ⅲ.
부록: 비구조적 놀잇감을 활용한 놀이 / 379

Part I.
혁신유치원과 놀이중심
교육과정의 만남

1. 유치원에서 교육과정-수업-평가 일체화

(1) 교육과정-수업-평가 일체화의 의미

교육과정에 대한 정의는 광의의 개념부터 협의의 개념까지 매우 다양하다. 우리나라에서 교육과정이라고 하면 국가 수준 교육과정, 즉 계획이나 문서의 개념이 강하였지만, 이제는 교육과정에 수업을 포함하고 교육과정과 수업, 평가 연계를 강조하는 흐름이 나타나고 있다. 2019 개정 누리과정은 유아·놀이 중심을 추구하는 교육과정이다. 교육과정은 유아의 성장과 발달을 위해 이루어지는 모든 교육 활동이다. 유치원의 하루 일과는 유아가 주도하는 놀이를 중심으로 편성·운영하는데, 유아는 하루 일과에서 놀이, 일상생활, 활동 등을 하면서 다양한 경험을 한다. 유아에게는 유치원이 삶의 공간이고 교육과정이 유아의 성장과 발달을 도와줘야 하므로 각각의 역할이 다 중요하다고 본다. 교사의 수업 계획과 기술이 돋보이던 시대를 지나 유아의 놀이를 유아와 인적, 물적 환경과 관련하여 맥락적으로 관찰하고, 그 관찰에 따라 적절한 지원으로 유아의 전인 발달을 도모하는 것이 2019 개정 누리과정의 핵심이다. 그러므로 유아의 성장과 발달을 위한 놀이, 일상생활, 활동을 통해 이루어지는 모든 교육 활동이 곧 교육과정이다. 유치원 놀이중심 교육과정에서의 교육과정-수업-평가 일체화란 유아의 성장과 발달을 목표로 유아가 주도하는 놀이를 중심으로 교육과정을 계획하고, 유아가 흥미와 관심을 가지고 자발적으로 즐겁게 참여하여 배우는 과정인 놀이를 따라가며 지원하며, 놀이를 구체적이고 맥락적으로 관찰하여 기록함으로써 성찰을 통한 평가가 이루어지고 재구성된 지원 계획을 다음 놀이에 반영하는 것이다.

(2) 유치원 교육과정이 일체화를 실현하기 가장 좋은 교육과정이다

　교육과정-수업-평가 일체화를 위한 노력에도 불구하고 일체화 실현이 어려웠던 가장 큰 이유는 평가 때문이라고 해도 과언이 아니다. 평가의 경우 유치원은 초중등학교의 평가와 다르게 실행되고 있다. 이는 유치원에서의 평가가 덜 중요하다는 인식을 형성하기도 하였다. 초중등학교의 평가는 본질적인 학생의 성장과 발달보다 그 평가를 기초로 상위 학교 진학과 밀접한 관련이 있는 시스템이다. 그러나 유치원의 평가는 유아의 성장과 발달을 위해 지원하는 질적 평가 시스템이다. 누구도 유치원에서는 성적을 논하지 않는다. 그렇기에 유치원은 교육과정 내용에 가장 진솔하게 충실할 수 있다. 교사 본인이 교육과정을 재구성하고, 그것을 실제 수업에 반영하고, 수업한 대로 평가하고, 평가를 통해 다음 수업을 계획하기에 교육과정의 계획과 재구성이 자연스럽고 선순환적인 실천으로 이루어진다. 유치원에서는 교육과정이 교사와 유아(학습자) 두 주체에 의해 적극적으로 재구성되며 변형되고 생성된다. 또한, 평가 자체가 유아의 본질적인 성장과 발달을 지원하는 방향으로 이루어지므로 과정 중심적 평가를 지향한다. 그러므로 유치원 교육과정은 가장 선진적이며 일체화를 실현하기에 적합하다.

(3) 평가의 다른 형태, 놀이 기록이 중요하다

　2019 개정 누리과정에서는 계획안의 형식과 방법의 자율화, 흥미 영역 운영 방식의 자율화, 5개 영역 통합 방식의 자율화, 놀이와 배움을 기록하고 평가하는 방식의 자율화 등 교육과정의 편성·운영에 자율권을 부여하였다.

계획안 형식과 방법의 자율화

흥미 영역 운영 방식의 자율화

5개 영역 통합 방식의 자율화

놀이와 배움을 기록하고 평가하는 방식의 자율화

교사는 유아와 가장 가까이에 있는 사람으로, 그 누구보다 유아의 놀이를 잘 아는 전문가이다. 교사는 유아의 놀이에 대한 의미를 이해하고 지원하며, 유아와 함께 성장하고 배워 나간다. 교사는 활동을 계획하고 준비하는 데 많은 시간을 보내는 것보다 유아의 놀이를 이해하고 지원하는 데 더 많은 시간을 보낼 필요가 있다. 유아의 놀이는 예측하여 계획하기가 어렵기 때문에 교사는 유아의 놀이 흐름에 따라 가장 적합한 교육적 지원이 무엇인지를 상황에 따라 판단하고 실행해야 한다. 교사는 자율성을 기반으로 유아가 놀이하며 배운다는 가치를 믿고, 유아가 중심이 되고 놀이가 살아나는 교육과정을 유아와 함께 실천해 갈 수 있어야 한다.

2019 개정 누리과정에서는 교사가 놀이하며 배우는 유아의 실제 경험을 평가와 연계하여 이해하도록 평가의 자율성을 보장하였다. 교사는 유아 놀이를 보면서 유아의 놀이 경험을 기록할 수 있다. 이때 교사는 놀이를 보면서 유아에게 의미 있는 내용을 자신만의 방식으로 기록할 수 있다. 기록은 간단한 메모, 사진, 동영상, 저널 형식의 글 등이 모두 가능하다. 놀이를 기록하는 이유는 놀이에서 배움을 발견하기 위함이다. 기록은 유아에 대한 평가로서의 기록이며 구체적이고 맥락이 있는 기록이어야 한다. 정확한 관찰을 위해 유아의 내적 요인과 외적 요인을 잘 파악하고, 발달 특성을 고려하여 놀이를 이해하여야 하며,

교육과정 5개 영역과 관련지을 수 있는 공감적 시각의 균형이 필요하다.

2019 개정 누리과정에서는 자율성이 강조되는 평가에서 고려해야 할 핵심 사항을 평가의 목적, 대상, 방법, 결과 활용으로 나누어 간략히 제시하였다. 무엇보다 누리과정을 운영하는 일상 속에서 유아가 실제 놀이하는 내용과 교사의 지원 내용을 기록한 계획안 등을 유아 평가 및 누리과정 운영 평가와 연계하여 활용할 수 있도록 하였다.

계획을 최소화하고 자율적으로 결정하여 실행한다는 의미를 계획이 없어도 된다는 의미로 해석하고 실제 학부모들에게 계획안을 보내지 않은 유치원도 있을 수 있다. 계획안의 형식과 방법의 자율화는 계획안의 형식을 자율적으로 작성하고, 사전 계획을 최소화함으로써 유아가 주도하는 놀이를 적극적으로 지원한다는 것을 의미한다. 여기에서 교사는 자율적인 계획 수립의 의미를 계획안을 작성하지 않아도 된다거나 단순히 업무를 줄이는 방식으로 이해하지 않도록 유의해야 할 것이다.

(4) 교육과정 문해력과 실행력 높이기

교사는 교육과정을 잘 운영하기 위해 무엇보다 2019 개정 누리과정이 지향하는 방향, 개정의 특성, 개정 내용의 의미와 의도를 잘 이해하려는 노력이 필요하다. 놀이의 본질과 가치를 이해하고 유아의 놀이를 통한 배움을 지원하도록 해야 한다. 유아의 배움을 지원하는 교사의 경험이 일상에서 반복되고 실천되면서 교사 스스로 배우고 성장하며 교육과정의 실행력을 높이도록 해야 한다.

교육과정을 이해하여 재구성을 하고 이를 바탕으로 수업과 평가를 일관성 있게 운영하기 위해서는 교육과정 문해력이 필요하다. 교육과정 문해력이란 교원이 교육과정을 인식하고, 읽고, 교육 활동에 실질적으로 적용하는 데 필요한 능력을 말한다. 주어진 교육과정이 무엇을 의도하고 있는지 담고 있는 본질적인 내용을 이해하고, 이를 다양한 상황에서의 교육에 반영하는 능력이라고 할수 있다. 특히 국가 수준에서 제시하는 교육에 대한 가치와 철학, 개정 방향, 추구하는 인간상, 교육목표에 대한 이해를 바탕으로 내용에 대한 깊이 있는 해석능력이 요구된다. 교사는 교육과정 문해력을 가짐으로써 교육과정을 재구성하고 수업과 평가의 전문가로 거듭날 수 있어야 하고, 교육과정의 능동적인 주체자로서 그 위치를 견고히 해야 한다.

이러한 문해력 형성을 위해서는 교육과정이 문서로서 남아 있는 것이 아니라교사가 자신의 교육철학을 바탕으로 교사, 유아, 교실의 맥락적 상황을 종합적으로 고려하여 교실에서 실천되어 실행된 교육과정으로 남아야 한다.

1단계: 교육과정 문서와 자료를 구분하여 찾는 단계
2단계: 국가 수준 교육과정, 지역 수준 교육과정, 학교 교육과정 문서 읽기와해석 단계
3단계: 교육과정 문서를 읽고 해석하여 학급 교육과정(교사의 교육과정) 틀을 구성하는 단계
4단계: 교사 수준에서 교육과정을 계획하고 실행하는 단계

교육부는 2019 개정 누리과정을 발표하고 어린이집과 유치원 교원연수를 실행하였다. 실행 2년 차에 접어들었으나 현장은 아직도 실행 수준이 혼란스러운상황이다. 교육과정을 설계하고 수업을 실행하고 이를 평가하여 다시 교육과정을 재구성하는 교육과정 순환을 제대로 이루어 내려면 2019 개정 누리과정의 이해를 돕기 위해 발간된 해설서, 놀이 이해 자료, 놀이 실행 자료 등 3권의자료를 깊이 이해하고 2019 개정 누리과정의 내용 요소와 관련성을 연결 지을수 있어야 한다. 교육과정 문해력과 실행력을 높인다는 것은 교사가 일상의 실행 경험을 통해 교육과정을 이해하고 해석하는 것이 반복되고, 그것을 바탕으로 스스로 성장하는 것이라고 할 수 있다.

2. 교육과정 만들기부터 수업, 평가(생활기록부 작성)까지

'유아의 흥미와 관심'에서 시작하고,
'교사의 교육적 필요'와 함께 구성한다.

(1) 단위 유치원 교육과정 만들기

교사들은 다음 학년도 교육과정을 운영하기 위해 학년말에 동료 교사 및 학부모 의견(설문)을 조사하여 교육과정 운영에 대한 의견을 수렴하고, 교사들끼리 모여 교육 철학과 가치를 담아 함께 교육 계획을 수립한다.[1]

유치원 교육과정에는 교육 철학이 담겨야 하고, 유아들의 삶을 반영하거나 시대적 가치를 담아야 한다. 또한 교육 철학에 따라 교육과정의 방향을 정하고 이것이 놀이, 일상생활, 활동에 반영되도록 한다. 유치원의 비전에 담긴 가치를 함께 협의하여 결정하고 담긴 의미와 철학을 교육 공동체가 공유하는 일은 매우 중요하다. 유치원의 모든 놀이와 활동, 일상생활에 교육 철학을 담아내기 위해 함께 노력해야 한다. 교육목표에 따른 세부 중점 활동의 경우, 지난해의 반

---

1. 신은희, 『혁신학교와 실천적 교육과정』, 34~37쪽, 살림터, 2020.

성을 통해 맥락적으로 계승되어야 할 내용과 수정·보완해야 할 내용에 대해 협의하고, 연령별로 놀이를 통해 이룰 수 있는 내용으로 선정하고 세부 추진 계획을 수립한다. 놀이가 유아의 흥미와 관심을 따라가므로 계획이 무의미한 것처럼 보이나 교사는 놀이 주제가 생성되면 그와 관련하여 일어날 수 있는 모든 놀이를 마인드맵하고, 마인드맵의 내용과 다르게 진행되는 놀이를 함께 지원하는 것이 교육과정 순환의 흐름이다.

– 핵심 가치를 공유하고 3주체가 함께 운영

핵심 가치를 공유하며 교육과정을 만들어 가는 주체는 교사, 유아, 학부모이다. 물론 유치원 교육 계획을 만들고 나서도 협의회에서 수시로 협의하여 바꿔 나가기도 한다. 구성원이 함께 만들고 협의하는 과정을 거쳤기 때문에 교육 계획을 따로 보지 않아도 놀이 수업을 열심히 하면 자연스럽게 유치원의 교육목표에 도달하게 된다. 유아가 교육 계획을 만드는 주체라는 말이 어색할 수 있으나 놀이 주제를 결정하는 중요한 요소가 유아의 흥미를 존중하는 것이므로 교육과정을 만드는 당당한 주체 중 하나이다.

◎ 핵심 가치를 정하고 공유하기(빛누리유치원 예시)

핵심 가치	유치원 구성원이 합의한 정의
놀이	즐겁고 재미있는 유아의 삶
배움	놀이를 통해 자란 생각, 힘, 경험
협력	모두 함께 존중하고 도우며 힘을 모으는 것
성장	교육 공동체가 어제보다 더 나은 행복을 찾아가는 것

◎ 핵심 가치를 반영한 교육목표 및 중점 교육(빛누리유치원 예시)

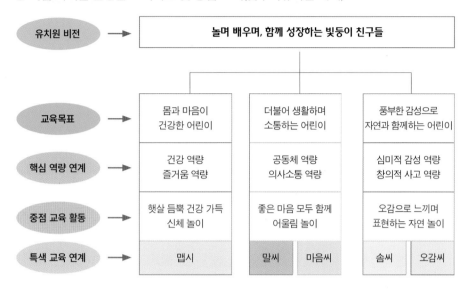

– 핵심 가치를 반영한 교육과정 운영이 중요하다

중점 교육목표와 실천 방법을 정했다면 구성원 모두가 주제와 관련된 놀이를 진행할 때는 연령 수준에 맞게 놀이를 진행할 수 있다. 놀이 주제가 같더라도 학급에 따라 놀이 내용은 다르게 진행되는 것이 자연스러운 일이나 교육 계획에서 정한 역량을 기르기 위해 각 학급에서 구성원이 함께 정한 가치를 실현하고자 놀이하는 것은 같은 맥락이다. 누리과정의 59개 내용 범주에 따른 내용은 가르쳐야 할 내용이 아니라 경험해야 할 내용이며, 유아의 놀이에서 통합적으로 나타난다.

교사는 놀이를 깊게 들여다보고 그 놀이에서 어떤 배움이 일어나는지에 대해 기록하고 성찰하고 배움과 연결한다. 평가 또한 유치원의 교육 철학이 반영된 교육과정에 따라 유아가 어떻게 성장하고 있는가를 가늠하는 활동이 된다. 유치원 교육 철학은 교육과정 운영만이 아니라 시간이 지나고 구성원이 바뀌더라도 교육과정을 유지 발전시키는 데 중요한 역할을 한다. 이는 교육과정을 모든 구성원이 함께 만들고 협의하는 숙의 방식으로 개발해야만 가능한 것이다.

(2) 놀이 주제를 어떻게 정할까?

> 교사 인터뷰 연간 계획에서 주제를 정하고 정하지 않고는 아무런 문제가 없었어요. 결과는 주제가 항상 변한다는 것이지요. 아이들이 원하는 주제는 매일, 매월 달라지기 때문에 오히려 짜지 않는 것도 괜찮다고 생각해요. 하지만 미리 예상되는 주제를 연상해 봄으로써 지원할 준비를 할 수 있다는 점에서 올해 진행했던 주제를 중심으로 경험해야 할 내용과 연결해서 짜 보는 것이 좋다고 생각합니다.

기존 생활 주제는 유아의 주변 생활 속에서 유아에게 의미 있고 가치 있는 내용을 교육과정으로 조직하고 구성하기 위한 개념의 조직체이다. 다시 말하면, 생활 주제는 유아의 발달을 고려해 통합 교육을 위한 하나의 접근 방식으로, 유아가 자신이 속한 사회·문화적 환경 안에서 즐기고 느끼고 알아 가기 위한 방향성을 제공해 준다. 이 과정에서 교사는 유아의 발달과 흥미에 맞는 교육과정을 개발해 나가는 것이다.

3~5세 연령별 누리과정(2013)에서는 오랫동안 유아의 생활과 가장 밀접하다고 생각한 주제들로 11개의 생활 주제를 제시하였고, 각각의 유치원 실정에 맞게 생활 주제를 통합하거나 첨가 및 삭제가 가능하도록 융통성을 주었다. 하지만 놀이중심 교육과정에서는 반드시 이 생활 주제를 놀이 주제로 선정하지 않아도 되며, 유아의 흥미와 관심을 고려하여 기존의 생활 주제를 놀이 주제로 그대로 사용해도 무방하다.

2019 개정 누리과정에서는 유치원의 교육철학, 가정과 지역사회의 특성, 유아의 요구 등을 반영하여 자율적으로 계획을 수립하도록 안내하였다. 따라서 기존에 활용했던 연간, 월간, 주간, 일일 계획안을 유치원 및 학급의 특성에 적합하게

변경하여 사용할 수 있다. 예를 들어 유치원 수준에서 매년 작성하는 연간 계획 이외에 월간과 주간, 주간과 일일 계획을 통합하거나 유치원과 학급 특성에 따라 간단한 일지 등을 활용하여 계획안을 작성할 수 있다. 또한, 유치원에서 배부하는 계획안은 유아가 활동할 내용을 미리 계획하여 안내하는 방식에서 유아가 실제 놀이한 내용과 배움에 대한 기록을 공유하는 방식으로 바꿀 수도 있다.[2]

– 연간 계획

유치원 교육과정이 제정된 2004년 초창기부터 현재까지 일관성을 나타내는 것은 생활 중심, 경험 중심, 놀이 중심의 학습 형태이다. 1981년 제3차 유치원 교육과정부터는 통합 교육을 새롭게 추가, 포함하여 이제 유아교육 현장에서 통합 교육과정은 보편화된 학습 형태로 자리 잡았으며, 유아를 위한 적합한 교육 방식으로 인식되고 있다. 연간 계획은 1년 동안 유아에게 기대되는 배움과 예상되는 놀이를 중심으로 작성한다. 예상되는 놀이를 중심으로 일상생활, 활동, 놀이를 실행하고 5개 영역의 내용을 통합적으로 연계하여 배움을 이어 준다. 연간 계획에 유치원의 행사나 현장체험학습 내용을 포함하여 작성하는 사례도 있으나 학사 일정이나 현장체험학습 계획은 별도로 작성하므로 여기에서는 예상되는 경험이나 내용, 관련 놀이 주제만 제시하였다.

다음은 2020학년도와 2021학년도에 계획한 연간 계획이다. 다음 해의 놀이 주제를 예상하다 보니 작년 기준의 놀이 주제를 기초로 예상되는 놀이 주제를 연령별로 모아 정리하였으며, 유아의 놀이 상황에 따라 변경하여 전개하기로 하였다. 그러나 놀이 주제를 미리 정해 놓지 않고 빈 자리로 두었다가 놀이 흐름과 방향에 따라 결정하여 운영하여도 상관없다. 배움의 내용을 개념적으로 진술하기보다는 놀이의 이미지가 연상되는 '○○ 놀이'로 진술하는 것이 교사들에게 용이하게 활용될 수 있다.

---

2. 교육부, 『2019 개정 누리과정 해설서』, 39~40쪽, 2019.

◎ 2020학년도: 기존 생활 주제를 그대로 반영하여 놀이 주제와 예상되는 놀이 작성

학기	월	주	생활 주제	주제 (예상되는 경험, 내용)	놀이와 활동 (예상되는 놀이)
1	3	1	유치원과 친구	유치원의 환경 유치원에서 만난 친구 안전한 놀이와 생활	재료 탐색 놀이(한지, 색종이, 색테이프, 아이클레이 등) 놀이 규칙을 만들어요
		2			
		3			
		4			
	4	1	봄	봄 날씨 봄의 동물과 식물 봄에 먹는 음식과 건강	봄 나들이를 가요 동물원 놀이 거미가 되어요 봄 식물로 만든 요리
		2			
		3			
		4	나와 가족	나의 몸과 마음 소중한 가족 다양한 가족의 문화	가족 놀이 음식점 놀이 상자로 집을 만들어요 결혼식 놀이
	5	5			
		1			
		2			
		3			
		4	우리 동네와 교통기관	우리 동네 모습과 생활 우리 동네 사람들 우리 동네 전통과 문화 여러 가지 탈것 즐거운 교통 생활	역할놀이(마트, 미용실, 공사장, 병원, 소방서, 경찰서 등) 교통기관을 타고 여행을 떠나요 자동차 경사로 놀이 비행기 날리기 교통안전 캠페인
	6	1			
		2			
		3			
		4			
	7	1	여름	여름 날씨 여름의 동물과 식물 여름에 먹는 음식과 건강 즐거운 여름 놀이와 안전	여름 숲에 놀러 가요 봉숭아 물들이기, 오이팩 놀이 수박 화채 만들기 물놀이하기 (비눗방울, 물총, 물풍선 등)
		2			
		3			
		4			
2	9	1	환경과 우리 생활	빛과 그림자 소리, 흙, 바람과 우리 생활	빛을 찾아보아요 그림자밟기 소리를 전달해요 모래로 만든 성 바람개비 만들기 춤추는 스카프
		2			
		3			
		4			

2	10	5	우리나라	우리나라의 상징과 자랑거리 우리나라 사람들의 생활 우리나라의 놀이와 예술	탑 쌓기 놀이 담장 만들기 전래놀이 (딱지치기, 구슬치기, 제기차기, 팽이 돌리기 등)
		1			
		2			
		3			
		4			
	11	1	가을	가을 날씨 가을의 동물과 식물 가을에 먹는 음식과 건강	자연물로 놀아요 자연물 피자 만들기 송편 만들기
		2			
		3			
		4			
	12	1	겨울	겨울 날씨 겨울의 동물과 식물 겨울에 먹는 음식과 건강 즐거운 겨울 놀이와 안전	눈싸움 놀이 (신문지, 털 공 등) 방석 스케이트 놀이 캠핑 놀이 호떡 만들기
		2			
		3			
	2	1	유치원 수료		추억 놀이 (퀴즈, 인형극, 발표회 등)
		2			

◎ 2021학년도: 2020학년도에 전개된 놀이에 교사들이 추가한 놀이를 포함하여 작성

월	주	놀이 주제	예상되는 놀이
3	1	유치원과	- 내가 좋아하는 놀이
	2		
	3		...이(유치원 만들기, 선생님 놀이)
	4		...차놀이, 우리 반 약속 만들기, 뮤지컬 극놀이)
	5		
4	1		...이, 봄 풍경 꾸미기)
	2		..., 꽃길 즐기기, 봄 카페 놀이)
	3		... 놀이(꽃가게 놀이, 봄소풍 놀이)
	4		
5	1	우리 가족	- 우리 집 놀이(우리 집 구성, 가족 놀이) - 우리 집 행사(파티 놀이, 캠핑 놀이, 여행 놀이, 결혼식 놀이)
	2		
	3		
	4		

가족의 의미, 가족 구성원의 역할 등 개념적 진술보다는 가족 역할놀이, 결혼식 놀이 등으로 표현하여 가족의 의미, 구성원의 역할 인식 등을 놀이로 전개할 수 있도록 함

6	1	우리 동네	- 우리 동네 구성 놀이(지도, 길 만들기) - 우리 동네 놀이(마트 놀이, 우체국 놀이, 배달 놀이, 미용실 놀이, 피자 가게 놀이, 노래방 놀이, 자동차 놀이)
	2		
	3		
	4		
	5		
7	1	여름	- 여름 캠핑 놀이 - 물놀이(비눗방울 놀이, 얼음 놀이, 물총 놀이, 수영장 놀이) - 여름 곤충(거미줄 놀이, 곤충 찾기 놀이) - 여름 식물(여름 열매 수확, 봉숭화 물들이기) - 책 놀이(인형극, 뱃놀이) - 칭찬 놀이(칭찬 파티, 1학기 놀이 되돌아보기) - 병원 놀이
	2		
	3		
	4		
9	1	우리나라	- 우리나라 놀이(제기, 딱지, 구슬, 산가지) - 추석(씨름, 줄놀이, 한복 패션쇼, 윷놀이, 송편 빚기) - 황토 · 점토 놀이 - 우리나라 자랑거리(떡 놀이, 거북선 놀이, 탑 놀이)
	2		
	3		
	4		
	5		
10	1		
	2		
	3	가을	- 가을 색 놀이(가을 색 찾기, 가을 색 미술관 놀이) - 가을 수확 놀이(허수아비 놀이, 벼 수확 놀이) - 가을 축제 놀이(축제장 음식점 놀이, 사진 찍기) - 낙엽 놀이(낙엽 길 만들기) - 가을 열매 놀이(가을 소풍 놀이, 고구마 요리, 장터 놀이) - 책 놀이(인형극 놀이, 뮤지컬 놀이, 목욕탕 놀이)
	4		
11	1		
	2		
	3		
12	4	겨울	- 겨울 놀이(얼음낚시 놀이, 겨울 카페 놀이, 눈싸움 놀이, 눈사람 만들기 놀이, 바깥 눈놀이) - 칭찬 놀이(칭찬 파티, 친구를 칭찬해요) - 나눔 축제(산타 놀이)
	5		
	1		
	2		
	3		
2	1	유치원 졸업	- 추억 놀이, 형님 반 놀이
	2		

- 월간 계획

3월 첫 놀이가 시작되면 이달의 놀이 흐름에 따라 다음 달의 월별 놀이 주제 및 놀이 흐름을 예상해 보고 놀이 맵을 작성할 수 있다. 교사가 작성한 놀이 맵은 유아의 놀이 요구에 따라 수정과 첨가를 반복하면서 진행된다. 유아의 놀이에서 유아-유아 사이에 놀이가 활성화되거나 배움이 일어날 가능성이 매우 높은 놀이를 예상하거나, 유아에게 어떤 놀이를 하고 싶은지 이야기를 나눈 후 함께 놀이 맵을 작성해 보는 것도 유아가 자신의 놀이를 계획하고 구상하는 데 도움이 된다. 놀이 매핑(play mapping)하기는 월간 계획뿐 아니라 주간 계획, 일일 계획에서도 적용하는 것이 가능하다. 놀이 주제를 전개할 때는 유아들이 생활 속에서 쉽게 느끼고 경험할 수 있는 놀이나 유아들의 사고나 경험을 확장시켜 줄 수 있는 놀이, 즉 유아 입장에서의 놀거리를 토대로 작성해야 한다. 그리고 작성한 놀이에 따른 지원 재료나 자료, 활동 방법 등도 계획할 수 있다.

월간 계획을 수립할 때는 동일 연령 교사 또는 다양하게 구성된 전문적 학습공동체가 함께 협의하여 가능한 한 유아들이 경험해야 할 내용을 모두 생각하여 정리하고, 학급에서는 놀이 매핑을 바탕으로 유아들과 함께 논의한 놀이를 전개해 나간다.

전문적 학습공동체를 활용한 월간 계획 수립

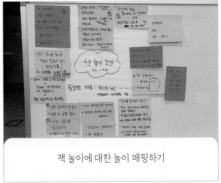

책 놀이에 대한 놀이 매핑하기

7월 놀이 계획(만 4세)

그동안 진행되고 있는 구슬 놀이는 여전히 즐기고 있어요
무더운 여름이 되었어요! 즐거운 물놀이, 여름 비 놀이, 여름 식물 놀이를 하며~
친구와 함께 놀이하며 보내는 7월! 벌써 기대되네요…

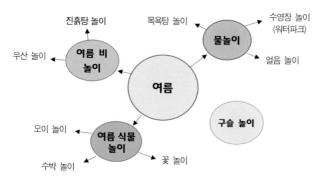

※ 하루 일과는 유아의 상태, 흥미, 요구, 유치원 실정에 따라 융통성 있게 운영합니다.

7월의 행사	안전교육	
▶ 7월 9일(목) 숲 체험(4세) ▶ 1학기 독서퀴즈대회 주간(기간 미정) ▶ 7월 27일(월) 칭찬저금통 활동 평가 ▶ 7월 31일(금) 여름방학 선언	생활안전	- 몸에 좋은 음식을 먹어요 - 식중독은 무서워요(올바른 손 씻기 방법) - 안전하게 물놀이해요 - 길을 잃었을 때
	성교육	- 여자도 남자도 똑같아요 - 싫어요, 안 돼요, 도와주세요(노래)
	교통안전	- 비 오는 날 안전하게 다녀요 - 자동차를 안전하게 타요
	약물 및 사이버중독	- 스마트폰 체조 - 인터넷은 시간을 정해 사용해요 (전자 미디어 안전교육)
	재난안전	- 폭염, 태풍, 호우에 대비해요 - 황사와 미세먼지를 알아보아요

가정통신

▶ 코로나19가 유행하며 생활 속 거리두기로 마스크 쓰기, 손 씻기와 소독, 기침 예절 지키기를 하고 있습니다. 가정에서도 유치원에 가기 전 체온(37.5℃ 이하일 때 등원)을 잰 후 '개인별 건강관리기록지'에 기록한 후 보내 주세요.
▶ 1학기 독서퀴즈대회는 아이들이 도서를 선정하고 학급별로 자체 운영하고자 합니다. 평소 가정에서 책 읽기와 책읽기통장에 많은 관심을 가져주시기 바랍니다.
▶ 1학기에 예정되었던 학부모 참여 수업과 5씨앗놀이사랑발표회, 물놀이 체험학습은 코로나19로 인하여 취소합니다.

〈한 달간 놀이 진행 후 월간 계획의 실제 실행 여부 및 평가를 실시한 사례: 실행되지 않은 것과 실제 실행된 것을 표시〉

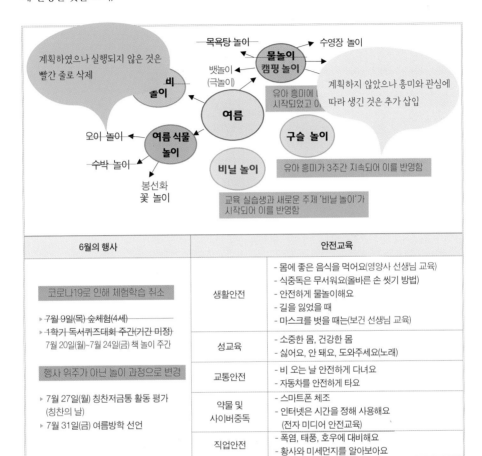

6월의 행사	안전교육	
~~코로나19로 인해 체험학습 취소~~ ▸ ~~7월 9일(목) 숲체험(4세)~~ ▸ ~~1학기 독서퀴즈대회 주간(기간 미정)~~ 7월 20일(월)~7월 24일(금) 책 놀이 주간	생활안전	- 몸에 좋은 음식을 먹어요(영양사 선생님 교육) - 식중독은 무서워요(올바른 손 씻기 방법) - 안전하게 물놀이해요 - 길을 잃었을 때 - 마스크를 벗을 때는(보건 선생님 교육)
	성교육	- 소중한 몸, 건강한 몸 - 싫어요, 안 돼요, 도와주세요(노래)
~~행사 위주가 아닌 놀이 과정으로 변경~~ ▸ 7월 27일(월) 칭찬저금통 활동 평가 (칭찬의 날) ▸ 7월 31일(금) 여름방학 선언	교통안전	- 비 오는 날 안전하게 다녀요 - 자동차를 안전하게 타요
	약물 및 사이버중독	- 스마트폰 체조 - 인터넷은 시간을 정해 사용해요 (전자 미디어 안전교육)
	직업안전	- 폭염, 태풍, 호우에 대비해요 - 황사와 미세먼지를 알아보아요

월간 교육과정 운영 평가
▸ 6월에 시작되었던 구슬 놀이가 지속적으로 확장됨. 구슬 경사로를 만들기 위해 높낮이를 조절하고 새로운 도구를 찾아 사용하며 굴러가는 물체의 특성을 활용한 새로운 놀이를 개발하고 즐김. 구슬이 도착하는 지점에 새로운 재미 요소를 덧붙이며 더 흥미로운 놀이를 만들어 감. 구슬 하나로 다양한 놀이가 만들어지고 지속적으로 탐구과정을 즐기며 몰입하여 참여하는 놀이였음. ▸ 주말 지낸 이야기에서 캠핑 경험을 이야기하며 캠핑 놀이가 시작됨. 여름 캠핑 놀이가 진행되며 수영장, 낚시터가 함께 연계되어 구성됨. 자신의 경험을 놀이로 표상하며 경험에 기반한 사회적 지식을 바탕으로 가작화 놀이를 즐김. 『검피아저씨의 뱃놀이』 책을 읽으며 캠핑 놀이에 뱃놀이가 추가되어 극놀이로 펼쳐짐. 이야기를 새롭게 만들며 캠핑 놀이가 극놀이로 바뀌고 새롭게 놀이가 진행됨. ▸ 교육 실습생 선생님의 수업 공개로 인해 비닐 놀이가 새롭게 시작됨. 다양한 비닐을 탐색하면서 비닐의 특성을 알아 감. 놀이 과정 중 비닐 안으로 들어간 공기에 관심을 갖기 시작하며 지속적인 탐구과정을 즐김.

– 주간 계획(1)

주간 계획(1)은 다음과 같이 주제별 놀이를 중심으로 자유 놀이와 교사의 지원 계획, 지난주에 전개된 놀이를 소개하는 내용으로 구성한다.

기 간	2021. 5. 24.(월) ~ 5. 28.(금)	반		3반(교육과정)
주 제	빛과 우리 생활	내 용		빛과 그림자
목 표	• 유치원에서 함께 생활하는 친구들과 놀이에 대해 관심을 가진다. • 빛과 그림자를 탐구하는 과정에 즐겁게 참여한다.			
날짜(요일)	24일(월)	25일(화)	26일(수)	27일(목)	28일(금)

말풍선: 다음 주 기대되는 배움을 안내

말풍선: 다음 주 예상되는 놀이 공유

등원 및 안전 교육
○○○과 이야기 나누기(9:10~9:30)

	유아들의 놀이	교사가 제안하는 활동 및 지원 방향
자유놀이	• 손전등을 가지고 놀아요 • 그림자 탐색하기 • 그림자 인형 만들기 • 그림자 극장 놀이	• 친구들이 만난 그림자 소개하기 • 그림자 극장 확장하기 • 빛나는 구조물 만들기 • 그림자극 동생 반 초대하기 (초대장, 광고 만들기)

말풍선: 다음 주 행사 및 안전교육 등 안내

함께
하는
놀이
	• 교통 안전:
	  자동차를 안전하게
	  타요
	• 바깥 놀이
	  (배 놀이터)
		• 급식실에서의
		  약속
		• 강당 놀이
			• 우리 동네
			  산책하기
			• 도서관 놀이
				• 약물 및 사이버 중독:
				  스마트폰 체조
				• 바깥 놀이(그림자밟기)
					• 바깥 놀이 약속
					• 모래놀이

나눔의 시간	• 재미있었던 놀이 소개하기(유아) • 놀이 속 발견 소개하기(교사) • 친구와 함께하고 싶은 놀이 이야기 • 내일 놀이를 위한 약속 이야기				

말풍선: 지난주 놀이의 흐름 및 교육과정 평가를 공유

놀이에서 손전등을 활용하다가 아이들은 손전등을 관찰하고 자연스럽게 빛과 그림자에 관심과 흥미가 ○○○ 아이들은 손으로 그림자를 만들어 보기도 하고, 그림자 인형을 만들어 손전등에 비춰 보는 등 ○○○ 탐색하는 시간을 가졌어요. 이를 다른 친구들과 공유하고, 놀이가 확장될 수 있도록 OHP 필름, ○○○○시, 흰 종이, 광목천 등 다양한 자료를 지원하였어요. 이후 색깔 그림자 놀이가 이루어지고, 그림자 극장 놀이도 진행되었어요. 동생들을 초대하여 그림자극을 보여 주고 싶다는 친구들과 초대장과 광고를 만들어 그림자 극장 놀이가 재미있게 이루어졌습니다.

우리 반
성장 이야기

– 주간 계획(2)

주간 계획(2)은 유치원에서 배부하는 계획안대로 유아가 활동할 내용을 미리 계획하여 안내하는 방식에서 유아가 실제 놀이한 내용과 배움에 대한 기록을 공유하는 방식으로 변화할 수도 있다는 교육부 해설서 내용을 반영했다.

〈학부모에게 안내한 유아 관찰 및 기록(주 1회 교육과정 평가)〉

7월 1주		
기 간	2020. 6. 29.(월)~ 2020. 7. 3.(금)	놀이 주제
이렇게 놀았어요		

> 지난주 놀이의 흐름을 교육과정과 연계하여 공유

단순한 놀이로 진행되었던 지난주 구슬 놀이~~
이번 주는 책상, 의자, 나무판자, 박스 등으로 점점 더 길게, 재미 요소를 덧붙여 가며 다양한 방법을 끊임없이 생각하면서 경사로를 더 발전시켰습니다. "아! 경사로에서 더 빠르게 가는 이유가 뭔지 알아?", "가속도가 붙어서 그런대." 아이들끼리 어려운 단어가 오가고 서로 힘을 합쳐 만든 경사로가 매일매일 발전하였어요. "경사로는 벽에도 있다." 휴지심으로 열심히 경사로를 만들어 놀아 보고 찌통(투명 통)과 굵은 투명 호스를 길게 붙여 구슬을 굴렸더니 또 구슬이 굴러가네요. 구슬의 특성을 활용해 더 재미있는 놀이를 재구성하고 경사로의 높낮이, 구슬을 굴리는 시작과 끝점을 생각하며 문제를 해결해 나가는 탐구과정이 활발히 일어나고 있답니다.

> 일주일간 이루어진 구슬 놀이 내용 및 배움 반영

"미끌미끌, 바스락~바스락~ 물건을 담을 수 있대.", "뭘까?", "비닐봉투지~"
"비닐봉투로 무슨 놀이할까?" 대학생인 실습 선생님과 함께한 놀이….
"아! 봉투 안에 공기도 들어가~~" 비닐봉투를 묶어서 날렸더니 통통통이 되었어요 "와! 네 옷 진짜 멋지다." 멋진 비닐 티셔츠도 만들었어요.
물건만 담았던 비닐봉투가 놀잇감이 되면서 비닐을 탐색하면서 즐겼답니다.

> 놀이 상황을 대표적으로 나타낼 수 있는 사진으로 소개. 유아 개인 활동 사진을 공유하는 구역이 아님을 학기 초 미리 안내함

놀이 사진

안전교육	▸ 성교육- 여자도 남자도 똑같아요 ▸ 생활안전- 몸에 좋은 음식을 먹어요 ▸ 생활안전- 식중독은 무서워요(올바른 손 씻기)

– 일일 계획

일일 계획은 유치원에 따라 매일 작성하지 않고 공개 수업이나 연구 수업이 있을 경우 작성하는 유치원도 있다. 다음의 일일 계획은 놀이 주제에 따른 놀이의 시작, 놀이의 흐름과 방향은 전개되고 있는 놀이의 전체 내용을 기술한 것이고, 도입-전개-마무리 부분의 수업 계획은 하루 중 자유 놀이나 교사가 계획한 활동의 형식으로 전개될 수 있는 단위 수업안 형식이다. 등원에서 귀가 시간에 이르기까지 실시되는 모든 계획을 작성한 것은 아니므로 계획안의 내용을 참고로 유치원의 구성원 간 협의를 통하여 결정하는 것이 바람직하다.

〈놀이 실행안(1)〉

일 시	2020. 7. 10.(금) 13:30~14:30	대 상	4세 1반 20명 (남: 11명, 여: 9명)	장 소	빛누리관
놀이 주제	구슬 놀이			수업자	○○○

놀이의 흐름	"또르르 탁.", "구슬이 세모 밖으로 나갔어요!", "10개는 되겠다. 이건 내 거야." 금 뒤에서 굴린 구슬이 세모 안에 있던 구슬들을 밀어내는 선생님과 함께한 구슬 놀이!! 그 시간 이후 구슬끼리 부딪히는 경쾌한 소리가 교실과 복도에서 울려퍼지면서 우리 반의 새로운 놀이가 시작되었다. "구슬로 무슨 놀이를 할까?" 서로 의견을 교환하며 규칙을 만들어 가면서 구슬을 볼링, 구슬 축구, 구슬 춤, 구슬 미로놀이 등 다양한 구슬 놀이를 만들어 갔다. 를 만들면 더 빨리 굴러간다." 구슬 놀이에 한창 몰입해 있던 아이들은 블록을 이용한 는 구슬 길 만들기에 관심을 갖기 시작했다. 실패를 거듭하며 블록, 의자, 나무판, 책상, 자유롭게 활용한 구슬 길을 만들면서 경사로의 기울기에 따라 구슬이 굴러가는 속도를 비교하며 더 발전되어 가는 구슬 길 놀이가 진행되고 있다. 이젠 구슬이 빠르면서도 더 멀리 굴러갈 수 있는 방법을 고민하면서 경사로는 바닥에만 있는 게 아니라며 복도 벽에 기울기가 있는 구슬 길 만들기를 시도하기도 한다. 아이들이 만들어 가고 발견해 가며 새롭게 구성되어지는 구슬 놀이! 앞으로 어떤 생각들로 구슬 놀이가 펼쳐질지 기대가 된다.

놀이의 시작과 수업 공개 전까지의 흐름

	놀이 내용	놀이 지원
놀이 실행	⊙ 놀이했던 경험 나누기 • 놀이했던 경험을 나눈다. ⊙ 하고 싶은 놀이 이야기하기 • 우리가 하고 싶은 놀이에 대해 이야기를 나눈다. ⊙ 놀이하기 • 하고 싶은 놀이를 생각하며 놀이한다.	㉛ 구슬 놀이 사진 ㉮ 자신의 생각과 경험을 놀이로 표현할 수 있도록 격려한다. ㉯ 자유로운 놀이를 위해 너무 많은 규칙을 강조하지 않는다. ㉰ 구슬, 찌통(투명 통), 다양한 블록, 테이프, 유아가 필요하다고 한 재료 등 ㉱ 유아의 놀이를 존중하며 말과 행동을 관찰하고 기록한다. ㉲ 아이들이 자신의 놀이의 어려운 점이나 발견한 점을 서로 이야기하도록 돕는다. ㉳ 교사의 지나친 개입으로 놀이의 흐름을 방해하지 않는다. ㉴ 안전에 유의하며 놀이하도록 한다.

당일 수업 공개 시간의 단위 수업

예상되는 놀이	기대되는 배움
구슬 놀이 - 구슬 축구 - 구슬 알까기 - 구슬 볼링 - 구슬 골프	㉭ 신체활동 즐기기-신체 움직임을 조절한다. ㉬ 듣기와 말하기-자신의 경험, 느낌, 생각을 말한다. ㉠ 더불어 생활하기-친구와 서로 도우며 사이좋게 지낸다.
구슬 길 놀이 - 구슬 길 만들기 - 구슬 경사로 놀이	㉬ 듣기와 말하기-상대방이 하는 이야기를 듣고 관련해서 말한다. ㉠ 더불어 생활하기-친구와의 갈등을 긍정적인 방법으로 해결한다. ㉭ 생활 속에서 탐구하기-물체의 특성과 변화를 여러 가지 방법으로 탐색한다.

〈놀이 실행안(2)〉

일시	2021. 6. 1.(화) 10:00~10:40	대상	즐거운 1반 20명 (남: 11명, 여: 9명)	장소	즐거운 1반 교실, 복도
놀이 주제	우리 가족	예상되는 진행 기간	2021. 5. 3.(월)~ 6. 4.(금)	수업자	○○○

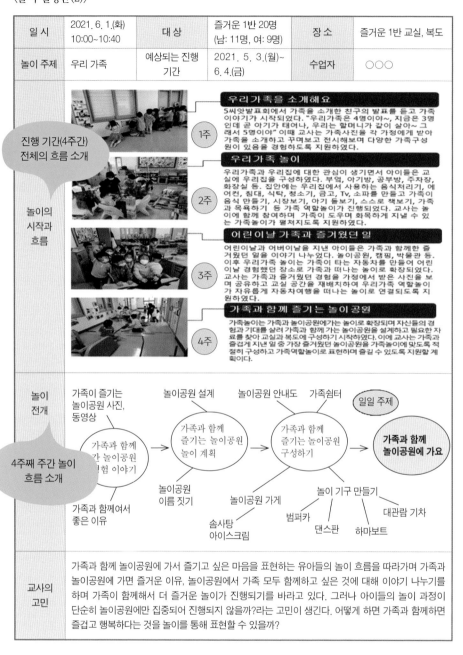

진행 기간(4주간) 전체의 흐름 소개

놀이의 시작과 흐름

1주 **우리가족을 소개해요**
5씨앗발표회에서 가족을 소개한 친구의 발표를 듣고 가족 이야기가 시작되었다. "우리가족은 4명이야~, 지금은 3명인데 곧 아기가 태어나, 우리는 할머니가 같이 살아~ 그래서 5명이야" 이때 교사는 가족사진을 각 가정에게 받아 가족을 소개하고 꾸며보고 전시해보며 다양한 가족구성원이 있음을 경험하도록 지원하였다.

2주 **우리가족 놀이**
우리가족과 우리집에 대한 관심이 생기면서 아이들은 교실에 우리집을 구성하였다. 부엌, 아기방, 공부방, 주차장, 화장실 등. 집안에는 우리집에서 사용하는 음식처리기, 에어컨, 침대, 식탁, 청소기, 공고, Tv, 소파를 만들고 가족 음식 만들기, 시장보기, 아기 돌보기, 스스로 책보기, 가족과 목욕하기 등 가족 역할놀이가 진행되었다. 교사는 놀이에 함께 참여하며 가족이 도우며 화목하게 지낼 수 있는 가족놀이가 펼쳐지도록 지원하였다.

3주 **어린이날 가족과 즐거웠던 일**
어린이날과 어버이날을 지낸 아이들은 가족과 함께한 즐거웠던 일을 이야기가 나누었다. 놀이공원, 캠핑, 박물관 등. 이후 우리가족 놀이는 가족이 타는 자동차를 만들어 어린이날 경험했던 장소로 가족과 떠나는 놀이로 확장되었다. 교사는 가족과 즐거웠던 경험을 가정에서 받은 사진을 보며 공유하고 교실 공간을 재배치하여 우리가족 역할놀이가 자유롭게 자동차여행을 떠나는 놀이로 연결되도록 지원하였다.

4주 **가족과 함께 즐기는 놀이공원**
가족놀이는 가족과 놀이공원에 가는 놀이로 확장되며 자신들의 경험과 기대를 살려 가족과 함께가는 놀이공원을 설계하고 필요한 자료를 찾아 교실과 복도에 구성하기 시작하였다. 이에 교사는 가족과 즐겁게 지낸 일 중 가장 즐거웠던 놀이공원을 가족놀이에 맞도록 적절히 구성하고 가족역할놀이로 표현하며 즐길 수 있도록 지원할 계획이다.

놀이 전개

4주째 주간 놀이 흐름 소개

가족이 즐기는 놀이공원 사진, 동영상 → 가족과 함께 가 놀이공원 경험 이야기 → 가족과 함께서 좋은 이유

가족과 함께 즐기는 놀이공원 놀이 계획 — 놀이공원 설계, 놀이공원 이름 짓기

가족과 함께 즐기는 놀이공원 구성하기 — 놀이공원 안내도, 가족쉼터, 놀이공원 가게(솜사탕 아이스크림), 놀이 기구 만들기(범퍼카, 댄스판, 하마보트, 대관람 기차)

일일 주제 → **가족과 함께 놀이공원에 가요**

교사의 고민
가족과 함께 놀이공원에 가서 즐기고 싶은 마음을 표현하는 유아들의 놀이 흐름을 따라가며 가족과 놀이공원에 가면 즐거운 이유, 놀이공원에서 가족 모두 함께하고 싶은 것에 대해 이야기 나누기를 하며 가족이 함께해서 더 즐거운 놀이가 진행되기를 바라고 있다. 그러나 아이들의 놀이 과정이 단순히 놀이공원에만 집중되어 진행되지 않을까?라는 고민이 생긴다. 어떻게 하면 가족과 함께하면 즐겁고 행복하다는 것을 놀이를 통해 표현할 수 있을까?

놀이명	단위 수업 30~40분 소요	가족과 함께 놀이공원에 가요

| 기대되는
배움 | ▶ 친구와 함께 의견을 나누며 가족과 함께 즐길 수 있는 놀이공원을 구성한다.
▶ 가족이 함께하는 놀이공원 역할놀이를 즐긴다. | 일일 주제에
해당
□를 알고 화목하게 지내기
며 즐겁고 화목하게
⑩ 자신의 경험, 느낌, 생각을 말하기
- 다른 사람의 말과 이야기를 관심 있게 듣고 자신의 생각을 적절히 말한다. |

| 놀이
실행 | ◉ 놀이 경험 이야기 나누기
• 친구들과 놀이했던 경험을 이야기 나눈다.
  - 가족과 같이 가고 싶은 놀이공원을 어떻게 만들었나요?
  - 놀이공원에서 또 만들고 싶은 것이 있나요?
  - 놀이공원에 가족과 함께하고 싶은 것은 무엇인가요?
◉ 가족과 함께 즐기고 싶은 놀이공원을 구성하고 역할놀이 즐기기
• 친구들과 의견을 나누며 놀이공원을 구성하고 가족 역할놀이를 즐긴다.
  - 가족과 함께 가는 놀이공원에 더 만들고 싶은 것이 있나요?
  - 가족과 함께 쉬고 싶은 곳을 만들 때 무엇이 필요할까요?
  - 범퍼카는 가족 중 누구와 즐기고 싶나요?
  - 키가 작은 아기를 위해 가족이 어떻게 하면 좋을까요?

〈예상되는 놀이〉
• 가족과 함께 즐기고 싶은 놀이공원 구성하기
• 놀이 기구 타기(대관람기차, 보트, 댄스판, 범퍼카, 회전목마 등)
• 소풍 즐기기(구성된 집에서 음식 준비하여 소풍 나오기)
• 아이스크림 · 솜사탕 · 선물 가게 놀이하기

◉ 놀이 후 놀이 경험 나누기
• 가족과 함께 즐기는 놀이공원에서 했던 놀이를 소개하고 경험을 공유한다.
  - 어떤 놀이를 했는지 소개해 볼까요?
  - 가족이 되어 즐겨 보니 어땠나요?
  - 놀이공원에서 가족과 또 해 보고 싶은 것은 무엇인가요? | |

| 놀이
지원 | ㉔ 가족과 함께하고 싶은 놀이공원 설계도, 유아들이 구성한 놀이공원
㉔ 놀이공원을 구성할 수 있는 다양한 자료(다양한 블록, 유니바, 비닐 등)
回 유아가 구성한 것, 표현 방법을 존중하고 자신의 생각을 자유롭게 표현하도록 격려한다.
回 혼자 놀이하지 않고 가족을 구성하여 놀이공원 놀이를 즐길 수 있도록 상호작용 한다.
⑨ 안전에 유의하며 놀이한다. | |

〈놀이 실행안(3)〉

놀이 주제	우리 동네	전개 기간	2021. 5. 21.(금) ~ 2021. 6. 11.(금)		
놀이의 시작	동화「이슬이의 첫 심부름」을 듣고 가족을 위해 할 수 있는 일로 장보기 활동을 했다. "동생한테 우유 사서 갖다 줄래요.", "엄마가 카레 사 오라고 했어요." 하며 계획을 세우고 어디에서 살 수 있는지 알아보았다. 다양한 마트 중에서 우리 동네에 있는 하나로마트로 체험을 다녀왔다. 유아들이 필요한 물건을 마트에서 구입하며 마트의 편리함과 돈의 필요성에 대해 이야기를 나누었다. "옛날에도 마트가 있었을까?" 하는 질문에 "옛날에는 시장이 있었어요!", "옛날 돈은 어떻게 생겼어요?" 하고 흥미를 보였다.				
놀이의 흐름	체험 후 옛날의 마트는 어떤 모습인지 궁금해 했다. 유아들과 남평전통시장에 가서 오늘날의 ( )·다른 점을 비교해 본다. ( ) 체험학습 또는 가정과 연계하여 나주국립박물관이나 나주목문화관 체험을 실시한다. 나주의 옛 모습을 살펴보고 금성관, 나주향교, 서성문 등 나주에서 가 볼 만한 곳과 나주의 유명한 인물, 특산물 등을 알아본다. 우리 동네(나주)의 옛날 모습을 다양한 활동과 놀이로 표현해 봄으로써 우리 동네의 역사와 문화에 관심을 ( )낄 수 있도록 도움을 주고자 한다.				
일 시	2021. ( ) 10:00~10:40	대 상	행복한 1반 22명 (남: 13명, 여: 9명)	장 소	교실, 복도
놀 이 명	나주 역사 여행	영 역	의사소통	수 업 자	○○○
기대되는 배움	• 듣기와 말하기: 상대방이 하는 말을 듣고 관련해서 말한다. • 읽기와 쓰기에 관심 가지기: 자신의 생각을 글자와 비슷한 형태로 표현한다. • 사회에 관심 가지기: 내가 살고 있는 곳에 대해 궁금한 것을 알아본다.				
놀이 단계	놀이 내용 및 방법			자료 및 유의점	
도입(5분)	◉ 놀이 경험을 이야기 나누기 • 친구들과 놀이했던 경험을 이야기 나눈다. - 박물관에서 무엇을 보았나요? - 무엇으로 금동관·독널을 만들었나요? - 현우는 나주의 어떤 곳을 소개하고 싶나요? - 나주향교·금성관은 무엇을 하는 곳인가요? - 왕건과 장화 왕후가 어디서 처음 만났나요?			㉔ 놀이 장면 사진, 나주 소개 팸플릿 ⊕ 유아들이 놀이하는 장면이 담긴 사진을 보며 경험을 떠올린다.	

3주간 진행된 주간 놀이 흐름

일일 주제에 해당

	● 오늘의 놀이 알아보기 • 친구와 하고 싶은 놀이에 대해 이야기 나눈다. 　- 어떤 놀이(게임)를 만들었나요? 　- 어떤 놀이를 하고 싶나요? 　- 놀이할 때 어떤 마음 보석이 필요할까요?	㊨ 유아들과 함께 구성한 놀이 공간을 살펴본다. ㊨ 놀이할 때 필요한 마음 보석에 대해 이야기 나눈다.
전개(30분)	● 놀이 구호 외치기 ● 놀이하기 • 친구와 함께 '나주 역사 여행' 놀이를 한다. 표 참조 ● 정리하기 • 주변을 정돈하고 자리에 모여 앉는다.	㊨ 놀이하기 전 게임 방법과 게임에 참여할 수 있는 수를 함께 정하고 지킬 수 있도록 한다. ㊩ 게임 자료(그림 카드, 문제 카드), 주사위, 칠판, 유성매직, 지우개, ㅇ×팻말, 점수 목걸이 등 ㊨ 놀이하는 유아들의 말과 행동을 관찰하고 기록한다. ㊨ 게임 방법이나 규칙을 유아들이 스스로 정하고 수정해 갈 수 있도록 돕는다. ㊨ 혼자 놀이하거나 친구와 갈등을 겪는 유아에게 마음 보석을 선물한다.
정리(5분)	● 놀이 후 소감 나누기 • 자신이 했던 놀이를 소개하며 친구들과 경험을 공유한다. 　- 어떤 놀이를 했나요? 　- 나주 역사 여행을 통해 무엇을 알게 되었나요? 　- 또 어떤 놀이를 하고 싶나요?	㊨ 놀이 과정에서 마음 보석이 나타난 유아들을 격려한다.

전개(30분) 안의 표:

예상되는 놀이	놀이(게임) 방법
기억력 게임	나주의 모습이 담긴 그림 자료를 2장씩 준비하여 뒤집어 놓는다. 게임 순서를 정하여 카드를 2장 확인하고 같은 그림이면 카드를 가져온다. 마지막 카드를 확인한 후 카드가 가장 많은 사람이 승
텔레파시 초성 게임	사회자가 나주와 관련한 단어를 초성으로 제시한다. 초성을 보고 연상되는 단어를 칠판에 적는다. 참여자가 모두 맞히면 성공
역사 ㅇ×퀴즈	사회자가 들려주는 문제를 듣는다. 문제를 듣고 ㅇ×팻말 중 하나를 선택한다. 점수표에 기록 후 가장 많이 맞힌 사람이 승
나주 여행 부루마블	놀이 순서를 정하고 주사위를 던진다. 주사위에 나온 수에 따라 이동한다. 도착한 곳에서 문제를 맞히면 한 번 더 주사위를 던진다. 한 바퀴 돈 후 가장 먼저 도착한 사람이 승

※ 본 활동안은 놀이의 흐름에 따라 예상되는 놀이를 기록하였으나 놀이 상황과 유아의 반응에 따라 다르게 진행될 수 있음

(3) 유아·놀이 중심 수업과 평가

– 놀이-기록-배움-지원의 순환적 평가 실천

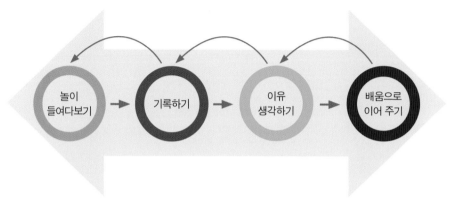

    유아 놀이에서 배움을 발견하고, 유아가 무엇을 좋아하는지, 놀이에서 무엇을 배우는지 등을 이해하게 된다면 교사는 유아의 놀이를 지원하기 위해 노력하게 된다. 이러한 놀이 실행-기록-지원의 과정은 순차적, 선형적 과정이라기보다 서로 얽혀 있는 순환적 과정이다. 즉 교사의 지원은 순차적 실행 구조로 진행되기보다는 순환적이며 동시다발적이거나, 때로는 시간이 흐른 뒤에 교사의 숙고를 통해 일어나기도 한다. 예를 들어 유아에 대한 교사의 지원은 유아가 놀이한 다음 날 바로 유아의 다음 놀이와 연계하여 이루어질 수도 있고, 시간이 한참 지난 후에 교사의 활동과 연계되어 이루어질 수도 있으며, 가정과의 연계가 필요할 수도 있고, 여러 번 반복해서 이루어질 수도 있다. 이는 교사가 유아를 지원해 주는 데 있어 교사의 생각대로가 아니라 유아가 놀이에서 배움을 즐기도록 유아의 특성과 배움의 상황에 적합하게 지원해 주는 것이 중요함을 나타내는 것이다.

놀이 들여다보기	기록하기	이유 생각하기	배움으로 이어 주기
놀이에 대한 맥락적·통합적 관찰	기록 시간 정례화 다양한 방법 활용	교사의 성찰 누리과정 관련 요소 연계	놀이의 확장 더 많은 배움, 성장

• 참여한 놀이
• 상호작용
• 놀이 행동
• 감정
	• 기록 시간: 13:00~14:00
	• 기록 방법: 자유로운
	  형식
	• 동영상, 사진, 메모 등
	  활용
		• 유아의 발달과
		  변화 연결
		• 해석과 평가
			•놀이 자료 지원
			•시간, 공간 지원
			•놀이 참여 방법 다양화
			•상호작용 방법 선택

① 놀이 들여다보기

교사가 유아의 '놀이를 통한 배움'을 지원하기 위해서는 먼저 유아의 놀이를 잘 들여다보는 것이 필요하다. 유아의 놀이를 '본다'는 것은 유아의 배움이 나타나는 놀이, 일상생활, 활동에서 유아가 가장 즐기고 잘하는 것, 놀이의 특성, 흥미와 관심, 친구 관계, 놀이를 이어 가기 위한 자료의 활용 등에 주목하여 유아 놀이를 관찰하는 것을 뜻한다.

② 기록하기

유아 놀이를 보면서 유아의 놀이 경험을 기록할 수 있다. 놀이 기록은 유아를 더 잘 이해하고자 하는 목적으로 유아가 무엇을, 어떻게, 왜 하고 있는지에 대해 다양한 방식으로 기록을 남기는 것이라고 할 수 있다. 이때 기록을 위해 간단한 메모, 사진, 글, 동영상 등 다양한 방법들이 사용된다. 기록은 놀이에서 배움을 발견하기 위해 하는 것이며, 이때 교사는 놀이를 보면서 자신에게 의미 있는 내용을 자신만의 방식으로 기록할 수 있다.

③ 이유 생각하기

이유 생각하기는 기록에 대한 해석과 평가의 과정이다. 해석이나 평가는 기록에서 얻어지는 2차적인 자료이다. 해석은 관찰한 것에 대해 전문적인 지식을 활용한 통찰을 하도록 하고 정상적인 성장, 발달과 관련하여 행동을 예견할 수 있도록 해 주며, 무엇 때문에 적절한 성장과 발달, 그리고 배움이 일어나지 않는지를 인식하게 해 준다. 또한 해석은 교육과정과 놀이를 계속 실행할 것인지 혹은 변경할 것인지에 대해 방향을 알려 준다. 평가는 유아의 발달, 행동, 특별한 요구, 목표 달성 여부, 배움에 대한 정보를 수집하는 중요한 과정이다. 객관적으로 관찰, 기록한 자료의 내용이 유아의 어떤 특성을 나타내는지를 결정하는 것이며, 배움으로 이어 주는 중요한 도구이다. 특히 학기 말, 학년 말에는 시간의 경과에 따른 유아의 행동을 최종적으로 요약해야 하는데, 이때 누적된 평가 자료가 필요하다. 단일 사례에서도 해석과 평가는 가능하고 중요하지만 한 명의 유아를 깊이 이해하려면 보다 많은 사례들을 한데 모아 해석하고 평가하는 과정이 필요하다. 그래야 의미 있는 배움으로 이어 줄 수 있다.

④ 배움으로 이어 주기

유아 놀이 기록을 다시 읽으면서 놀이 경험에서 유아의 배움을 발견하고 이해했다면, 교사는 유아의 배움 잇기를 위해서 다양한 방식으로 유아를 지원하는 역할을 할 수 있다. 관찰과 기록에 근거하여 교육적 개선 방안을 탐색하고 5개 생활 영역과 관련하여 유아에게 필요한 배움이 무엇인지, 이를 위하여 어떤 활동이 필요한지를 결정하고 더 많은 배움이 일어날 수 있도록 지원 방안을 모색한다.

– 놀이의 관찰과 기록(Part 2. 놀이와 배움을 잇다 중 구슬 놀이를 중심으로)

① 놀이의 시작: 놀이의 순간 포착하여 초점 꺼내기

놀이의 시작은 무엇인가? 교사들은 언제, 어떤 순간을 놀이의 시작으로 해야 하는지 매우 궁금해 한다. 날마다 순간순간 일어나는, 유아 개별적으로 모두에게 일어나는 놀이 중에서 대부분의 놀이가 재미있는지, 지속적으로 놀이가 일어날 수 있는지, 유아에게 배움이 의미가 있는지, 다른 유아도 놀이에 참여할 수 있는지 등을 고려하여 첫 놀이를 선정하였다. 그 초점은 유아의 구성에 따라, 교사의 철학에 따라, 유치원에서 정한 교육적 가치에 따라 달라진다.

> 한 달에 두 번씩 만나는 인성 교육 전래놀이 시간!!
>
> 오늘은 전래놀이 선생님이 어떤 놀잇감을 준비해 오실까? 지난번 팽이 놀이를 생각하며 더 즐거운 놀이였으면 좋겠다라는 기대를 가지고 전래놀이 선생님을 만났다.
>
> "와~ 구슬이다!" 구슬로 세모 안의 구슬들을 쳐서 밖으로 내보내는 구슬 밀어내기 놀이를 준비하셨다. 처음엔 어느 정도의 힘으로 팔을 어떻게 뻗어야 하는지 몰라 다른 곳으로 구슬이 가 버렸다. 두 번째 순서가 돌아왔을 때 아이들은 스스로 기술을 터득하고 시도해 보면서 세모 안의 구슬이 밖으로 밀려 나가는 즐거움을 경험하였다.

손 하나는 바닥에 짚고 멀리 있는 구슬을 뚫어지게 쳐다보고 굴려 봐.

세모 밖으로 구슬이 엄청 나갔어요.

② 놀이 기간: 2020년 6월 20일~7월 10일(4주간)

유아 흥미 발견(첫 놀이 정하기)	놀기	가능한 놀이 폭풍적으로 생각하여 놀기	놀기	놀이 요소를 덧붙여 다른 놀이도 하기	놀기	놀이 지속 여부 판단하기와 점진적 변경하기
놀이 주제를 선정하기 위해 깊이 관찰하고 이해하기	기록하기	유아와 교사 협의 유아 흥미를 첫 놀이 활동으로 연결	기록하기	첫 놀이가 익숙해지면 놀이를 확장하여 다음 놀이로 연계하기	기록하기	도전 함께 깨달음 나누기 또 다른 흥미 발견하기

③ 놀이의 흐름: 변화하는 놀이에서 흥미와 몰입을 읽기

놀이의 흐름은 놀이가 시작된 후 놀이가 지속되거나 변화하는 시점에서 교사가 의미 있다고 판단한 것을 기록하였다. 변화하는 놀이에서 유아들의 흥미는 유지되고 사라지는 것을 반복하는 특성이 있다. 학급에서 즐거움과 몰입, 배움이 가장 많이 일어났다고 판단한 것을 흐름으로 정리한 것이다.

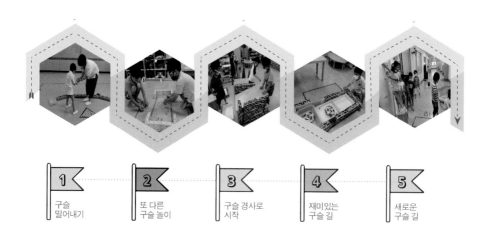

1	2	3	4	5
구슬 밀어내기	또 다른 구슬 놀이	구슬 경사로 시작	재미있는 구슬 길	새로운 구슬 길

④ 놀이 들여다보기(배움이 일어나는 상호작용과 배움 잇기)

놀이를 들여다본다는 것은 놀이의 실행 내용을 맥락적이고 통합적으로 관찰하는 것을 말한다. 그리고 그것을 기록한 후 기록한 내용을 성찰하고, 놀이와 배움이 이어지는 것을 깨닫고 그 과정을 지원하는 것이다.

◻ 1일째 구슬을 밀어내 봐

한 달에 두 번 유치원에 찾아오시는 전래놀이 선생님과 함께하는 구슬놀이 시간.
"손에 힘을 주고 세모 안에 있는 구슬을 뚫어지게 쳐다보고 구슬을 밀어내 봐."
"구슬이 다른 곳으로 가 버리네~"
두 번째 순서가 돌아왔을 때 자세를 고치고 집중하여 세모 안의 구슬을 많이 밀어낸다.

◻ 3일째 새로운 구슬 놀이가 생겨났어요

복도 공간을 이용해 계속되는 구슬 밀어내기. 놀이 순서를 정하고 기다려 주고 한 번 실패하면 또 한 번 할 수 있는 기회를 주고, 자세를 바꾸어 가며 구슬 밀어내기 놀이는 계속된다. 한창 구슬 밀어내기 놀이를 하던 아이들이 교실에서 새로운 구슬 놀이를 만들기 시작한다.

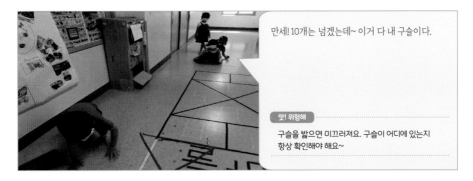

만세! 10개는 넘겠는데~ 이거 다 내 구슬이다.

앗! 위험해
구슬을 밟으면 미끄러져요. 구슬이 어디에 있는지 항상 확인해야 해요~

민성: 구슬로 하고 싶은 놀이가 생각났어요!

수찬: 나랑 같이 하자.
민성: 이 놀이는 구슬 알까기야!
수찬: 밖으로 나간 구슬을 주우러 가기 너무 힘들어.

민성: 블록을 조금 더 멀리하면 돼.
다준 · 민국: 우리 편 만들어서 하자.

민성: 블록으로 막아 볼까?
수찬: 블록이 너무 가까워서 구슬이 밖으로 못 나가잖아.

유아들은 놀이 규칙을 같이 만들고, 굴러가는 구슬의 특성을 파악하여 블록을 이용해 놀이에서 일어난 문제를 해결한다.

⌵ 7일째 구슬 경사로가 생겨났어요

구슬을 위에서 아래로 밀어 봐.
그런데 멈춰 버리네.

지수: 여기를 바꿔 봐.
여울: 왜 이러는 거야? 구멍에
빠져 버리잖아.

윤수: 이렇게 해 보자.
블록을 이렇게 세워 봐.

민국: 나는 벽돌 블록으로
경사로 만들어야지.
(구슬이 속으로 퐁 빠져 버린다.)

민국: 다시! 이렇게 바꿔 보자.
어! 구슬이 가다가 멈춰 버린
다.

정수: 경사로가 낮아서 그래.
더 높여 보자.
지율: 야호! 슛 골인 성공!

    유아들은 놀이 중에 경사로의 높낮이에 따라 구슬이 굴러가는 정도가 다르다
는 것을 경험하였고, 자연스럽게 경사로의 원리를 즐기는 것이 관찰되었다.
    (이하 8일째부터 17일간의 놀이 관찰 내용 생략)

⑤ 놀이 관찰과 평가(배움과 교육과정 잇기)

월간 계획을 수립하고 매일매일 진행되는 놀이를 교사가 기록하고 싶은 방법으로 기록하고, 주간에 일어났던 놀이를 성찰하고 교육과정과 연계한 내용을 학부모에게 앱을 활용하여 안내하였다. 또 월간 계획에 그동안 진행되었던 활동과 놀이를 성찰하여 기록하였다. 놀이가 실행될 때 유아 개인별, 또는 그룹별 놀이를 가급적 자세히 기록하고, 유아마다 개별 발달 상황을 놀이별로 추출하였다. 그리고 이 내용에 따라 학기마다 5개 생활 영역별 발달 상황을 기록하고, 로그 내용에 따라 생활기록부에 발달 상황을 기재하였다.

〈놀이 관찰 후 5개 영역으로 배움 잇기(교육과정 평가)〉

신체운동·건강	▸ 신체활동 즐기기 신체를 인식하고 움직인다. 손가락이나 손을 이용하여 구슬을 치고 굴림. 신체 움직임을 조절한다. 손가락이나 팔의 힘을 조절하여 구슬을 굴림. ▸ 안전하게 생활하기 일상에서 안전하게 놀이하고 생활한다. 구슬이나 도구를 활용하면서 안전하게 놀이하는 방법을 경험하고 인식함.
의사소통	▸ 듣기와 말하기 말이나 이야기를 관심 있게 듣는다. 구슬 놀이에서 다른 사람의 의견을 듣는 기회가 많아 서로의 이야기를 관심 있게 듣는 태도 형성에 도움이 됨. 자신의 경험, 느낌, 생각을 말한다. 구슬 길 만들기, 구슬 놀이 규칙 만들기에 대한 생각을 말하고 구슬 놀이 과정에서의 느낌을 말로 표현함.
사회관계	▸ 나를 알고 존중하기 내가 할 수 있는 것을 스스로 한다. 구슬 놀이에서 내가 할 수 있는 놀이를 선택하고 자신감을 가지며 자율적으로 놀이함. ▸ 더불어 생활하기 친구와 서로 도우며 사이좋게 지낸다. 구슬 놀이 과정 중 생기는 문제 상황에 대해 함께 소통하고 협력하여 문제를 해결함. 서로 다른 감정, 생각, 행동을 존중한다. 구슬 놀이 규칙을 함께 만들고 놀이하는 상황에서 나와 다른 친구의 감정과 행동을 존중함.

예술 경험	▶ 아름다움 찾아보기 예술적 요소에 관심을 갖고 찾아본다. 구슬이 굴러가면서 만드는 선, 색을 발견하고 광목천 위에서 굴러가는 구슬의 움직임에서 아름다움을 경험하고 구슬끼리 부딪히는 소리를 즐김. ▶ 창의적으로 표현하기 신체, 사물, 악기로 간단한 소리와 리듬을 만들어 본다. 구슬이 떨어지는 곳에 소리가 나는 재미 요소를 더하며 소리가 날 수 있는 다양한 물체를 찾아내고 소리를 만들어 봄.
자연 탐구	▶ 탐구과정 즐기기 궁금한 것을 탐구하는 과정에 즐겁게 참여한다. 구슬의 크기와 무게, 경사로의 높낮이, 구슬이 떨어지는 시작점과 끝의 위치와 방향, 거리에 대한 탐구과정에 즐겁게 참여함. ▶ 생활 속에서 탐구하기 물체의 특성과 변화를 여러 가지 방법으로 탐색한다. 구슬을 다양하게 굴려 보며 구슬의 특성을 알아가고 구슬이 다른 도구를 만났을 때의 특성과 변화를 여러 가지 방법으로 탐색함.

⑥ 배움 잇기를 위한 놀이 기록

놀이 기록은 교사 자신이 가장 이해하기 쉬운 방법으로 해야 한다. 교사들은 놀이를 관찰하고 아울러 놀이를 지원해야 하므로 기록하는 것이 매우 어렵다고 한다. 지원하다 보면 사진을 찍거나 메모를 하는 등의 일이 더 중요하지 않을 수 있다. 재미있게 놀이하다 보면 정말 중요한 순간을 사진이나 동영상으로는 기록하지 못하는 경우가 매우 많다. 놀이 지원보다 기록이 중요하다고 볼 수는 없다. 하지만 기록하지 않으면 잊어버리고 다음 놀이가 진행될 때 이전 놀이를 떠올려서 연결하는 것이 매우 힘들다. 그러므로 교사는 가장 효율적인 방법을 선택하여 유치원 수업이 끝나고 하루 일과 운영에 대한 내용을 잊어버리기 전에 기록을 하는 것이 필요하다. 이를 위해 유치원마다 수업 후 기록하는 시간을 정례화하는 것이 바람직하다. 유아 개인별로 기록할지, 그룹별로 기록할지, 놀이 전체의 맥락을 기록하거나 중요한 부분만 기록할지, 혹은 정확한 사건 표집이 중요한지, 교사의 저널 형식으로 기록할지 등 내용과 방법을 결정하는 것은 교사 자신이며, 중요한 것은 기록을 통한 성찰이다. 놀이 성찰을 통해 다음 날 유아의 놀이가 더 재미있고 활발하게 일어날 수 있는 지원 방법이 무엇인지 고민하고, 유아 개별적으로 어떤 정서적 지원이 필요한지, 교구 및 놀잇감으로 무엇이 필요한지 등을 계획하여 다음 날 놀이에 반영해야 한다. 이 성찰이 곧 교육과정 및 유아 평가이며 평가가 다음의 교육과정에 반영되는 구조로, 유치원 교육과정이야말로 계획-수업-평가의 일체화가 가장 성공적으로 이루어지는 교육과정이라 할 수 있다.

– 놀이 기록의 유형에 따른 놀이 의미 찾기

① 수업 중 기록 도구를 활용한 의미 찾기

수업 중 기록 방법 및 도구는 다를 수 있으나 놀이 기록 시간을 활용해 기록한 내용을 돌아보고 문장으로 기록한 저널이나 지원 계획을 수립하는 것이 바람직하다.

〈메모지를 활용한 의미 찾기〉

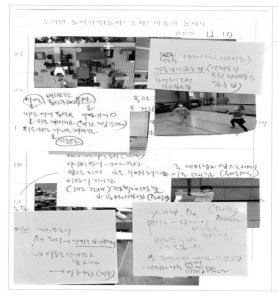

	유아 평가 및 저널
	지훈-배드민턴 채로 풍선을 치고받기에 능숙함. 목표 지점까지의 거리와 방향을 인지하고 팔의 힘, 도구의 움직임을 조절하여 신체활동에 자신감을 가지고 적극적으로 참여함 예지-꽃그림을 그려 8쪽 책 만들기를 능숙하게 함. 겉표지에 이름을 기록할 때 모음과 자음이 각각 떨어져 있고 그림으로 그려 이름을 씀. 좌우 구분하기, 모양 구성으로 공간 개념을 알기 위한 활동 지원이 필요함

〈사진, 녹음 기록 등을 활용한 의미 찾기〉

○○반 놀이 사진으로 들여다보기

유아 놀이 이야기 (유아 평가)	죠스가 나타났을 때와 태풍이 불었을 때 무서웠지만 수영을 그만하고 안전한 곳에 도망갔을 때 (피할 때) 재미있었어요!
교사의 저널	놀이 속에서 물놀이와 태풍 안전교육을 자연스럽게 연결하였다. 아이들과 각각의 대처 방법을 생각해 보고 행동해 보도록 하였다. 아이들의 잡기 놀이처럼 변형하고 교사가 안전한 곳을 찾아 피하도록 모델링을 보여 주었다. 놀이와 안전교육을 연결하는 기회가 되어 재미있었다. 아이들의 상황극 이외에도 물놀이 전 준비운동에 대해 제안해 보아야겠다.

_____ 반 관찰 날짜:　　　년　　월　　일　　요일

▷ 관찰 시간 : 등원, 실내 놀이, 실외 놀이, 정리 정돈, 간식 및 점심, 기타(　　　　)
▷ 놀이 공간 : 쌓기, 역할, 수 조작, 조형, 모래놀이터, 공원, 텃밭, 기타(　　　　)

놀이 참여 유아	놀이 상황
가희 가영 지영 진희 진숙 아영 아진 유진 여진 철이 민이 준이 철수 민수 준수 혁이 혁주 희주	

※『관찰에 기반한 유아 놀이지원』 교사용 핸드북(교육부) 관찰 기록지 10종 참고

〈동영상을 활용한 의미 찾기〉

동영상은 기록 시간에 따라 몇 초짜리부터 40분 정도까지 다양하다. 동영상 기록은 미처 기억하지 못하거나 다른 유아에게 시선을 주었을 경우 다시 보기를 통해 상호작용과 놀이 모습을 자세히 살펴볼 수 있다.

민국: 우리 꽃길에서 사진 찍자! 수아: 차례 정해서 하면 어때? 민국: 사이좋게 찍어야지. 수아: 민국아! 내가 찍어 줄게. 포토존에 먼저 서 봐. 연우: 나도 사진 찍어 볼 거야. 수아: 하나! 둘! 셋! 하면 찍는다. 민국: 예쁘게 찍어 줘.	도영: 선생님 여기는 나비랑 벌방이에요. 여기는 나비 번데기가 있는 방이고요. 여기는 벌 번데기가 있는 방이에요! 나영: 모두 애벌레예요. 나는 애벌레. 재민: 이제 애벌레가 나비가 되었어요. 모두 잠에서 깨어나요. 수아: 나도! 나도 나비가 되었어요. 예쁜 나비가 되어 날아가요.

〈태블릿 PC를 활용한 의미 찾기〉

사진이나 영상을 찍고 바로 끌어 와 기록하기 용이하고, 녹음했던 대화도 기록에 필요한 형식으로 변환하기 쉬워 시간이 절약된다.

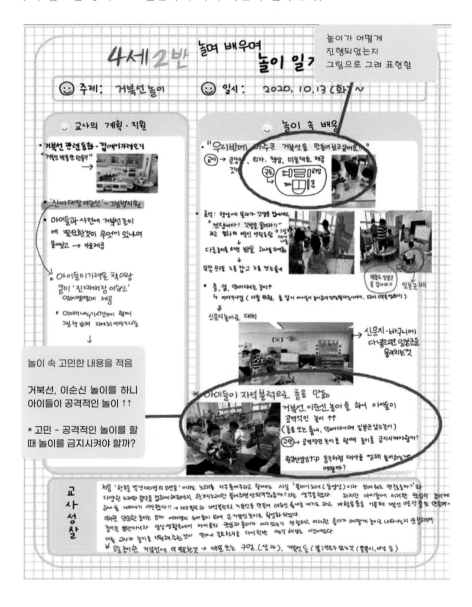

② 수업 중 관찰 대상 유아 수에 따른 의미 찾기

〈개별 관찰을 통한 의미 찾기〉

개별 관찰은 학기 초 유아의 특성과 발달 수준을 파악하는 데 반드시 필요하며, 놀이의 지원 방법 및 시기를 파악하기 위해서도 유용하다. 또한 혼자 놀이하는 유아의 감정과 특성, 유형, 지원 방안을 모색할 때 유용하다. 학기 초뿐 아니라 연중 수시로 개별 관찰이 이루어진다. 하루에 모든 유아를 관찰하여 기록하기도 하고, 학급의 몇 유아만 선정하여 기록할 수도 있다. 관찰 기록 후 해석과 5개 영역과의 연결, 배움 잇기 등으로 정리하는 것이 바람직하다.

💡 **교사의 인터뷰**

그날 일어난 놀이에서 각 유아의 놀이 내용 및 언어적 대화 등을 생각하여 기록하고 교육과정 내용과 연결하여 배움을 기록한다. 사진을 찍었다면 출력하여 붙이고 연상되는 이야기나 특이한 상황을 펜으로 기록해 놓고 유아 평가 및 배움과 연결된 교사 지원에 대해 저널 형식으로 기록한다.

자유 놀이 시간에 전체 유아를 대상으로 기록하고 평가한 사례			
순	성명	7월 22일 월요일	놀이와 배움의 연결
1	이은재	자석 블록을 가지고 "나는 이게 튜브야. 이렇게 자석을 더 붙이면 2명이 들어갈 수 있어." 하고 튜브를 만든다.	㉔ 자석의 서로 끌어당기는 특성에 관심을 보임
2	김이연	수박 튜브에 세은이와 함께 타고 다리를 굴려 이동한다. "미술 영역으로 가자." 그리고 "책 보러 가자." 말하며 이동하며 놀이한다.	㉔ 교실의 위치와 방향에 관심을 보임
3	송지석	튜브에 타고 있는 도영이와 태영이에게 다가가 "음식을 배달하신 분 있어요?" 하더니 배달 통에서 자장면과 탕수육을 꺼낸다.	㉑ 자신의 배달에 대한 경험을 바탕으로 간단한 극놀이를 함
⋮	⋮	⋮	⋮
교사의 지원		상황극을 활용하여 안전교육과 놀이를 연결함 김산우: 물놀이 중에 위험한 동물이 나타났을 때의 안전교육 이태영: 태풍에 대처해 안전교육 김소진: 물놀이에 필요한 물건 알아보기	

〈한 가지 활동에 대해 전체 유아를 대상으로 기록하고 평가한 사례〉

♥ 함께 놀자! 4세 1반 놀이 일기 ♥

날짜	2021. 3. 15.(월)	관찰내용	주말 지낸 이야기 발표 (자신의 경험을 낱말과 문장으로 표현하기)
놀이내용			**해 석**
이도진		엄마랑 아빠랑 오렌지 3개로 쥬스를 만들었어요 쥬스는 가는게 아니라 찔러서나오는 거예요 새콤달콤했어요	그림에 있는 내용을 구체적으로 표현하고 세부적인 부분까지 설명함
장이안		여기는 이안이 집에 가는 길이예요 아빠 회사에 킥보드 타고 가서 야구했어요 내 킥보드도 있어요 빨간색	자신이 그린그림과 연결하여 이야기를 문장으로 표현함
양서진		지석로449에비뉴엄마카페예요 엄마카페에서 엄마를 도와드렸어요 주문도 받고 음식준비도 도와드렸어요 생각보다 쉽지 않았지만 재미있었어요	주말에 있었던 일을 그림으로 표현하고 경험한 내용을 글과 문장으로 표현
이주영		책상에서 퍼즐맞추기하고 손에 주사를 넣어서 피를 뽑는데 아팠어요 이 그림은 눈물이 나오는 그림이예요	자신의 경험을 그림으로 잘표현하고 느낌까지 언어로 표현
정다운		아빠가 공룡으로 아~하고 나를 놀라게했어요 엄마는 아빠가 자주하니까 무서워~ 하고 무서워했어요	자신이 겪은일을 표정과 의성어를 이용하여 실감나게 이야기하지만 발음이 명확하지 않아 전달이 되지 않음
이채문		그린그림에 대해 짚으면서 물어보자 달리기, 아빠, 똑같이 등 낱말로만 표현	문장으로 나타내지 않고 보이는 그림의 낱말로만 전달함

〈그룹 관찰을 통한 의미 찾기〉

그룹 관찰은 병행 놀이, 협동 놀이 등이 이루어질 경우 이루어진다. 그룹 관찰 시 개별 유아의 발달 수준도 관찰하며, 대인관계 능력 등의 사회성 발달 면도 관찰한다.

💡 **교사의 인터뷰**

그룹 관찰은 또래 관계 속에서 일어나는 언어적 소통과 놀이 성향을 살펴볼 수 있어 매우 중요하다고 생각한다. 놀이의 지속과 빈도, 불안감이나 공포를 느끼는 이유 등을 알 수 있었다. 그러나 놀이가 끝난 후 유아 간 상호작용을 기억하는 데는 한계가 많이 느껴졌다. 동영상을 찍어서 되돌려 보면서 기록하는 것은 놀이 상황의 맥락을 파악하는 데 매우 유용하였고, 놀이 관찰 중 발견하지 못했던 대화의 의미를 파악할 수 있는 것도 놀라웠다. 또한 간과했던 유아의 유능성을 발견하거나 신뢰를 가졌던 유아의 다른 면도 파악할 수 있어 교사로서 유아를 이해하는 일이 얼마나 어려운가에 대한 성찰의 시간도 가졌다.

〈그룹별 유아 놀이 관찰 기록 후 해석과 유아 평가(Part 2. 놀이 사례-구슬 놀이 150쪽)〉

놀이 장면	놀이 내용	참여 유아	해석하기
	수리와 민수는 알까기 놀이를 하다가 구슬이 너무 멀리 굴러가자 자석 블록을 가져와서 네모 선에 따라 놓고 놀이를 한다. 민수는 네모 안에 있던 구슬이 블록 때문에 밖으로 나가지 않자 "구슬이 걸리잖아."라며 블록을 멀리 밀어 놓는다.	김민수 박수리 임다현 김오민	민수는 구슬을 이용한 새로운 놀이 방법을 자발적으로 고안한다. 기존에 해 봤던 세모 모양을 네모로 변경하고 손가락의 힘을 이용하여 구슬을 맞추기 위해 몸을 움직인다. 수리와 민수는 구슬이 멀리 굴러가 버리는 특성을 발견하고 구슬을 막을 수 있는 블록을 활용하여 문제를 해결한다. 구슬의 흐름을 방해하는 블록의 문제점을 발견하여 블록을 조금 더 떨어뜨려 놀이가 잘 진행되도록 문제를 해결하기도 한다. 4명이 함께 놀이를 하며 놀이 순서를 정하기도 하고 새로운 규칙을 만들며 서로 갈등이 생기지 않도록 타협하고 협력하며 구슬치기의 즐거움을 느끼면서 놀이에 몰입한다.
	옆에 지나가던 오민이와 다현이 함께 합세하고 자연스럽게 두 명씩 한 팀이 되어 놀이를 한다. 수리는 둘에게 놀이 방법을 이야기해 준다. 가위바위보로 순서를 정하고 같은 팀끼리도 순서를 정해 알까기 놀이를 한다.		

〈그룹별 유아 놀이 관찰 기록 후 해석과 유아 평가(Part 2. 놀이 사례—상자 놀이 292쪽〉

이렇게 놀았어요

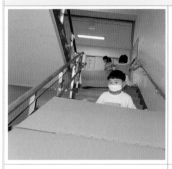 

놀이를 하는 데 새 상자가 필요해서 1층부터 3층까지 친구, 선생님과 함께 상자를 운반해 감.

혜자와 주현이 등은 상자를 이용해 집을 만들기 전에 방해되는 부분을 접거나 테이프로 붙이는 등 사전 놀이를 함. 놀이를 하기 위해 내가 무엇을 해야 하는지 스스로 찾아서 함.

예림이가 상자를 들어 주는 동안 희원이와 선아가 상자의 옆면이나 아래를 테이프로 붙임.

친구들이 집에서 주문을 하자 예림이가 자장면을 배달해 줌. 각자가 인정하는 방법으로 결제한 후 다 먹은 접시를 예림이에게 돌려줌.

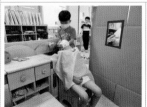  

준이가 희원이의 머리를 감겨 주고 있음. 미용실에서 미용사들이 하는 일을 눈여겨본 듯함.

미용실에서도 자신이 좋아하는 부분을 맡아서 일을 함. - 드라이어해 주기, 머리 감기기 등.

미용사인 민아에게 손님이 필요하자 지혜가 자신의 머리를 풀고 편하게 앉아서 기다림.

● 전체 유아 관찰을 통한 의미 찾기

학급 전체 관찰은 진행되는 놀이의 흐름과 방향을 관찰하고 해석하여 놀이의 변화와 확장 방안을 모색하기 위해 매우 중요하다. 즉 학급 전체 관찰은 월간, 주간, 일일 계획에 의해 펼쳐진 교육과정에 대한 해석과 평가에 해당한다고 할 수 있다. 놀이의 진행이나 지원 등에 대한 교사의 저널, 성찰 일지 등은 교사가 자율적으로 결정하여 활용한다. 학부모와 공유한 놀이 내용은 전체 관찰에 해당한다.

💡 **교사의 인터뷰**

> 그날 일어난 놀이의 흐름을 적어 본다. 그 아래에는 개별 유아 및 그룹별로 특이하게 관찰된 내용을 기록하고 배움으로 이어진 내용을 기록한다. 그리고 하루 일과에서 나타난 놀이의 전체적인 내용을 저널 형식으로 기록하고 그다음 장에 놀이의 흐름과 관련한 사진과 내용, 대화 내용을 기록한다.

〈2020년 5세반 놀이 일기〉

날짜	2020년 ○월 ○○일 ○요일	놀이 주제	모노레일 놀이
놀이 흐름	찌통(투명 통) 탐색하기 - 여러 모양의 모노레일 놀이하기		
유아명	놀이 기록(관찰 및 사진)		배움 잇기
김수호			칠판과 미니 칠판을 전부 사용해서 상상 속에서 이루어지는 내용을 그림으로 표현함. 드래곤들이 싸우거나 다양한 모양의 괴물들이 등장하는데 하나의 스토리가 아니고 여러 개의 내용이 복합적으로 얽혀 있음.
박유진	처음에는 지현이의 놀이를 보고 있다가 펜을 들고 책상을 침. 옆에 있던 유진이의 리듬에 맞춰 "지현 힘내라!"라고 응원함. 이후 미끄럼틀(책상으로 만든)로 가서 미끄럼틀을 타고 공을 경사로에 넣어 봄. 각각 한 번씩만 하고 다른 놀이로 이동함. 지현이가 "오늘도 '무궁화 꽃이 피었습니다' 할 거예요."라고 말하자 "나도 같이하자."고 말함. 지현이가 피아노를 치러 가자 따라감. 유진이는 돌아다니다가 관심이 생기면 놀이에 참여하는데 교사가 관심을 가지면 오히려 소극적으로 행동하거나 놀이를 포기함.		
교사의 저널	항상 모든 아이들에게 관심을 가지고 놀이를 확장시켜 주려고 하지만 혼자서 만족하고 놀이하는 아이들이 있다. 교사의 관심을 귀찮아하거나 부담스러워해서 놀이를 어떻게 지원해 주어야 하나~ 고민이 된다. 관심을 가지고 지원하지만 직접적인 참여보다는 주변에서 친구들처럼 조금씩 다가가고 부담을 주지 않도록 주의해야겠다.		

윤석이가 찌통(투명 통)에 관심을 가지고 놀이에 집중하다가 탁구공 청소기를 만들게 됨. 바닥에 있는 공을 누르면 쏙~들어감.

서현이랑 연우가 블록으로 상상 놀이를 시작하면서 서로 스토리를 만들어 감. 처음에는 작은 유니트 블록 몇 개였는데 점차 확장하면서 다른 친구들과 함께 활동하게 됨.

윤석이가 찌통(투명 통)을 연결해서 탁구공이 지나가는 길을 만들었는데 여러 친구들이 함께 놀이에 참여하게 됨. 중간에 탁구공이 막히면 왜 막히는지 원인을 찾아서 다시 고치고, 여러 개의 공을 넣어 보거나 블록으로 중간에 다리를 만들어서 보완하는 등 다양한 놀이로 계속 연계함.

점심 후 찌통(투명 통) 놀이는 교실 가운데로 옮겨 옴. 여러 친구들이 탁구공을 모아서 긴 통에 놓는 놀이를 함. 한 통에 탁구공을 채워서 통끼리 테이프로 붙이는 방식으로 모든 통을 연결한 후 한꺼번에 탁구공이 흘러나오게 하는 놀이로 시간이 많이 걸림.
윤석이가 다친 팔로 15분 넘게 통 밑을 막고 있었음.

이렇게 놀았어요

세계 여러 나라에 대해 놀이가 시작되면서 아이들이 여행가방에 대해 관심을 갖기 시작해서 바퀴를 바퀴를 제공함. 익숙하지 않은 자료의 제공으로 손바닥에 굴리거나 바닥에 놓고 굴리면서 탐색을 하였고, 상자가 필요하다는 의견으로 함께 1층에 내려가서 구해옴. 바퀴를 상자 바닥에 테이프로 붙이고 이불이나 놀이감 등을 담아서 움직이는 놀이를 함. 시간이 지나면서 메뉴판을 만들고 카페놀이를 하다가 캐리어를 가지고 떠나는 여행놀이에 흥미를 갖게 되면서 비행기를 타고 여행하는 놀이를 하게 됨.

| 교사 저널 | 놀이를 지원하면서 많은 고민을 하지만 지금도 놀이에 대해 자신 있게 말하기는 어렵다. 밀물과 썰물처럼 예상대로 흐르기도 하고, 태풍처럼 정신없이 몰아치다가 뚝~ 끊겨서 조용히 진행되기도 해서 놀이의 시작과 마무리 시점을 잡아내기가 쉽지 않다.
도서관 놀이를 정신없이 하다가 집을 짓겠다고 도서관을 밀어내고 그 자리에 블록을 쌓는 모습을 보면 놀이의 시작과 끝이 눈에 보이지만 바퀴 하나로 시작되어 흥분 속에 up(캐리어, 배 만들기 놀이)되다가 down(캐리어가 버려짐~)되기도 해서 꾸준한 관찰과 적절한 지원이 필요하다. 놀이 속에서 배움이 일어나는 것도 놀이를 관찰하는 중요한 이유임을 잊지 않고 Checking~! |

〈학부모에게 안내한 유아 관찰 및 기록(주 1회 교육과정 평가)〉

기　간	2021.4.12.(월)~ 2021.4.16.(금)	놀이 주제	산책 길을 만들어요

이렇게 놀았어요

"교실과 복도에 어떤 길을 만들까?" 하니 "구불구불 길을 만들어요~", "자갈길을 만들어요!" 하며 산책 길에서 경험했던 다양한 길들을 이야기했어요. 유아들이 만들고 싶은 산책 길 설계도를 그리고 자료실에서 길 만들기 재료를 찾았어요. 구불거리는 길을 만들기 위해 밧줄도 꺼내고 우연히 발견한 나무판자에 배 놀이터로 가는 계단 길을 떠올렸어요~ 나무판을 두드려 어떤 소리가 나는지 탐색했는데 "군인들이 지나가는 신발 소리가 나요.", "나무에서 딱딱거리는 소리가 나요." 하고 말했어요. 유아들은 자신들이 집에서 가져온 준비물에도 많은 관심을 보였는데 달걀판으로 울퉁불퉁한 자갈길을 표현하기도 했어요. 복도 옆 레고 존에는 파란색 비닐을 깔아 물을 표현하고 방과 후 과정 시간에 만들었던 개구리와 봄꽃을 전시했어요. 물가를 지나가기 위해 체육 도구들로 징검다리를 만들었는데 균형을 잡으며 아슬아슬 다리를 건너거나 미끄러지지 않게 양말을 벗는 등 각자의 방식으로 놀이를 즐겼어요. 유아들은 산책 길 만들기에 더욱 몰입하여 더 다양한 자료를 요구했어요. 특히 체육 자료실에서 놀이에 필요한 자료를 스스로 선택하여 놀이를 확장하는 모습이 인상적이었어요. 산책 길이 조금씩 완성되자 길 만들기 놀이에 흥미를 보이지 않던 유아들도 관심을 보이며 놀이에 참여했어요. 친구들이 만든 길을 함께 걸어 보고 안전하지 않은 곳을 발견하여 테이프로 고정시켜 주었어요. 교실에서 복도, 복도에서 계단까지 여러 가지 길이 완성되자 몇몇 유아들은 보자기와 피크닉 바구니를 들고 "우리 소풍 가자~" 하며 길 놀이를 한 후 곤충 마을 옆이나 배 놀이터 옆에 보자기를 깔고 음식을 나누어 먹으며 즐겁게 놀이했답니다.

놀이 사진

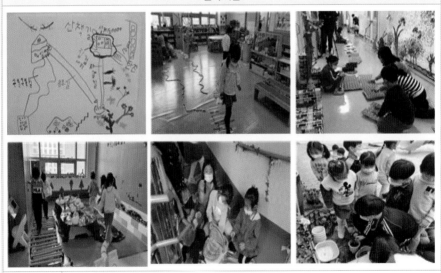

안전교육	▸ 성교육: 친구 몸도 소중해요(코로나19 감염 예방 생활 수칙 교육) ▸ 약물 및 사이버 중독: 스마트폰 과의존 예방 교육 ▸ 생활안전: 미세먼지 계기 교육

– 놀이 기록을 반영한 발달 평가 및 생활기록부 반영하기

누리과정의 평가는 유아 평가와 누리과정 운영 평가(교육과정 평가)로 이루어진다. 유아 평가는 궁극적으로 유아의 행복과 전인적 발달을 지원하는 데 그 목적이 있고, 누리과정 운영 평가는 유치원의 교육과정이 유아·놀이 중심으로 적절하게 운영되고 있는지 평가하는 데 목적이 있다.

다음 내용은 유아 평가에 대한 것으로 유아에 대해 개별 관찰과 그룹 관찰 등을 활용하여 총체적으로 기록을 모은 뒤 학기별로 5개 영역별로 평가하고 학년 말에 생활기록부에 반영한 예시이다. 교사는 유아의 놀이, 일상생활, 활동 속에서 유아의 고유한 특성이나 의미 있는 변화를 발견하고, 그것을 바탕으로 유아의 배움과 성장을 돕기 위하여 기록하고 평가한다.

2019 개정 누리과정에서는 교사가 유아의 놀이 관찰 기록, 유아 평가 자료를 만들고 수집하는 데 과도한 노력을 기울이기보다는 유아의 놀이에 더 집중하고 지원하는 것이 중요함을 강조하고 있다.[3]

① 개별 또는 그룹별 관찰 기록 모으기

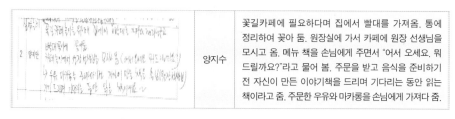

| | 양지수 | 꽃길카페에 필요하다며 집에서 빨대를 가져옴. 통에 정리하여 꽂아 둠. 원장실에 가서 카페에 원장 선생님을 모시고 옴. 메뉴 책을 손님에게 주면서 "어서 오세요. 뭐 드릴까요?"라고 물어 봄. 주문을 받고 음식을 준비하기 전 자신이 만든 이야기책을 드리며 기다리는 동안 읽는 책이라고 줌. 주문한 우유와 마카롱을 손님에게 가져다 줌. |

---

3. 교육부, 『2019 개정 누리과정 해설서』, 54쪽, 2019.

이름: 양지수(Part 2. 놀이 사례 - 벚꽃 놀이 188쪽)

봄 풍경 꽃길에 나비가 필요하다며 작고 큰 비닐, 포일, 색종이, 점토 등 다양한 재료를 활용하여 나비를 꾸미고 만든다. 수아와 벚꽃 풍경 에 붙이면서 어디에 붙이면 더 예쁠지 의논하고 위, 아래, 더 떨어져서 등 공간에 따라 만들어 내는 아름다움의 차이를 느끼면서 나비를 붙인다.

지수는 친구들과 함께 정한 메뉴를 메뉴판에 정확한 글자로 표현 한다. 메뉴 옆에는 가격을 숫자로 표시하고 친구들에게 적은 것을 읽어 주고 꽃길카페 입구 책상에 배치한 후 손님에게 안내할 메뉴 판을 책으로 만들어 메뉴와 가격을 적는다.

다른 반 친구들이 꽃길카페에 방문하자 "어서 오세요." 인사를 하고 자리를 안내한 후 예은이에게 메뉴판을 가져다주라고 하며 서로 의 일을 분담하면서 협력한다. 예은이가 손님이 주문한 메뉴를 말하자 음식을 담아 예은이에게 전달하면서 자신이 해야 할 역할을 자연스럽게 완수한다.

이름: 양지수(Part 2. 놀이사례 - 구슬놀이 340쪽)

지수는 컵 위에 유니트 블록을 올려 놓고 길을 만들어 구슬이 굴러가는 모습을 예측한다. 소미는 구슬을 굴려 보고 유니트 블록 사이에 틈이 생기면 구슬이 밖으로 굴러가는 모습을 관찰한다. 다시 소미는 유니트 블록을 점검하면서 틈이 생기지 않도록 구슬 길을 수정하며 문제를 해결한다. 그리고 자신의 예측한 대로 구슬이 굴러가는지 실험한다.

지수는 구부러지는 호스의 특성을 이해하여 인형의 집 창문을 통과하며 칠판 옆으로 지나간다. 친구와 함께 호스로 소리를 전달하는 놀이를 한다. 소미는 호스에 구슬을 넣어 보고 흔들어 보며 소리를 듣는다. 교실에 있는 물건(블록, 주사위, 반지 등)을 호스에 넣어 보고 물건이 부딪히며 나는 소리를 민감하게 탐색한다.

지수는 교실, 화장실, 복도, 계단으로 이어지는 구슬 길을 친구들과 함께 만든다. 소혜가 찌통(투명 통)에 테이프를 붙이기 어려워하자 먼저 다가가 찌통을 잡아 주며 도와준다. 테이프가 뭉쳐져 구슬이 굴러가지 않는 문제가 생겼다. 소미는 친구들과 의논 하여 테이프를 조금 써야 한다고 이야 기 하여 문제를 해결한다.

② 1학기 놀이 기록 종합하여 모으기

영역 ＼ 대상	유아명	양지수	성별	여
	영역별 기록			
신체 운동 · 건강	(벚꽃 놀이) 꽃을 만들며 가위를 이용하여 그림의 선을 따라 오리고 찢고, 뭉쳐 보면서 소근육을 활용한 경험을 함. (우리 동네 놀이) 횡단보도에 놓을 신호등 끼우기, 블록으로 만들어 길을 건너는 놀이를 하며 교통안전 규칙을 실천함 (구슬 놀이) 구슬 과녁 놀이, 볼링 놀이를 할 때 손가락과 팔의 힘을 조절하여 구슬을 목표물까지 굴림. 구슬 사방치기 놀이를 하면서 한 발로 균형을 잡고 일정 시간 유지함. (거미 놀이) 거미줄을 통과하며 거미줄의 높고 낮은 공간을 인식하며 신체를 조절하여 높고 낮게 움직임. (기타) 훌라후프 놀이를 자주 즐기며 훌라후프를 허리에 놓고 손으로 힘껏 돌리고 허리를 빠르게 움직이면서 안정된 자세로 오랫동안 돌림.			
의사 소통	(벚꽃 놀이) 꽃길카페를 만들며 메뉴판에 메뉴와 가격을 글과 숫자로 표현하고 친구들에게 읽어 줌. 메뉴 책을 만들어 손님들이 볼 수 있도록 함. (우리 동네 놀이) 친구들이 만든 우리 동네 건물에 글로 이름을 쓰기, 주스 자판기에 메뉴와 가격을 씀. (거미 놀이)「거미의 여행」 그림자 인형극을 알리는 포스터에 날짜, 초대 글, 하는 사람을 글로 써서 알림. (구슬 놀이) 구슬 사방치기를 하며 구슬이 굴러가지 않자 친구와 의견을 나누며 문제를 해결함.			
사회 관계	(벚꽃 놀이) 꽃길카페에 방문한 손님들에게 인사하고 손님이 주문한 메뉴를 음식을 담당한 친구에게 전달하며 자신이 해야 할 역할을 수행함. (우리 동네 놀이) 친구들과 함께 의논하여 주유소 만들기, 자판기 만들기, 병원 만들기를 하고 우리 동네의 모습에 관심을 갖고 길과 건물을 만듦. (구슬 놀이) 구슬 경사로를 만들 때 구슬이 떨어지지 않도록 블록으로 막는 방법에 대해 친구들과 의견을 나누며 협력하여 문제를 해결함.			
예술 경험	(벚꽃 놀이) 봄 풍경 꽃길에 다양한 재료(비닐, 포일, 색종이, 점토)를 활용하여 꽃과 나비를 붙이고 공간에 따른 아름다움(위, 아래, 더 떨어져서)의 차이를 느끼며 풍경을 꾸밈. (우리 동네 놀이) 박스, 테이프, 블록, 인형 등을 이용하여 다양한 건물을 만듦. 우리 동네 노래방에서 자신이 좋아하는 노래를 선택하여 부름. 아이스크림을 만들 때 점토로 모양과 색깔을 고려하여 만듦(세모 모양의 빨간 수박 점토 아이스크림에 검정 점토로 씨 붙이기, 네모 모양 하얀 점토 아이스크림에 빨간 하트 점토 보석 바 표현). (거미 놀이) 거미를 그려 막대 인형을 만들고 거미에 알고 있는 이름을 붙여 친구들과 협력하여 이야기를 자유롭게 상상하며 극놀이를 즐김.			
자연 탐구	(벚꽃 놀이) 봄에 볼 수 있는 꽃과 곤충을 찾아 자세히 관찰하면서 그 특징을 미술 놀이에서 구체적으로 표현함(나비 다리, 무당벌레 날개, 민들레꽃의 특징 등). (우리 동네 놀이) 우리 동네의 다양한 건물을 그림, 블록 등을 이용하여 위치와 방향을 표현함. (구슬 놀이) 경사로의 높낮이에 따라 구슬이 굴러가는 힘에 관심을 갖고 교실의 물건(의자, 책상, 블록, 박스)을 이용하여 구슬이 잘 굴러갈 수 있도록 경사로를 구성함. (거미 놀이) 거미 그림자 극놀이를 하며 빛과 그림자의 관계를 탐색하고 거미 막대 인형을 그림자 막에서 가깝게 멀게 움직이며 그림자의 크기를 조절함.			

③ 2학기 놀이 기록 종합하여 모으기

영역 \ 대상	유아명	양지수	성별	여
	영역별 기록			
신체 운동 · 건강	(흙 놀이) 손가락과 팔의 힘을 조절하여 흙(점토)을 세게 때리기, 치기, 굴리기, 주무르기, 세심하게 다듬기를 함. 점토를 손바닥으로 길게 말아 올려 다양한 크기의 도자기를 만듦. (극놀이) 인형에 손가락을 끼우고 움직이면서 필요한 부분(머리, 손)이 있을 때 몸의 부분을 인식하며 움직임. (가을 놀이) 바깥 놀이에서 주운 도토리를 이용하여 팽이 놀이를 하며 도토리가 잘 돌아가도록 손의 힘을 조절하여 돌리기를 하며 중심을 잡음. (겨울 놀이) 신문지와 종이를 이용한 눈싸움에서 팔의 힘을 조절하여 자세나 동작을 취하면서 능숙하게 상대편에 눈을 던짐. (기타) 우유, 치즈, 급식에서 나오는 채소가 몸에 좋은지 알지만 먹기를 피함.			
의사 소통	(흙 놀이) 흙 놀이 규칙을 만들며 글로 규칙을 써서 다양한 방법으로 표현함(매트 위에서 하기, 흙은 비닐로 덮기, 쓰고 난 찍기 틀은 제자리에). (극놀이) 「떡 하나 주면 안 잡아 먹지」의 동화에 나온 줄거리로 다시 이야기를 만들어 인형극 대사로 사용함. 다른 친구의 대사를 듣고 관련해서 말함. 인형극에 초대하는 말을 글로 써서 다른 반 친구들을 초대하는 초대장을 만듦(제목, 날짜, 시간, 누구). (가을 놀이) 가을 나뭇잎에 대한 자신의 생각을 매직을 이용하여 글로 표현함 (예: 바삭바삭, 사라랑, 흔들흔들, 살랑살랑, 데굴데굴). (책놀이) 읽고 싶은 책 제목의 단어(예: 장수탕)로 시작된 끝말잇기에 재미를 느끼며 말놀이를 즐김. 책 5권을 읽고 난 후에 실시한 독서 퀴즈에 참여하며, 책의 내용을 이해하고 OX 게임을 즐김.			
사회 관계	(흙 놀이) 흙으로 만든 떡가게 놀이에서 떡을 만들어 팔고 계산하는 등 가게 놀이를 즐김. 떡틀에 있는 우리나라 전통 문양에 관심을 갖고 다양한 문양을 이용하여 흙떡을 만들어 판매대에 전시함. (가을 놀이) 낙엽과 열매를 철사에 끼우는 놀이를 하며 잘 끼우지 못하는 친구들에게 끼우는 방법을 설명하면서 도움을 줌. (극놀이) 친구들과 협력하여 서로 역할을 정해 인형극 놀이를 즐김. 친구들과 협력하여 아기 돼지 삼형제 벽돌집을 지음.			
예술 경험	(흙 놀이) 흙으로 도자기를 만들며 도자기의 모양, 형태에 관심을 갖고 다양한 모양과 형태를 생각하며 만들기를 함. (가을 놀이) 가을에 나타나는 색에 관심을 갖고 물감, 보자기, 낙엽을 활용하여 가을 느낌을 다양한 방법으로 표현함(빨강·노랑·주황 물감을 손바닥으로 찍기, 빨강·주황·노랑·갈색 보자기를 유니트 블록에 덮어 나무 만들기, 낙엽을 날리며 "와~" 하고 감탄하는 말 표현하기). (극놀이) 「커다란 무」, 「아기 돼지 삼형제」 극을 감상하고 내용과 관련하여 자유롭게 상상하며 인형을 이용한 극놀이나 직접 몸으로 표현하는 극놀이를 즐김.			
자연 탐구	(흙 놀이) 흙을 다양한 방법으로 탐색하고 흙이 굳었을 때 변화한 느낌을 말로 표현하고 말랑한 흙과 굳은 흙을 이용한 놀이를 즐김. (가을 놀이) 낙엽의 크기, 색, 모양, 질감, 냄새를 탐색하며 낙엽을 색깔·모양별로 모으기, 크기 순서대로 놓기를 자연스럽게 즐김. (겨울 놀이) 눈 오는 날 만들어 놓은 눈사람의 변화에 관심을 갖고 눈이 녹아 없어지는 일에 대해 친구들에게 설명함("눈사람이 햇볕 때문에 녹아 없어졌어~").			

④ 학년도 발달 상황 작성하기

영역 \ 대상	유아명	양지수	성별	여
	영역별 기록			
신체 운동 · 건강	여러 가지 방법으로 훌라후프 동작을 시도하며, 자신감 있게 자발적으로 참여하면서 친구들에게 훌라후프하는 방법을 알려 주는 등 기구를 이용한 신체활동 능력이 뛰어남. 가위나 색종이 접기 등 소근육의 협응력을 요구하는 모든 활동에 능숙하게 참여하나 가리는 음식이 많은 등 편식하는 습관이 있음.			
의사 소통	쓰기 도구를 사용하여 놀이 과정에서 필요한 글자를 써서 활용할 수 있으며 책 만들기, 이야기 짓기 등 자신의 생각을 글로 표현하는 활동을 즐겨함.			
사회 관계	자신이 하고 싶은 놀이를 스스로 찾아 계획하고 끝까지 마무리할 수 있으며 해야 할 일의 우선순위를 스스로 정해 놀이에 참여함. 자신의 일보다 도움이 필요한 친구에게 먼저 다가가 도움을 주는 일에 익숙함.			
예술 경험	자신의 주변에서 만나는 자연에서의 아름다움을 풍부하게 느끼고 사물의 색이나 형태, 공간과 같은 미술적 요소를 발견하고 아름다움을 표현함.			
자연 탐구	공간 내에서 물체의 위치와 방향을 인식하고 구체물로 나타낼 수 있으며 자연물을 활용하여 놀이하는 과정에 즐겨 참여함.			

⑤ 생활기록부에 유아 발달 상황 작성하기

연령	발달 상황
4세	다양한 재료를 이용하여 만들기와 꾸미기를 좋아하고 색, 형태, 공간과 같은 미술적 요소를 활용하여 아름다움을 표현함. 놀이 과정에서 필요한 글자를 다양한 쓰기 도구를 사용하여 쓸 수 있으며, 어려움을 겪고 있는 친구가 있으면 먼저 다가가 도와줌.

3. 유치원의 공간 혁신

(1) 놀이 공간이 주는 의미

행복하고 감동을 크게 받은 경험을 많이 한 사람은 그 순간 뇌에 변화가 일어나고, 큰 감동을 경험했던 사람일수록 어려운 순간에도 그것을 극복하려는 의지가 높아진다고 한다. 물론 아무것도 없는 공간에서도 재미있는 놀이는 가능하지만 좀 더 다양한 경험을 위해 유치원의 놀이 공간에 대한 고민이 필요하다.

국제 학업성취도 평가에서 늘 상위권을 유지하는 북유럽 아이들의 교육 경쟁력은 학교 공간에서부터 출발한다고 해도 과언이 아니다. "학교가 집보다 더 편하고 좋다."는 그곳 아이들은 학교를 배움의 장소이자 놀이의 장소로 생각한단다. 그렇다면 아이들을 행복하게 하는 공간 디자인은 어떻게 가능할까?

– 아이들이 행복한 유치원 공간으로 변화가 필요한 이유

경이로운 세상에 대해 호기심 가득한 눈으로 바라볼 수 있는 공간, 놀이를 통해 자연스러운 배움이 일어나고 그 배움이 즐거워서 자연스럽게 스며드는 놀이 공간을 위해 고민해야 한다. 전영아 · 전홍주[4]는 흥미 영역의 물리적 구분을 벗어나 유아들이 자율성을 가질 때 놀이의 확장이 이루어질 수 있음을 제안한 바 있다.

현장에서 교사 주도적인 흥미 영역이나 구조적인 자료들을 주고 놀이를 유도할 경우, 유아는 흥미를 느끼지도 않고 관심이 없어도 교사가 노는 방법을 알려주면 그 방법대로 놀기는 하지만, "이제 놀아도 돼요? 우리 언제 놀아요?"라고

---

4. 전영아 · 전홍주, 「자유놀이 흥미영역의 통합이 유아의 사회 · 인지 놀이에 미치는 영향: 쌓기와 역할영역의 통합을 중심으로」, 『육아지원연구』, 한국육아지원학회, 2016. 11.

되묻는 일이 많았다. 생활 주제에 따른 상업적인 흥미 영역 자료들은 정해진 방법에 따라 놀거나 교사가 가르쳐 준 방식대로 놀면서도 의미 있는 확장이 일어나는 놀이도 많았으나, 유아들의 흥미와 관심을 더욱 많이 받은 공간과 자료는 놀이 방법이 정해지지 않은 박스와 비닐 등을 이용하여 자유롭게 만들고 구성한 공간이었다. 그러므로 교사들은 무엇을 가지고 놀고 싶은지, 어떻게 만들고 싶은지를 유아에게 묻고 스스로 공간을 구성할 수 있도록 지원해야 한다. 유아는 자신이 직접 의견을 내거나 주도적으로 구성한 공간에서는 즐거움과 자유로움을 더 많이 느끼고 놀이 변형이 많았으며 놀이를 지속하는 시간도 증가했다.

일반적인 교실 모습

자유로운 흥미 영역 구성과 놀이 상황에 따라 변화하는 교실 모습

아이들은 아늑하고 좁은 공간, 숨을 수 있는 동굴 같은 공간을 좋아하기 때문에 박스, 천, 줄 등을 이용해 자신이 원하는 공간으로 구성하는 경향이 많다.

– 왜 모두 네모난 교실일까?

유치원 교실은 왜 똑같이 생겼을까? 교사들은 사각형 건물에 들어 있는 사각형 교실을 '보통 교실', 또는 '일반 교실'이라고 부른다. 일반 교실의 모양은 사각형이다. 전국적으로 학교 건물은 대부분 비슷하게 생겼다. 유치원도 마찬가지다. 사각형이 아닌 교실은 흥미 영역 구성하기와 자료 정리하기가 힘들다고 말한다. 그러기에 별로 흥미로운 공간은 되지 못한다. 요즘 신설되는 유치원은 사각형 모양에서 벗어나 직선과 곡선의 미를 강조한 건물로 지어지기도 한다.

현재의 기본 틀을 바꿀 수 없다면, 아이들의 몸과 마음이 자라는 교실로 사용자가 바뀌 가는 교실은 어떠한 교실일까? 사각형 교실을 극복하는 공간 구성과 놀이 방법은 무엇일까?

– 교육과정과 연계한 공간 활용이 공간 혁신이다

유치원마다 공간의 구조와 사용 방법은 매우 다양하다. 우리 유치원의 주변 지역만 살펴보면 최근 신설된 유치원을 제외하고는 강당, 유희실, 특별실 등이 제대로 갖춰진 유치원은 별로 없다. '고등학교 이하 각급 학교 설립·운영 규정'에 의하면 유치원 교실 면적의 기준은 유아당 $2.2m^2$로 교사나 유아들이 자유로운 놀이 공간으로 사용하는 데 매우 좁다고 느껴진다. 보통 교실은 놀이 공간으로 사용하기 나름이지만 현재의 공간을 유아들이 주도적으로 사용할 수 있게 하고 접근성을 높일 수 있도록 교육과정과 구성원 간 소통 내용을 반영하는 것이 중요하다. 그래서 복도나 계단도 놀이 공간으로 사용하고 있으며 강당, 유희실, 목공실 등의 특별실도 유아의 요구를 반영하여 공간을 의미 있게 사용하는 것이 공간 혁신이다.

(2) 복도와 계단을 놀이 공간으로 활용하기

교실은 20여 명의 유아들이 놀기엔 너무 좁다. 신체를 활용한 놀이를 위해서는 더욱 넓은 공간이 필요하다. 그렇다고 그런 순간마다 강당이나 공원으로 가서 놀이를 한다면 시간과 장소 이동 자체가 부담이 될 수도 있다. 이런 경우 소그룹이 놀이를 만들고 자료를 구성하여 놀기엔 복도가 매우 유용하다. 그리고 놀이에 따라 넓이와 형태가 자꾸 변화한다. 층과 층을 이어 주는 계단은 한낱 이동하는 통로로만 사용하기에는 너무 매력적인 공간이다. 계단이라는 특성을 이용하면 효율적으로 공간을 사용하는 것이 가능하다. 다음은 복도와 계단을 이용하여 놀이한 사례를 소개한다.

– 복도를 놀이 공간으로 활용하기 1(Part 2. 놀이 사례 - 벚꽃 놀이 188쪽)

벚꽃 놀이가 진행될 때 이미 교실은 다른 놀이들로 가득 차 있었다. 미술 영역에서 만든 벚꽃 물감 찍기가 한창이었는데 한 유아가 "우리가 직접 꽃길을 갈 수 없으니까 길을 만들고 꽃길 끝에는 카페가 있다고 하고 카페를 만들자."라고 제안하였다. 교실에 더 이상 공간이 없었으므로 지원을 하지 않을 수도 있었으나 놀이 공간을 복도로 확장하여 복도에 꽃길을 만들고 다과를 즐기는 즐거움을 갖게 하고자 카페를 만들어서 카페 놀이로까지 확장되었다.

꽃길 만들기-"코로나19 때문에 꽃을 보러 갈 수 없어서 우리가 꽃길을 만들어요."라며 벚꽃 풍경을 꾸미고 복도에 꽃길을 만듦.

꽃길카페 만들기-"꽃길 끝에는 카페가 있어."라며 꽃길이 끝나는 복도에 카페를 만듦.

복도에 만든 꽃길카페-책상, 의자, 탁자보, 화분, 메뉴판, 계산대, 음식 등을 함께 준비하여 카페 완성.

꽃길 즐기기-복도에 만든 꽃길을 걸으며 꽃잎 던지기와 줍기 등을 하며 봄 꽃길을 즐김.

손님들을 꽃길에 초대-유치원의 다른 반 친구들과 선생님들을 초대.

꽃길카페 놀이-꽃길을 걷고 있는 손님들을 카페에 초대하여 꽃길 카페 놀이 즐기기.

– 복도를 놀이 공간으로 활용하기 2(Part 2. 놀이 사례 - 구슬 놀이 150쪽)

구슬 놀이는 계획된 연간 놀이 주제가 아니었다. 우연히 전래놀이로 구슬을 굴려서 맞추는 놀이를 경험한 학급 친구들의 구슬에 대한 폭발적인 흥미를 계속 유지시키고 집중력과 소근육 발달을 돕고자 놀이로 확대하였다. 작고 잘 굴러가는 구슬의 특성이 유아들을 흥분시키기도 하지만 자료장 밑이나 긴 복도에서 놀이할 경우에는 다시 찾아오기가 매우 어려운 자료이기도 하다. 사실 20명의 유아가 교실에서 놀이를 하므로 공간이 많이 부족하다. 이미 다른 놀이가 진행 중인 상황인 데다 유아들이 제안한 통 안의 구슬 길 만들기나 구슬 골프 등의 놀이는 공간을 많이 차지하기에 자연스럽게 복도에 구슬 길을 만들기로 하였다.

| 복도 벽에 구슬 길 만들기-교실에는 빈 벽이 없어 복도 벽에 휴지심을 이용한 구슬 길을 만듦. | 통 안으로 구슬이 굴러가-벽과 넓은 공간이 필요해서 복도에서 구슬 굴리기를 함. | 구슬 골프 놀이-골프 판을 놓을 자리가 교실에 없어 복도에 배치하여 놀이함. | 구슬 사방치기-복도에 그은 사방치기 놀이판을 이용하여 구슬 사방치기 놀이를 함. |

– 복도를 놀이 공간으로 활용하기 3

복도는 때로 집 밖의 공간을 상징하기도 한다. 그래서 야외 공간이 필요하다고 느낄 때는 유아들이 복도를 먼저 놀이 공간으로 희망한다. 가을 놀이가 한창일 때 낙엽이 많은 숲길은 당연히 복도에서 만들기로 결정하였다.

| 복도에 가을 숲 만들기-숲에 다녀온 아이들이 복도에 색 보자기, 블록, 숲에서 가져온 자연물을 이용하여 숲을 구성함. | 가을 숲에 벤치도 놓아요-가을 숲 입구에 쉴 수 있는 벤치도 만들어 놓음. | 가을 숲을 산책해요-가을 숲 낙엽을 밟으며 산책함. | 가을 숲에서 책을 읽어요-가을 숲 벤치와 의자에서 책을 읽음. |

– 어두운 곳이 필요해요

그림자 놀이는 연령에 상관없이 모든 유아들의 흥미가 집중되는 놀이다. 교실을 어둡게 만들려면 빛이 들어오는 유리창을 커튼이나 두꺼운 종이 등을 활용하여 모두 막아야 하므로 암막 커튼이 없는 경우 힘이 많이 들 수 있다. 우리 유치원에서는 암막 커튼이 있는 강당이나 유리창이 비교적 작은 도서관을 먼저 활용하고, 필요한 경우 교실의 작은 영역이나 큰 박스를 이용하여 집 형태를 만들어 어둡게 만들었다.

| 교실에서 손전등을 활용하여 그림자를 찾아요. | 도서관에서 불을 끄고 책을 가지고 이야기가 있는 그림자 극놀이를 해요. | 강당에서 불을 끄고 스크린에 비추어 그림자 극놀이를 해요. | 강당에서 동생들에게 그림자 극놀이를 보여 줘요. |

– 계단, 현관까지 놀이 공간으로 활용하기(Part 2. 놀이 사례-구슬 길 놀이 308쪽)

　유치원 공간에서 계단과 현관은 이동 통로로만 사용되지 않는다. 동화나 준비된 공연을 관람하기 위해 계단이 많이 활용되고, 긴 찌통(투명 통)에 구슬이 지나가는 놀이를 할 때 화장실, 현관, 계단 등이 활용되어 유아들이 환호성을 지르면서 놀이를 즐겼던 기억이 있다. 하지만 교사는 이들 공간을 활용하기 전에 안전을 위해 유의해야 할 사항을 미리 점검해야 하고, 유아들에게 안전 약속은 반드시 지키도록 안내해야 한다.

교실에서 구슬 길을 만들어요.

화장실에도 구슬 길이 지나가요.

계단에 구슬 길이 지나가요.

3층에서 2층, 1층까지 구슬 길을 만들어요.

현관에 구슬 길을 만들었어요.

유치원 밖으로 구슬 길이 지나가요.

(3) 자연이 가장 좋은 치료제, 바깥 놀이터 만들기

유아들에게 초중고등학교 학생들보다 더 절실하게 바깥 놀이터가 필요하다는 것은 공감하지만 시설 기준상 바깥 놀이터가 없는 유치원도 매우 많다. 그리고 2000년대 초반부터 일어났던 종합 놀이 기구 설치가 바깥 놀이터의 대명사로 굳어져서인지 대부분 유치원의 바깥 놀이터는 종합 놀이 기구 하나 들어설 공간밖에 없을 정도로 작다. 놀이 중심 교육과정을 운영하다 보면 신체활동을 자유롭게 할 수 있는 넓은 실내 공간과 실외 공간을 확보하는 것이 매우 중요하다. 특히 실외 공간은 텃밭 공간을 마련하여 생태교육과 연결하는 것이 좋다.

여러 유치원 사례를 보면, 좁은 공간을 활용하기에 가장 중요한 공간 혁신은 인근 공원의 활용도를 높이는 것이었다. 활용도를 높인다는 것은 자주 바깥에 나가 놀 수 있도록 통로를 확보하는 것으로 시작되었다. 구조적으로 교사와 유아들이 밖으로 나가는 것을 쉽게 할 수 있도록 통로를 정비하고 아름답게 꾸몄더니 공원에서 놀이하는 횟수가 현저하게 증가하였다.

- 모래놀이터에서 놀기

| 모래와 자연물(솔방울, 낙엽, 나뭇가지 등)을 이용하여 케이크, 성 만들기 | 모래와 물을 이용하여 물길, 수영장 만들기 |

– 동식물 기르기

우리가 기르고 싶은 식물들을 투표로 결정하여
텃밭에서 기르고 관찰하기

텃밭에서 수확한 고구마를 이용하여
요리 활동하기

– 공원에서 놀이하기

밧줄, 풍선 등을 활용하여 공원에서 신체 놀이하기

공원에서 비행기 놀이하며 그림자 탐색하기

광목천, 보자기, 자연물을 활용하여 소꿉놀이하기

밧줄을 이용하여 줄다리기, 매달리기 등
도전을 즐기며 모험하기

(4) 도서실은 조용해야만 할까? 가장 시끄러운 공간으로 바꾸자

아이들이 책과 친해지려면 먼저 도서실과 친숙해져야 한다. 도서실에 가면 조용히 해야 하고, 책만 읽어야 하는 공간으로 알고 있다. 그러나 편한 의자에 앉거나 혼자만의 공간에 들어가서 책을 읽는 기쁨을 누리게 하고, 친구와 책에 대해 이야기하고 책에서 나온 내용을 동극으로 만들어 보는 등 더욱 다이내믹하게 놀아 보게 하면 얼마나 좋겠는가? 도서실에 대한 편협한 이미지에서 벗어나 놀이를 통해 알고 싶은 지식을 배우고 몸으로 느끼게 하는 행복한 공간으로의 변화가 필요하다.

모든 유치원에서 거의 대부분 핵심 공간으로 활용하는 곳이 도서실일 것이다. 놀이 진행 중 교사들이 지원 방법으로 가장 많이 활용하고 있는 것이 동화책이다. 아이들이 재미있게 책을 읽고 상상하기를 즐기는 것이야말로 평생 동안 지닐 습관으로 가장 최고라고 학부모와 교원 모두가 인식하고 있다는 것은 부인할 수 없다.

- 도서관에서 그림자 관련 책을 읽고, 그림자도 만들고, 그림자극도 해요

내가 좋아하는 책을 마음껏 읽을 수 있어서 좋아요-"우리 책 같이 읽자!", "재밌는 책이다!"라며 다양한 책을 발견하고, 친구와 함께 책을 읽어 보는 즐거운 경험을 해요.	놀이와 관련한 책을 찾았어요-그림자에 관심을 가지고 그림자놀이를 진행 중인 친구들이 그림자와 관련된 책을 찾았어요!	도서실에서 그림자극을 하고 싶어요-우리가 발견한 책 내용을 그림자극으로 표현해 보아요. 캄캄한 도서실에서 놀이하니 더욱 재미있어요.

– 교실에 도서관을 만들고 책에 나오는 놀이도 즐겨요

우리 반 도서관은 '생각팡팡 도서관' - "우리 교실에 도서관 만들까? 책은 여기서도 볼 수 있어." 박스로 도서관을 만들고 이름도 지어요.

우리가 만든 책과 집에서 가져온 책도 있어요 - 도서관에서 책도 만들어요 우리가 만든 책은 여기에~ 유치원 책은 여기에~ 집에서 가져온 책들은 여기에~

도서관에서 놀이는 즐거워요 - 교실도서관에서 읽는 책은 더 재미있어요. 도서관에서는 책도 만들고 끝말 잇기도 하고 글자게임도 하며 놀 수 있어요.

장수탕을 만들어요 - "우리 책에 나온 장수탕 놀이 할까?" 박스로 출입구를 만들고 이름은 장수탕^^ 블록으로 온탕과 냉탕을 만들어요. 목욕할 때 필요한 물품도 준비해요.

손님으로 넘쳐나는 장수탕 - "어서 오세요~ 장수탕입니다. 어른은 5,000원, 어린이 1,000원~ 입장할 때는 팔목에 키를 차야 해요."

장수탕에는 온탕과 냉탕이 있어요 - 냉탕에서는 바가지를 타고 놀 수 있고 온탕은 뜨겁지만 몸도 푹 담글 수 있어요. 목욕탕 의자에 앉아 비누칠하고 샤워기로 몸을 헹궈요.

때도 밀어요 - "때 밀어 드려요~ 때를 밀면 요구르트 덤으로 주지요~ 장수탕에 오면 좋은 일이 많아요."

4. 유아의 요구를 반영한 교육과정 연계 현장체험학습

교육과정과 연계한 현장체험학습의 가치는 상상 이상으로 크다. 문제해결을 위한 직접적인 학습 기회를 제공하여 실행되고 있는 놀이를 확장할 수 있고, 주변 환경에 대한 이해와 친근감을 갖는 기회를 제공할 수 있다. 또한 유아의 흥미를 끌어내어 새로운 학습을 자극하고, 문제를 해결하고, 이를 함께 나누고 토의하는 경험을 제공함은 물론 다양한 직업 세계에 대한 이해를 넓히며, 사회적인 직업에서 활동하는 성인 모델과 접하는 기회를 제공한다.

보통 1년의 교육 계획을 수립할 때 현장체험학습 계획도 미리 정한다. 물론 반드시 아이들에게 필요하고 흥미롭고 즐거움을 줄 수 있는 장소로 계획하여 체험 활동을 하기 때문에 교육적 성과를 거둘 수 있다. 연간 주제를 예상하여 정해 놓는 것과 같은 맥락이다. 그런데 계획한 대로 현장체험학습을 실시하다 보니 실행되는 놀이 주제와 달라서 의미 있는 배움이 일어나지 않은 경험이 있었을 것이다.

놀이중심 교육과정을 운영하면서 아이들의 흥미와 관심을 따라 놀이를 구성해 가다 보면 미리 정해 놓은 체험학습이 생뚱맞은 경우가 있다. 이럴 때는 유아의 요구나 교사협의회의 결과에 따라 새로운 체험학습을 추가하거나 변경할 필요가 있다. 요즘 혁신학교 운영 중점 사항에 마을교육공동체와의 연계를 강조하는데 유치원에서 교육과정을 운영하면서 연계 방향을 찾는 데는 어려움이 있다. 그러나 유아의 삶이 곧 놀이라는 놀이중심 교육과정의 운영 방침에 따라 생활과 밀접한 놀이를 마을교육공동체 연계 활동에서 찾을 수 있었다.

우리 유치원에서는 미리 계획한 현장체험학습이 실행되는 놀이 주제와 시기가 맞지 않는 경우 시기를 변경하였고, 교사들의 협의 결과에 따라 놀이 실행 시 유아들이 요구하는 현장체험학습을 학급별로 변경하여 실시하거나 연령별로 추가하여 실시하였다. 때로는 교사가 유아의 놀이를 관찰하다가 지원이 필요하다는 판단에 따라 체험학습을 결정한 적도 있었다. 교사들은 역동적인 유아의 요구에 따라 체험 장소를 알아보고 적절한 시간 등을 고려해야 했기 때문에 운영하는 데는 다소 힘이 들었으나 현장체험학습을 실시함으로써 놀이가 대폭 확장되는 효과가 있어 지원의 효과가 매우 높은 활동이 되었다. 이처럼 유아의 요구와 관심을 반영하여 현장체험학습을 지원한 사례를 소개하고자 한다.

(1) 마트 체험으로 확장된 우리 동네 꾸미기

우리 동네 꾸미기를 하던 친구들이 유치원에서 200m 떨어진 곳에 위치한 하나로마트에 가 보고 싶다는 말을 했다. 1년의 현장체험학습은 보통 유치원 근처에서 체험하기가 어렵고 유아들이 경험하면 유익한 곳으로 계획하는 경우가 많다. 마트는 원래 계획에는 없었으나, 유아들이 부모님과 같이 가 본 경험이 많고 유아의 주변 중 일상생활의 한 부분이어서 놀이로 확장하기가 매우 높은 곳이고, 차량 지원 등의 예산이 필요 없기에 유아의 요구를 쉽게 수용할 수 있는 장점이 있었다.

교사들은 교육 계획에는 없었으나 유아들의 요구를 반영하여 체험학습의 적절성을 검토한 후 다음 사항을 고려하여 체험학습을 실시하기로 결정하였다. 첫째, 많은 유아가 체험학습을 희망하는가? 둘째, 걸어서 이동하기에 안전한가? 셋째, 다녀온 후 여러 가지 놀이가 확장되어 일어날 수 있는 경험을 제공하는가? 넷째, 가서 무엇을 보고 듣고 올 것인지 토의가 가능한가? 등이다.

우리 동네 만들자~ 여기는 병원, 여기는 영화관, 여기는 하나로마트야! 하나로마트에 가 보고 싶어요~

하나로마트에는 뭐가 있을까? 물건을 사서 우리가 계산도 해요.

얘들아! 박스로 하나로마트처럼 만들자. 마트에서 사 온 물건도 진열하고 마트 이름은 마트월드로~ 신나는 마트 놀이.

교사 저널

유아들의 놀이 흐름을 따라가다 보면 아이들이 관심을 갖고 있는 것이 보인다. 집중하는 주제에 맞게 교사가 적절히 지원한다면 아이들의 놀이는 더 확장되고 깊어지리라 생각한다. 미리 정해진 체험학습보다는 유아들의 놀이 흐름에서 필요한 것을 찾아내고 함께 결정하는 것이야말로 민주시민 교육의 첫걸음이 아닐까 여겨진다. 하나로마트에 다녀온 아이들이 어떤 놀이를 펼치게 될까?

(2) 교사의 지원 계획에 의한 피자 가게 체험

하나로마트에 다녀와서 우리 동네 꾸미기와 역할놀이가 한참 진행되었는데, 마트 내에 피자 가게가 있었던 곳이라 피자를 주문 받고 만들고 배달하는 놀이로 이어졌다. 교사는 피자 가게 놀이를 하는 아이들을 보고, 이름에 따라 피자의 모양이 다르게 나오는 피자 전문점을 가 보는 것으로 아이들의 놀이를 지원하기로 하였다. 그런데 여기에서는 다음 사항을 고려하여 체험학습을 할 수 있는 장소를 선정하는 것이 중요하다.

- 유아 수준에 맞게 만드는 시범을 보여 줄 수 있는가?
- 피자 이름에 따라 올라가는 토핑을 종류별로 보여 줄 수 있는가?
- 고객의 건강을 위해 음식을 만드는 가게 주인의 운영 철학을 말해 줄 수 있는가?
- 유아의 궁금한 점을 수준에 맞게 대답해 줄 수 있는가?
- 유치원과 가까운 곳에 위치하는가?

마트 안에 있는 피자 가게야! 피자를 어떻게 만들지? 피자 가게 주인처럼 만들어 보고 싶다.

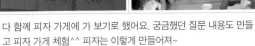

다 함께 피자 가게에 가 보기로 했어요. 궁금했던 질문 내용도 만들고 피자 가게 체험^^ 피자는 이렇게 만들어져~

피자 가게에 다녀왔어요~
밀가루로 반죽하고 토핑도 올리고 배달도 가요.

🔅 **교사 저널**

아이들의 놀이를 활성화하고자 갑자기 계획된 체험이었다. 하나로마트도 그렇지만 피자 가게는 아이들에게 그야말로 흥미로운 장소였다. 집에서 배달만 시켜 먹고 부모님이 골라 준 피자만 먹었던 아이들이 직접 메뉴를 고르고 어떻게 만드는지 살펴보고, 굽기 전과 구워진 후의 모습까지 생생하게 볼 수 있는 시간이었다. 특히 미리 궁금한 점을 이야기하고 직접 질문해 보는 시간은 아이들에게 우리 동네 피자 가게에 대해 알게 된 최고의 순간이었다. 오늘의 체험을 통해 내일 피자 가게가 어떻게 운영될지 사뭇 궁금하고, 놀이 지원을 충분히 해 주어야겠다는 생각이 든다.

(3) 소방관 역할놀이를 확장하기 위한 소방서 체험

매월 실시하는 재난 대피 훈련과 연계하여 소방서 체험을 계획하였다. 유아에게 재난 대피 훈련은 화재, 지진, 미세먼지 등의 안전사고와 관련하여 대피하는 것이 가장 중요한 일이다. 소방서는 우리 동네 기관 중 유아들이 가장 많이 알고 있는 장소로, 소방서에서 하는 일과 소방관의 역할에 대해 놀이로 연계할 수 있는 체험 장소이다.

화재 대피와 관련한 동화 자료를 보고 소방서와 소방관이 하는 일에 대해 이야기를 나누었어요.

사이렌 소리에 따라 교실에서 건물 밖으로 신속하게 대피하는 훈련을 했어요.

나주소방서로 현장체험학습을 다녀왔어요.

소화기 사용법, 소방관의 역할에 대해 알아보고 체험해
보았어요.

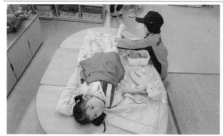

소방서에서 배운 대로 아픈 친구를 치료해 주었어요.

상자를 이용하여 소방차를 만들고, 소방관이 되어 출동
놀이를 했어요.

💡 **교사 저널**

소방서 체험학습을 통해 소방서에서 하는 일과 소방관의 역할에 대해 알아보았다. 소방서에서
직접 소화기를 사용해 보고 소방대원과의 만남을 통해 유아들의 경험이 확장됨을 느꼈다. 체험
후 유아들은 소방차를 만들어 교실 곳곳에 불이 나면 끄고 아픈 친구들을 위해 치료해 주는 등
친구들과 적극적으로 소통하며 활발하게 역할놀이를 이어 갔다.

(4) 식물 수확물 요리 활동에서 확장된 도자기 체험

여름이 지날 무렵 아이들이 키우던 유치원 텃밭에서는 단호박이 잘 자랐다. 아이들이 정성껏 가꾼 단호박으로 무엇을 할까? 아이들과 의논한 끝에 단호박 수프를 만들고 먹는 도중 호박죽이 담긴 그릇에 유아들의 관심이 모아졌다. 우연히 도자기 그릇에서 나는 소리가 비슷하다는 것을 발견하고 "이게 다 도자기라고 하는 거야~"라는 한 아이의 말에 도자기에 대해 호기심을 드러냈다. '그릇은 무엇으로 만들었는지?', '어떻게 모양 있는 그릇이 되는지?', '그릇에 그려진 그림은 무엇으로 그리는지?' 등 흙으로 만든 그릇에 관심을 가지게 되자 도자기를 빚는 사람을 직접 만나보기로 결정하였고, 인근 마을 학교와 연계한 도자기 체험이 진행되었다. 도자기 체험은 일회성으로 끝나지 않고 지속적으로 연계가 일어나는 것이 중요하다.

◎ 마을학교와 연계한 도자기 체험 진행 과정
1. 도자기에 대해 궁금한 점을 기록하고 전문가에게 물어 보기
2. 흙과 관련해 현재 우리 반 아이들의 놀이 과정을 함께 공유하기
3. 유아들이 가장 만들고 싶어 하는 것 요구하기
4. 도자기가 만들어지는 과정에 필요한 도구 알아보기
5. 만들어진 도자기 그릇을 직접 사용해 보기

텃밭에서 열린 단호박으로 "호박 수프 요리를 해요!", "호박 수프 그릇이 다 도자기래~", "도자기 그릇으로 놀아볼까? 그런데 도자기는 어떻게 만들지?", "우리도 도자기 만들어요.^^"

도자기가 궁금해요~ 내 손으로 만드는 도자기 체험^^

도자기 체험 후 신나는 점토 놀이~ 가마도 만들고 물레 놀이도 하고 떡가게도 열어요.

이제까지 체험학습은 미리 짜여진 교육 계획에 따라 우리 반의 관심사와 별개로 운영되었다. 지난 번 피자 가게 체험처럼 도자기 체험 역시 아이들의 놀이 흐름을 반영하여 계획하였다. 도자기를 만들어 보고 싶다는 요구, 도자기는 어떻게 만들어지느냐는 궁금함…. 교사는 아이들의 놀이를 지원하기 위해 지역 사회 도자기 체험장에 전화를 해서 적절한 날을 잡고 아이들의 현재 관심 정도를 나누며 무엇이 필요한지 미리 협조를 구했다. 아이들은 사뭇 진지하게 체험에 임했고, 체험 후엔 "진짜 재밌었지. 또 하고 싶다.", "선생님 집에 가마 있어요? 우리 가도 돼요?", "언제 도자기가 만들어져요?" 계속 질문하고 궁금해 한다. 놀이를 지원하는 체험은 아이들의 놀이를 폭발시켜 주는 최상의 노력인 것 같다.

(5) 배달 놀이에서 확장된 우체국 체험(Part II. 놀이 사례-배달 놀이 234쪽)

코로나19가 계속되며 일상생활에서 많이 접해서인지 유치원의 모든 놀이에서 배달하는 놀이가 많이 나타났다. 배달 놀이를 지원하는 과정에서 교사는 우체국에서 근무하는 사람들, 배달이 이루어지는 과정 등을 아이들이 직접 보고 경험해 보면 앞으로의 놀이를 구체화하고 확장하는 데 도움이 될 것으로 판단하고 우체국 체험을 계획하였다. 사전 경험으로 우체국에 가서 부모님께 쓴 편지도 부쳐서 집까지 편지가 오는지, 직접 택배를 유치원으로 보내 보고 택배가 오는 것을 경험하는 과정에서 우체국을 단순히 체험하는 것에 그치지 않고 편지와 택배가 배달되는 과정을 알아보는 놀이로까지 진행되었다. 또한 배달하는 사람에 대한 감사함과 예절을 알아보고 지키는 것까지 이어졌다.

우체국에 궁금한 것이 많아요! 함께 궁금했던 이야기를
우편집배원에게 직접 물어 봐요!

우체국에 왜 박스가 있을까?
여기서는 무엇을 하는 걸까?

택배를 부치면 정말 배달이 될까?

직접 우표를 붙이고 편지를 부쳐 봐요.

💡 **교사 저널**

배달 놀이가 우체국 놀이로 확장하여 진행되었다. 아이들의 놀이가 더 활성화되기 위해서는 우체국
체험학습이 필요하다고 판단하고, 교사는 사전에 계획하지 않았던 우체국 체험학습을 실시하였다.
이후 우체국에서 체험하였던 경험이 놀이에서 자연스럽게 나타났다.

(6) 쌀에 대한 호기심을 자극하는 떡메치기 체험(Part II. 놀이 사례-쌀 놀이 128쪽)

가을 산책길에서 만난 도토리로 시작되어 밤, 쌀, 호두 등 여러 가지 곡식과 열매로 놀이를 했다. 특히 유아들은 쌀에 호기심을 보이며 더 많은 양의 쌀을 요구했고 다양한 도구들로 쌀의 모양과 크기, 소리 등을 탐색했다. 쌀을 이용하여 염색 놀이도 하고, 여러 가지 소리가 나는 악기도 만들었다. 투명 관을 사용하여 배달 놀이를 하던 중, "쌀로 또 무엇을 할 수 있을까?" 하니 "맛있는 거 만들어요!" 하고 요리 활동을 제안했다. 이에 교사는 마을 학교와 연계하여 떡메치기 체험학습을 계획하고 떡이 만들어지는 과정에 대해 알아보기로 하였다.

여러 가지 곡식들로 놀이하며 모양, 크기, 소리 등을
탐색했어요.

쌀을 이용하여 염색 놀이, 마라카스 만들기,
배달 놀이를 했어요.

떡 반죽이 만들어지는 과정에 대해 알아보고
떡메로 쿵덕쿵덕 반죽 치기 놀이를 했어요.

도구를 이용하여 반죽을 자르고 오물조물
떡 반죽에 콩고물을 묻혀 인절미를 만들었어요.

"우리도 교실에서 떡 만들기 해요!", "쌀에 물을 넣으면 될까?", "밥이랑 떡은 어떻게 만들어요?" 쌀의 특성과 변화에 호기심을 나타내어 교실에서 반죽 만들기 놀이를 했어요.

쌀로 반죽을 만들고 나무망치를 이용하여 떡메치기 놀이를 했어요.

쌀로 만든 반죽으로 모양 찍기 놀이를 했어요.

색모래를 섞어 여러 가지 떡을 만들고 가게 놀이를 했어요.

💡 교사 저널

"쌀로 놀이를 한다고?" 다양한 곡식들을 탐색하는 과정에서 유아들은 쌀을 만지며 손가락 사이로 흐르는 느낌을 즐기고 있었다. 먹고살기 바빴던 시대에 쌀을 가지고 놀이를 한다는 것은 결코 상상할 수 없는 일로, 유아들의 놀잇감을 통해 시대가 변했음을 느낀다. 특히 쌀은 물이나 불에 의해 생김새가 변하는 활용도가 높은 재료이다. 한 달이라는 긴 시간 동안 쌀을 이용해 뻥튀기, 반죽으로 변화시켜 놀이를 해 봄으로써 유아들이 물체와 물질의 특성을 스스로 탐색하고 비교해 볼 수 있는 유익한 시간이 되었다.

(7) 인형극 체험으로 확장한 극놀이

인형극 틀은 인형극을 하기도 하고 가게의 판매대로 쓰이고 집을 지을 때는 창문이나 벽으로 쓰이는 등 쓰임새가 매우 다양해서 어느 교실에서나 유용하게 사용된다. 물론 인형극을 하고 인형극을 관람하는 본연의 목적으로 많이 쓰이지만 대사를 만들어서 인형극답게 공연을 하려면 여러 가지 수업 계획이 들어가기 마련이다. 유아들은 미술 영역에서 간단히 만든 인형이나 동물들을 가지고 극화하는 놀이를 매우 즐긴다. 그리고 알고 있는 동화나 교사가 들려준 동화를 극화하기도 한다. 이렇듯 교실에서 자연스럽게 시작된 인형극놀이가 교사와 유아들 간의 상호작용을 통해서, 또 인형극 체험을 통해 더욱 확장하여 나가는 모습을 다음의 사례에서 볼 수 있다.

4월 우연히 반에서 시작된 인형극놀이

| 두 유아가 자신들이 그린 그림을 나무젓가락에 붙여 인형극 틀에서 놀이를 한다 "우리 숨바꼭질할까?", "그래. 꼭, 꼭 숨어라. 숨었니?", "아니~" | 둘은 인형극 틀의 무대를 닫고 인형극 시작을 알린다. "자, 지금부터 인형극을 시작합니다. 볼 준비 다 됐나요?" | 인형극 시작을 알리는 소리를 듣고 두 친구가 와서 보다가 손전등을 가지고 와서 비추어 준다. |

교사 저널

우리 반에서 처음으로 나타난 인형극놀이! 그림을 그려 나무젓가락에 붙인 인형으로 숨바꼭질했던 경험을 살려 만든 단순한 인형극놀이가 펼쳐졌다. 구체적인 이야기도 없고 정해진 관객도 없다. 인형극은 몇 분 만에 끝이 났다.

8월 주제와 역할이 생긴 그림자인형극

| "와~ 여기에 거미 그림 자가 생겨~ 햇볕이 비 춰서 그림자가 생기는 는 거야." | "우리 그림자 인형극 하자~ 불빛을 비춰 주 면 그림자인형극이 되 지~" | "그림자에 색도 입히 면 어때?", "우리 역할 도 정하자. 나비, 잠자 리, 깡총거미, 게거미, 호랑거미, 안내, 조명 이 필요해." | 우리 반에 공연 보러 오세요~ 4세 반 친구 들을 초대해서 공연을 했어요. | 공연을 본 친구들이 정말 잘 봤다는 관람 후기도 남겨 주었어요. |

교사 저널

어느 날 밖에서 거미와 거미줄을 발견한 아이들은 거미줄 놀이를 즐긴다. 점토로 거미 만들기, 거미줄 치기, 거미줄 게임 놀이를 즐기더니 막대에 붙인 거미를 블라인드 뒤에 넣었다가 그림자를 발견하고 그림자 인형극을 시작한다. '거미의 여행'이라는 주제로 줄거리를 만들고 역할을 나누었으며, 다른 반 친구들을 초대하기도 하였다.

11월 학부모 동아리 인형극 관람 후 더욱 확장한 인형극놀이

  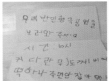 

| 학부모 동아리에서 준비 한 「커다란 무」 인형극을 관람했어요. | 인형극을 관람하고 곧바 로 인형극 틀에서 서로 역 할을 정해 「커다란 무」 인형극놀이를 해요. | 「커다란 무」에서 도깨비의 여행 창작 동화를 만들고 「떡 하나 주면 안 잡아 먹 지」 인형극으로 확장이 되더니, 초대장을 만들어 인형극 공연을 준비해요. | 유치원 선생님들과 다른 모든 반 친구들을 초대 하여 더 큰 인형극 틀을 만들고 공연을 해요. 손님 들을 위한 선물도 준비했 답니다. |

교사 저널

학부모 동아리에서 공연한 「커다란 무」 인형극을 보고 손인형을 이용한 인형극놀이가 진행되었다. 처음에는 「커다란 무」 인형극을 하더니 동화를 창작하거나 「떡 하나 주면 안 잡아 먹지」 인형극을 만들어 공연도 하였다. 이때는 초대장도 만들고 유치원의 선생님들과 다른 모든 반 친구들을 초대하였으며, 공연에 찾아온 손님들을 위한 선물도 마련하는 여유가 생겼다.

찾아오는 인형극「아기 돼지 삼형제」를 관람했어요.	교실에 돌아온 아이들은 아기 돼지 삼형제의 집을 짓기 시작했어요. "박스, 광목천, 지푸라기가 필요해요.", "여기는 첫째 집이죠!"	"둘째 집은 책상이랑 블록으로 만들자." 책상을 서로 붙이고 블록으로 입구를 만들어요.	"벽돌집은 벽돌 블록으로 튼튼하게 만들고 단단한 박스가 필요해", "굴뚝도 만들어야지!"

"동물 모자가 필요해." 자료실에서 동물 모자를 찾아 인형극을 시작해요 "첫째 돼지야, 문 열어라~"	"둘째야, 살려 줘~ 늑대가 나타났어", "형, 어서 들어와.", "과자 사 줄게. 문 열어라."	"셋째야, 늑대가 나타났어.", "어서 들어와. 굴뚝에 불을 지펴~", "호빵 사 줄게 문 열어라."	아이들은 순서를 정해 서로 역할을 바꾸며 동작과 대사가 함께 있는 인형극을 오랫동안 즐겼어요.

교사 저널
찾아오는 인형극「아기 돼지 삼형제」를 관람하고 유아들은 직접 다양한 물건을 활용하여 무대에 필요한 소품들을 구성하며 자신의 역할을 찾아서 인형극놀이를 한다. 처음 4월에 시작되었던 인형극놀이가 유아들의 다양한 경험을 통해 확장되어 가면서 놀이에 더욱 진지하고 즐겁게 참여하는 모습을 볼 수 있었다.

12월 8일 찾아오는 전문가 인형극을 관람하고 직접 무대를 만들다

찾아오는 인형극「아기 돼지 삼형제」를 관람하고 유아들은 직접 무대에 필요한 소품들을 구성하며 몸으로 움직이는 인형극놀이를 한다. 교실에 있는 다양한 물건을 활용하여 집을 만들고 동물 가면을 찾고 역할을 정해 대사와 동작이 있는 인형극을 펼친다.

놀이와 배움을 잇다

연령별 놀이 사례 및 놀이 기록

소꿉놀이가 이렇게 달라졌어요!

■ 놀이가 이루어진 기간: 2020년 5월 27일(수) ~ 6월 12일(화)

매일 똑같은 놀이? # 소꿉놀이의 확장 # 3세도 놀이를 하나요?

 놀이의 시작

우리 반 여자아이들은 꽃이 그려진 원피스와 하늘하늘거리는 치마를 좋아한다. 윤하가
분홍색 드레스를 입고 등원한 날 태우가 "윤하가 공주님 같아요."라고 한다. "윤하가 왜
드레스를 입고 왔을까?"라고 묻자 "생일인가 봐요."라고 대답한다. 윤하의 드레스에 관
심을 보이며 몇몇 친구들이 모여들더니 드레스의 모양과 색깔, 레이스를 탐색한다. 이
때 하진이가 "우리 윤하 생일 파티 해 줄까?" 하고 제안한다.

놀이의 흐름

1 누구의
생일일까요?

2 가족을
초대해요

3 우리 가족
캠핑 여행

4 캠핑장에서
낚시 놀이

5 물고기
식당

교
육
적

놀
이

지
원

공간

- 사용하지 않는 교구장을 복도로 옮겨 교실 공간을 넓게 확보함.
- 책상과 의자를 교실 중앙, 창가 쪽으로 비치하여 식당 분위기 조성함.

자료

- 식당 놀이에 필요한 음식 모형, 수저, 젓가락, 그릇 등을 활용함.
- 역할놀이를 위해 요리사 모자, 앞치마, 탁상 벨, 모형 돈을 추가로 제시함.

일과

- 놀이 방법과 규칙, 역할 등에 대해 유아들과 함께 이야기 나눔.
- 교육과정과 방과 후 과정 시간을 연계하여 놀이를 확장시킴.

상호작용

- 손님과 주인 역할을 하며 유아와 유아, 교사와 유아 간에 의사소통함.
- 옆 반 친구들을 식당에 초대하여 음식을 대접하고 놀이를 즐김.

학습 공동체

- 원활한 식당 놀이를 위해 방과 후 교사, 교무 행정사의 도움을 받아 음식을 만들어 제공함.

안전

- 요리 활동을 할 때 도구를 안전하게 사용하도록 지도함.
- 음식을 먹기 전 위생교육을 철저히 하여 식중독 사고를 예방함.

놀이에서의 배움

- 교실 주변을 깨끗이 정돈한 후 식당을 구성하고 놀이에 참여함.
- 식당 놀이에 필요한 도구나 재료들을 스스로 찾음.
- 자신의 경험을 말과 행동으로 표현하여 친구들과 사이좋게 식당 놀이함.
- 식당 놀이를 하며 바른 식습관 지도 및 공공장소에 대한 예절에 대해 앎.

▽ **1일째** 윤하의 생일 파티

윤하가 분홍색 드레스를 입고 등원한 날, 친구들이 윤하의 드레스에 관심을 보인다.

윤하가 공주님 같아요!

생일인가 봐요~

윤하가 왜 드레스를 입고 왔을까?

윤하 생일 파티 해 줄까?

진짜 생일은 아니었지만 하진이가 생일 파티를 해 주자고 제안하자 친구들이 알겠다고 한다. 희준이가 자석 블록을 이용하여 케이크를 만들고 태우와 하진이는 그릇에 장난감 피자, 치킨 등을 담아 생일상을 차린다.

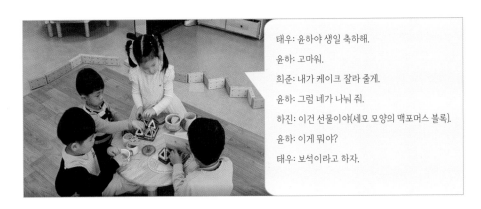

태우: 윤하야 생일 축하해.
윤하: 고마워.
희준: 내가 케이크 잘라 줄게.
윤하: 그럼 네가 나눠 줘.
하진: 이건 선물이야(세모 모양의 맥포머스 블록).
윤하: 이게 뭐야?
태우: 보석이라고 하자.

교사의 놀이 지원

🕐	자유 놀이 시간을 충분히 제공하여 유아들의 관심, 흥미 관찰함.
🏛	벽돌 블록으로 함께 담장을 만들고 원탁 책상을 제공하여 생일상을 차릴 수 있게 함.
📢	생일 파티에 초대하고 싶은 친구들에게 그림 편지를 쓰거나 초대하는 말로 상호작용.

며칠 뒤 케이크 모형을 제공하자 아이들이 환호성을 지르며 기뻐한다.
작은 원탁에 케이크와 공깃돌, 다양한 음식 모형들을 이용하여 생일상을 차린
다. 친구들을 초대하여 엄마, 삼촌, 아기 등 역할에 따라 말하고 행동하며 놀이
를 한다.

윤하: 우리 또 생일 파티하자.

지원: 나 엄마! 선생님 앞치마 해 주세요.

교사: 오늘은 누구의 생일이니?

지연: 나요.

교사: 누구를 초대할까?

윤하: 지원이랑 저는 엄마고 지연이는 아기예요.

태우: 저는 삼촌이에요.

친구들: 사랑하는 지연이, 생일 축하합니다.

태우: 이제 이거 먹어?

윤하: 골고루 먹어야 해.

승민: 젓가락으로 먹을래.

지원: 얘들아~ 이것도 먹어 봐.

교사: 엄마, 이건 뭐예요?

지원: 이건 딸기 주스고 이건 스파게티야!
　　맛있게 먹어.

교사의 놀이 지원	
	놀이 장소와 역할 등에 대해 유아들과 이야기를 나눔.
	소꿉놀이에 필요한 다양한 도구(케이크 모형, 소꿉놀이 도구 등), 의상 제공함.
	교사가 놀이에 함께 참여하여 가족 구성원의 역할과 하는 일에 대해 알아봄.

🔅 교사의 고민

매일 똑같은 놀이만 해도 될까?
유아를 존중하고 유아의 놀이를 인정해 주어야 한다고 했는데 생일 파티, 레고 놀이와 같은 단순한
놀이만 반복된다. 이대로 관찰만 해도 괜찮을까? 놀이가 확장되려면 어떤 자료를 지원해야 할까?

🔅 놀이 과정 들여다보기

유아들에게 다양한 경험을 주기 위해 신문지, 풍선, 테이프 등을 제공하고 놀이를 관찰했다. 새로운
재료에 호기심을 보이며 놀이에 참여하긴 하지만 유아의 진짜 놀이를 놓칠 뻔한 위기를 경험하며
유아의 놀이 기록을 자세히 들여다보았다.
놀이는 유아의 경험을 반영한 것이기에 만 3세 유아들의 놀이 주제는 자신, 가족, 친구라는 것을
깨닫고 일상의 경험들이 놀이로 표현되고 있음을 알게 되었다. 다시 말해 똑같은 소꿉놀이, 레고
놀이처럼 보여도 놀이에 참여하는 유아들이나 놀이 상황은 결코 똑같지 않았다. 즉 새로운 놀이를
위해 재료를 무분별하게 제공하는 것이 아니라, 유아의 놀이를 지속적으로 관찰하면서 지원이
필요하다고 느낄 때 새로운 상황이나 자료를 추가로 제공함으로써 놀이가 확장되도록 해야겠다.

🔖 5일째 캠핑을 떠나요

어느 날 한 유아가 바비큐 놀잇감을 탐색하다 '지글지글' 소리가 나는 것을 신기해 하며 공깃돌, 나무팽이, 각종 음식 모형을 가져와 요리를 시작한다.

주호: 여기에서 이상한 소리가 나요.

교사: 지글지글 소리가 나네? 우리 맛있는 음식을 만들어 볼까? (주호가 과일과 채소, 고기 등을 불판 위에 놓는다.)

하율: 선생님, 저 도시락 만들고 있어요.

교사: 도시락 싸서 어디 갈까?

태우: 우리 캠핑 갈 거예요!

희준: 짜잔! 감자가 구워지고 있어요.

하율: 이야~ 진짜 맛있겠다.

태우: 근데 비 오면 어떻게 해?

하율: 텐트 안에 들어가면 되지.

	교사의 놀이 지원
	캠핑 놀이에 필요한 도구(불판, 집게, 음식 모형 등)를 제공하고 이불을 이용하여 텐트를 구성함.
	주말에 활동한 이야기를 활용하여 가족과 함께 여행 간 경험을 나눔.

🔖 6일째 캠핑장에서 낚시를 해요

유아들이 종이접시에 빨대을 연결한 후 테이프로 돌돌 감아 우산을 만든다.

지연: 선생님, 제 우산 예쁘죠?

교사: 근데 이거 낚싯대 같다!

> **앗! 위험해** ....
>
> 낚싯대를 던지거나 휘두르면 자석에 맞아 다칠 수 있어요!

윤찬이 백업에 종이접시 대신 자석을 붙여 주니 "낚시는 어디서 해요?"라고 묻는 다. 캠핑장에서 놀이하던 희준이가 아빠랑 물고기를 잡았던 경험을 이야기한다.

희준: 캠핑장에서 아빠랑 진짜 물고기 잡은 적 있 어요.

교사: 캠핑장에 낚시터를 만들어 볼까?

유아들: 네.

태우: 아~ 배고파.

하진: 내가 잡은 거 먹지 마.

교사: 물고기 잘 잡혀요?

하진: 제가 제일 많이 잡았어요. 하나 둘 셋.

백업으로 만든 낚싯대에 한글 자석이 붙으면 "우와~ 물고기 잡았다." 하며 소리 를 지른다. 한글 자석뿐 아니라 교실 곳곳에서 자석에 붙는 물건들을 찾는다.

	교사의 놀이지원
📢	유아들과 캠핑장에서 경험한 일들을 이야기 나눔.
🏬	유니트 블록을 이용하여 화로를 만들고 블록으로 낚시터를 구성함.

낚시 놀이를 하던 지연이가 "잡은 물고기는 어떻게 하죠?"라고 물어서 맛있는 요리를 만들어 달라고 부탁했다. 유아들과 함께 책상과 의자를 창가로 옮긴 뒤 식당 놀이에 필요한 재료(의상, 메뉴판, 탁상 벨)에 대해 이야기를 나눈다.

요리사들은 주문을 받은 뒤 식판에 공깃돌, 딱지, 한글 자석을 가득 담아 손님에게 가져다 준다.

윤찬: 안녕하세요.	태우: 나도 누를래.(땡땡)
희준: 아직 오지 마세요.	윤하: 뭐 드릴까요?
교사: 언제 문이 열리나요?	지원: 돈가스 주세요.
윤하: 식당 문은 8시에 열어요.	주호: 짜파게티 주세요.
	윤하: (그릇에 음식 모형을 담아)
	여기 있습니다. 맛있게 드세요.

하진: 여기서 돈 내야 하지요?
교사: 주스 얼마예요?
하진: 500원이요.

교사의 놀이 지원	
	교실 창가와 중앙에 책상과 의자를 비치하여 넓은 공간을 확보함.
	식당 놀이에 필요한 의상과 탁상 벨, 계산대, 모형 돈 등을 제공함.

🔖 10일째 쑥 핫케이크 먹으러 오세요!

유아들은 메뉴를 계속 바꿔 가며 식당 놀이를 즐기고 있었다. 그러다 산책 도중 발견한 쑥으로 요리 활동을 제안했다.

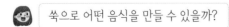 쑥으로 어떤 음식을 만들 수 있을까?

 맛있는 거요!   빵 만들고 싶어요!

윤하: 어서 오세요(메뉴판을 보여 줌).

하진: 핫케이크 주세요.

윤하: 무슨 맛으로 줄까요?

하진: 초코 맛이요.

윤하: 네, 조금만 기다리세요.

지원: 손님 여기 앉으세요.

하율: 맛있는 핫케이크 주세요.

지원: 주스도 있어요!

앗! 위험해

요리 활동은 반드시 교사가 함께하고 교직원의 도움도 받아요!

 손님들이 더 많았으면 좋겠어요!

 선생님을 초대해요!

교사: 3세 2반 친구들이 왔어요.

지원: 뭐 줄까요?

소민: 핫케이크 주세요.

윤하: 무슨 맛으로 드릴까요?

동훈: 초코 맛 주세요.

윤하: 주스는 몇 개 줄까요?

윤하: 핫케이크 배달 왔어요.

주무관님: 고맙습니다.

윤하: 맛있게 드세요.

교사의 놀이 지원
쑥과 핫케이크 재료를 준비하여 요리 활동으로 연계함.
음식 배달 놀이를 하며 유치원에 계신 선생님들께 감사의 마음을 표현함.
요리 도구의 안전한 사용법에 대해 안내함.

놀이 과정 들여다보기

유아들이 좋아하는 식당 놀이에 요리 활동을 연계하니 흥미와 참여도가 높아졌다. 식당 놀이를 하면서 주인과 손님의 역할에 대해 알게 되고, 메뉴판을 만들기 위해 글자에 관심을 가지며, 요리 재료를 탐색하는 과정들이 모여 하나의 놀이가 되면서 5개 영역이 통합됨을 느꼈다. 만 3세 유아들은 윗 연령에 비해 상호작용의 빈도가 적으므로, 놀이가 단순하게 반복되지 않으려면 교사의 역할이 매우 중요함을 알게 되었다. 즉 적절한 자료와 공간을 지원해 준다면 창의적이고 다양한 놀이가 가능해질 것이다. 지금도 아이스크림 가게와 주스 가게 놀이가 이루어지고 있는데 메뉴에 따라 제공하는 아이클레이나 물과 물감 등의 재료에 대한 탐색으로 배움이 있는 놀이가 되도록 고민하고 지원해야겠다.

교사의 배움

우리 반 유아들은 새로운 놀잇감이나 상황에 큰 흥미를 보인다. 그러나 흥미와 호기심이 지속되는 시간은 비교적 짧다. 이는 만 3세 유아의 특성이기도 하지만, 유아들에게 많은 경험을 주고 싶어 3월 초부터 새로운 놀잇감이나 재료를 아낌없이 제공했던 나의 욕심이 낳은 결과이기도 했다. 그로 인해 놀이가 지속되지 못하고 주제가 빠르게 변화하는 것을 느꼈다. 그럼에도 유아들의 놀이를 자세히 들여다보니 놀이가 시작되는 시점이나 놀이가 확장될 수 있는 중요한 포인트를 발견할 수 있었다.

놀이가 확장되기 위해서는 유아들이 놀이에 자발적으로 참여하고, 유아들끼리 상호작용하는 모습을 사진으로 기록하고 전시함으로써 자신들이 만든 놀이에 재방문할 수 있도록 해야 한다. 또한 어린 유아 반의 경우 교사가 직접 놀이에 참여하면서 유아들의 놀이 경험이 확장할 수 있도록 적절한 자료를 지원하고 놀이 방법을 제안하는 것도 필요하다.

더욱 중요한 것은, 한 가지 놀이가 이어지지 않는 것이 아니라 상상하고 이야기하고 듣고 공유하고 표현하는 모든 과정이 놀이 장면 안에서 동시에 이루어지고 있다는 것을 잊지 말아야겠다.

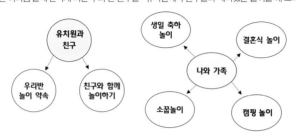

🎯 놀이를 통해 평가하기

■ 월간 교육 계획안으로 교육과정 운영 평가하기

5 · 6월 놀이 계획(만 3세)

많은 어려움 끝에 만나게 되는 우리 반 친구들~ 유치원에서 친구들과 재미있는 놀이를 해 보아요

유치원과 친구
우리반 놀이 약속
친구와 함께 놀이하기

생일 축하 놀이
결혼식 놀이
나와 가족
소꿉놀이
캠핑 놀이

※ 하루 일과는 유아의 상태, 흥미, 요구, 유치원 실정에 따라 융통성 있게 운영합니다.

6월의 행사	안전교육	
▸ 5월 27일(수) 개학 ▸ 5월 29일(금) 장애 이해 교육(유아) ▸ 6월 8일(월)~15일(월) 학부모 상담 주간 ▸ 6월 12일(금) 소방 합동 훈련 ▸ 6월 17일(수) 체격 검사 ▸ 6월 25일(목) 5씨앗놀이사랑발표회 ▸ 6월 26일(금) 찾아오는 체험	생활안전	- 교실에서 안전하게 생활해요 - 유치원에서 위험한 곳은 어디일까요? - 놀잇감을 안전하게 사용해요
	성교육	- 소중한 내 몸, 화장실 예절을 지켜요 - 친구 몸도 소중해요 - 소중한 내 몸과 친구 몸 OX퀴즈 - 여자도 남자도 똑같아요(성 차별 없는 직업 의식)
	교통안전	- 통학버스를 안전하게 타요 - 횡단보도를 안전하게 건너요 - 유치원 주변 교통표지판을 살펴요
	폭력 및 신변 안전	- 친구하고 마주 보고 - 실수야 실수 - 내 몸을 지켜요
	약물 및 사이버중독	- 몸에 해로운 음료수가 있어요 - 재미있는 텔레비전
	직업 안전	- 안전한 유치원을 만들어요

가정통신
▸ 코로나19가 유행하며 생활 속 거리두기로 마스크 쓰기, 손 씻기와 소독, 기침 예절 지키기를 하고 있습니다. 가정에서도 유치원에 가기 전에 체온(37.5℃ 이하일 때 등원)을 꼭 확인토록 해주세요. ▸ '책 보며 크는 마음' 책보기통장 첫 페이지의 활용 방법을 숙지하시고 적극 활용하여 매일 가방에 가지고 다닐 수 있도록 협조해 주시기 바랍니다. ▸ 유치원에서 먹일 약을 보내실 경우 원아수첩의 투약 의뢰서를 작성한 후 약병(한 번 먹을 양만 약병에 꼭 이름을 써서)에 담아 보내 주시기 바랍니다.

〈한 달간 놀이 진행 후 교육과정 운영을 평가한 예〉

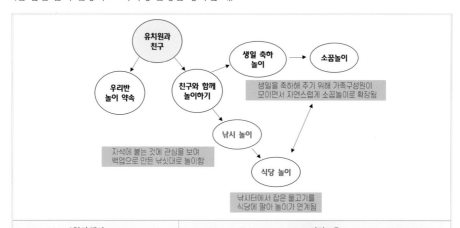

6월의 행사	안전교육	
▶ 5월 27일(수) 개학 ▶ 5월 29일(금) 장애 이해 교육(유아) ▶ 6월 8일(월)~15일(월) 학부모 상담 주간 ▶ 6월 12일(금) 소방 합동 훈련 ▶ 6월 17일(수) 체격 검사 ▶ 6월 25일(목) 5써앗놀이사랑발표회 ▶ 6월 26일(금) 찾아오는 체험	생활안전	- 교실에서 안전하게 생활해요 - 유치원에서 위험한 곳은 어디일까요? - 놀잇감을 안전하게 사용해요
	성교육	- 소중한 내 몸, 화장실 예절을 지켜요 - 친구 몸도 소중해요 - 소중한 내 몸과 친구 몸 OX퀴즈 - 여자도 남자도 똑같아요(성 차별 없는 직업 의식)
	교통안전	- 통학버스를 안전하게 타요 - 횡단보도를 안전하게 건너요 - 유치원 주변 교통표지판을 살펴요
	폭력 및 신변 안전	- 친구하고 마주 보고 - 실수야 실수 - 내 몸을 지켜요
	약물 및 사이버중독	- 몸에 해로운 음료수가 있어요 - 재미있는 텔레비전
	직업안전	- 안전한 유치원을 만들어요

월간 교육과정 운영 평가

▶ 유아들의 흥미와 놀이를 관찰한 결과 자신의 신체에 관심이 많으며 일상생활과 밀접한 주제들로 놀이하고 있음을 알게 됨.
즉 친구와 함께하는 숨바꼭질, 소꿉놀이 등을 즐겨 했으며, 주제는 반복되나 함께 놀이하는 친구들의 수에 따라 가족, 친척
등으로 관계가 확장되었음
▶ 생일축하 파티, 소꿉놀이를 위하여 다양한 의상(망토, 고깔모자, 앞치마, 두건 등)이나 소품을 제공하고, 낚시 놀이를 위하여
자석을 탐색한 뒤 자석에 붙는 물건들을 알아보았으며, 놀이들이 통합되어 모두가 함께하는 식당 놀이로 확장함
▶ 산책 활동을 통해 봄의 식물에 대해 알아보고 쑥을 이용한 요리 활동을 전개하여 식당 놀이를 함으로써 역할극 놀이와
식습관 지도를 함께 연계함

■ 교사 저널 기록으로 교육과정 운영 평가하기

셋째 날: 놀이의 시작

"우리 또 생일 파티하자!" 유아의 제안에 몇몇 유아들이 관심을 보인다. 동그라미 탁자에 케이크를 놓고 초를 꽂는다. 다양한 모양의 그릇에 고기, 스파게티, 주스 등을 차려 놓고 생일 축하 노래를 부른다. 만 3세 유아들은 자신이 좋아하는 놀잇감으로 자유롭게 놀이하거나 숨바꼭질, 소꿉놀이 등 자신에게 익숙한, 즉 일상생활 속 경험을 놀이로 표현하고 있었다.

넷째 날: 매일 똑같은 놀이?

놀이 바구니에 요리사 모자, 의상, 탁상 벨을 넣어 두었다. 유아가 책상에 놓인 종을 '땡땡땡' 치자 다른 유아가 달려가 "어떤 걸로 줄까요?" 하고 묻는다. 메뉴판에 적힌 글씨를 보고 돈가스를 주문하는 친구에게 음식 모형을 가져다준다. 어떤 자료를 제공하느냐에 따라 아이스크림 가게가 되기도 하고 카페나 식당이 되기도 한다. 비슷해 보이지만 자세히 들여다보면 상황이나 역할도 다양함을 알 수 있다.

여섯째 날: 놀이와 놀이를 연계하다

백업으로 만들기를 했는데 유아가 "이거 낚싯대 같다."라고 말한다. 유아의 말에 관심을 보이는 친구들과 낚시터를 구성해 보았다. 자석 물고기를 많이 낚은 유아가 "잡은 물고기는 어떻게 해요?"라고 물어서 맛있는 요리를 만들기로 했다. 평소 유아들이 즐겨 하던 식당 놀이에 낚시 놀이를 연계하여 놀이를 통합하고 함께 어울려 놀이할 수 있도록 지원했다.

열째 날: 진짜 식당이 되었어요!

공원에서 봄의 식물 '쑥'을 발견하고 핫케이크 만들기 요리 활동을 계획했다. 완성된 핫케이크를 접시에 담아 손님과 주인으로 역할을 나눈 뒤 식당 놀이를 했다. 맛을 본 유아들이 "3세 2반 친구들도 초대하고 싶어요!"라고 말한다. 진짜 음식을 이용하여 식당 놀이를 함으로써 식습관 지도도 하고 친구들과 선생님들에게 고마운 마음을 전하며 나눔을 실천하는 시간이 되었다.

■ 5개 영역으로 교육과정 운영 평가하기

신체운동·건강

▸ 건강하게 생활하기
자신의 몸과 주변을 깨끗이 한다. 식당 문을 열기 위해 바닥에 놓여 있는 놀잇감을 치우고 손님이 먹은 음식과 그릇을 제자리에 정리함.

의사 소통

▸ 듣기와 말하기
말이나 이야기를 관심 있게 듣는다. 손님이 주문한 메뉴를 요리사가 귀 기울여 들음.
자신의 경험, 느낌, 생각을 말한다. 음식을 주문하고 맛에 대해 이야기하는 등 식당에서 자신이 경험한 것들을 언어로 표현함.
▸ 읽기와 쓰기에 관심 가지기
말과 글의 관계에 관심을 가진다. 유아들이 식당에서 팔고 싶은 음식을 말하면 교사가 메뉴판에 글자로 표현함.

사회 관계

▸ 나를 알고 존중하기
내가 할 수 있는 것을 스스로 한다. 식당을 꾸미기 위해 책상과 의자 등을 옮기며 자신이 할 수 있는 일을 함.
▸ 더불어 생활하기
친구와 서로 도우며 사이좋게 지낸다. 식당 놀이를 하기 위해 주인과 손님으로 역할을 분담함.
▸ 사회에 관심 가지기
내가 살고 있는 곳에 대해 궁금한 것을 알아본다. 식당 놀이를 하기 전에 우리 동네에 있는 여러 가지 식당을 알아봄.

예술 경험

▸ 아름다움 찾아보기
자연과 생활 주변에서 아름다움을 느끼고 즐긴다. 산책 활동을 통해 봄 풍경의 아름다움을 느낀다.

자연 탐구

▸ 생활 속에서 탐구하기
물체의 특성과 변화를 여러 가지 방법으로 탐색한다. 쑥과 요리 활동에 필요한 재료를 탐색하여 핫케이크를 만든다.
▸ 자연과 더불어 살기
주변의 동식물에 관심을 가진다. 봄에 볼 수 있는 식물에 대해 알아보고 쑥을 이용하여 요리 활동을 함.

■ 유아 놀이 관찰과 기록

〈그룹별 놀이 평가〉

생활주제		유치원과 친구	날짜		5/11 ~ 5/15
놀이장면	놀이내용		참여유아	해석하기	지원하기
	5/11(월) 플레이도우 놀이2 미용실역 책상에 플레이도우 플레이도우로 모형만들기 함. 시우는 테이프 고리에 플레이도우를 붙이며 꿀찌를 만듦. 준하여야 민호는 여러가지로 만듦. 승하는 "미용실 플레이도우 만들어요?" 라고 물음		8 승 시 하	예술경험 - 창의적으로 표현하기	플레이도우로 만든 여러가지 자료들을 놀이로 더해 개발
	5/12(화) 노래부르기2 수현이와 하나가 마라카스를 들고 노래를 부름, 승현이와 시우는 우쿨렐레에서 소리 팔로 등이 흔들며 화음속 자신의 모습을 탐색함, 민호와 나은이가 우쿨레 악기 ...		8 하 인 나 수	예술경험 - 창의적으로 표현하기 신체운동 전가는 신체운동 즐기기	유원, 수퍼/저근 음원등/이용규칙 나누기

놀이 장면	놀이 내용	참여유아	해석하기	지원하기
	탁상 벨이 울리자 윤하가 다가가 "어떤 것을 줄까요?"라고 묻는다. 손님들이 주문한 음식을 쟁반에 올려 가져다준다. 다른 테이블에 앉은 손님들을 살펴보며 "손님, 다 먹었어요?"라고 묻는다. 식판에 자석 글자, 음식 모형, 공깃돌 등등 다양한 재료를 놓고 수저와 젓가락으로 먹는 흉내를 낸다. 음식을 먹는 모습을 보고 요리를 만들어 준 윤하가 다가와 "손님, 이건 비빔밥이에요~ 섞어서 먹어야 해요."라고 말한다.	생략	벨소리, 친구들의 목소리 등에 관심을 가지고 들으며, 손님을 맞이하거나 주문을 받는 등 상황(식당 놀이)에 적절한 단어를 사용하여 말한다. 필요한 것을 묻고 음식을 쟁반에 담아 놓는 등 식당 놀이에 필요한 기본적인 예절을 알고 있으며 친구들에게 공손하게 말한다. 다양한 놀이 도구를 활용하여 비빔밥, 주스 등을 창의적으로 표현하며 놀잇감을 용도와 다르게 사용할 줄 알며 자유롭게 혼합한다.	놀이 사례 참고
	벽돌 블록을 높게 쌓아 낚시터를 만들고 자석이 붙여진 백업으로 낚시 놀이를 한다. "물고기가 있어야 해!"라는 하진이의 말에 유아들이 교실 곳곳에서 자석에 붙는 물건들을 찾아 낚시터에 넣는다. 낚싯대에 붙은 자석 글자를 바라보며 "우와! 고기 잡았다." 하고 외친다. 잡은 물고기를 서로 비교하며 "내가 제일 많아."라고 말한다.	생략	낚시터 꾸미기에 필요한 재료(블록, 비닐들)를 찾아 블록의 위치, 방향 등을 고려하여 담을 쌓는다. 백업 낚싯대를 사용할 때 필요한 규칙들을 이야기 나누고 친구들이 다치지 않도록 주의한다. 자석에 붙은 물체와 붙지 않는 물체를 구분할 수 있으며, 자신들이 잡은 자석 물고기의 수량을 세어 비교한다.	놀이 사례 참고

〈개인별 놀이 평가〉

유아들이 놀이에 몰입하고 있다면 교사는 지나친 개입보다는 관찰과 기록을 할 때임. 포스트잇을 활용하거나 기록장에 간단히 기록함.

♥ 놀자놀자! 유아 놀이 관찰 일지 ♥
날짜: 5/11 ~ 5/15

유아 이름	관찰 내용
임지연	친구들이 생일 축하 노래를 부르고 박수를 치자 '후~' 하고 초를 끄는 흉내 냄. 접시에 담긴 케이크 한 조각을 들고 먹으며 "얘들아, 고마워~"라고 말함. 자신이 잡은 물고기를 바구니에 넣으며 "선생님, 나 엄청 많이 잡았어요~ 근데 잡은 물고기는 어떻게 하죠?"라고 물음.
정윤하	손님들이 벨을 누르자 달려가 "뭐 줄까요?"라고 물음. 음식을 받은 윤찬이가 "새우다." 하니 "새우 아니에요~" 하며 "새우는 이거거든요." 함. 3세 2반 친구들에게 자리를 안내하고 메뉴판을 건넴. "어떤 음식을 먹을 수 있나요?"라는 교사의 말에 "쑥 핫케이크요~ 딸기 시럽이랑 초코 시럽도 있어요." 하고 소개함.
정주호	계산대 앞 의자에 앉아 모형 돈을 만지며 손님들을 기다림. 희준이가 다가오자 모형 피자를 건넴. 피자를 주문하지 않았다고 하자 "그럼 닭다리 먹으세요." 함. 희준이가 닭다리를 받자 모형 돈을 건네며 "여기 있습니다." 함.
김하진	백업 낚싯대를 양손으로 잡고 낚시터 안에 던진 후 자석 글자를 낚으려 함. 자석 글자가 붙으면 "우와, 나 또 잡았다! 내가 제일 많이 잡았어!" 하며 큰 소리로 말함.
정희준	요리사 모자를 쓰고 앞치마를 두른 뒤 핸드폰을 손에 들고 오른쪽 왼쪽을 왔다 갔다 함. 친구가 의자에 앉자 "손님, 아직 문 안 열었어요. 8시에 오세요~"라고 말함.
이지원	손님들에게 메뉴판을 건네며 "어떤 맛으로 줄까요?" 함. 주문을 받은 뒤 요리사에게 다가와 "딸기 시럽 뿌려 주세요." 함. 승민이에게 음식을 가져다주며 "초코 시럽이요?" 하고 물은 뒤 "미안해요, 이걸로 먹으세요." 함.
오하율	초코 시럽이 뿌려진 핫케이크를 주문하고 기다림. 음식이 도착하자 손가락으로 초코 시럽을 찍은 뒤 입에 넣어 맛을 봄. 포크로 핫케이크를 누르고 다른 손으로 찢어 먹음. 음식을 먹으면서 주변을 계속 두리번거림.

얘들아, 선생님이랑 캠핑 놀이할래?

- 놀이가 이루어진 기간: 2020년 6월 15일(월)~7월 3일(금)

\# 동화를 활용한 놀이 \# 교사의 놀이 제안 \# 이야기 나누기 시간은 언제? \# 다른 놀이할래요!

🔅 놀이의 시작

「아기 돼지 삼형제」동화를 듣고 난 후 유아들과 집 만들기 놀이를 했다. 블록을 이용한 집들이 자꾸 무너져 흥미를 잃어 갈 때쯤 튼튼한 집을 만들기 위해 큰 상자를 제공했다. 상자를 테이프로 붙이고 광목천을 이용하여 지붕을 만들었는데 유아들이 "창문이 없어요.", "문을 만들어요." 하여 다양한 모양의 집을 만들기 시작했다.

며칠 뒤 주말에 캠핑을 다녀온 하진이가 지붕이 있는 집을 보고 "나 저렇게 생긴 텐트에서 잤어요."라고 하자 유아들이 "나도 캠핑 가 봤어요." 하며 관심을 보인다. 집이 텐트로 변화되는 순간, 유아들과 캠핑장을 구성해 놀이를 하기로 했다.

🕐 놀이의 흐름

1 상자로 만든 집

2 홈 파티 놀이

3 캠핑장 꾸미기

4 캠핑장에 왔어요!

5 시원한 물놀이

놀이 개요 한눈에 보기

<table>
<tr>
<td rowspan="7">교 육 적 놀 이 지 원</td>
<td>
공간</td>
<td>▪ 교실 곳곳에 모기장, 매트, 상자 등을 활용하여 캠핑장을 구성함.
▪ 교실 천장에 광목천이나 밧줄을 매달아 공간을 입체적으로 활용함.</td>
</tr>
<tr>
<td>
자료</td>
<td>▪ 상자를 이용하여 집, 텐트, 버스, 캠핑카 등 다양하게 만듦.
▪ 캠핑 놀이에 필요한 소품(캠핑 의자, 도구, 밧줄, 낚싯대 등)을 제공함.</td>
</tr>
<tr>
<td>
일과</td>
<td>▪ 등원 후 캠핑과 관련한 동화 『우리 가족 캠핑 여행』을 들려줌.
▪ 놀이 시간을 충분히 제공하여 유아들이 다양한 경험을 할 수 있도록 도움.</td>
</tr>
<tr>
<td>
상호작용</td>
<td>▪ 놀이 참여자(캠핑장 주인, 엄마 등), 놀이 지원자로서 교사와 유아가 지속적으로 상호작용 함.
▪ 새로운 도구와 자료를 활용하여 빛 놀이, 징검다리 건너기 등 다양한 놀이를 구성함.</td>
</tr>
<tr>
<td>
학습 공동체</td>
<td>▪ 캠핑 놀이에 필요한 도구들을 이야기 나누고 각 반에서 자료(집게, 음식 모형, 그릇 등)를 지원받음.
▪ 캠핑장 놀이를 위해 교무 행정사의 도움을 받아 상자와 광목천을 이용하여 캠핑카, 텐트를 만듦.</td>
</tr>
<tr>
<td>
안전</td>
<td>▪ 캠핑장에서 사용하는 도구의 안전한 사용법에 대해 안내함.
▪ 징검다리 건너기, 빛 놀이 등을 할 때 친구들과 안전하게 놀이 하도록 안내함.</td>
</tr>
<tr>
<td>놀이에서의
배움</td>
<td>▪ 캠핑 놀이를 통해 가족의 역할에 대해 알고 가족과 함께할 수 있는 놀이에 대해 앎.
▪ 캠핑장에서 할 수 있는 다양한 놀이(음식 만들기, 낚시, 곤충 채집, 빛 놀이 등)를 경험함.
▪ 친구들과 캠핑장, 화로 등을 함께 구성하며 서로 이야기를 나누고 협력함.
▪ 다양한 도구들을 활용하여 캠핑장에서의 공연 놀이로 확장함.</td>
</tr>
</table>

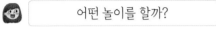 **1일째** 상자로 집을 만들어요

「아기 돼지 삼형제」 동화를 듣고 유아들에게 어떤 놀이를 하고 싶은지 물어 보았다.

어떤 놀이를 할까?

나는 늑대할래요~

우리도 집 지어요!

벽돌 블록과 상자들을 이용해 담장을 쌓았는데 자꾸 무너지자 몇몇 유아들이 테이프를 가져와 상자와 상자를 연결한다.

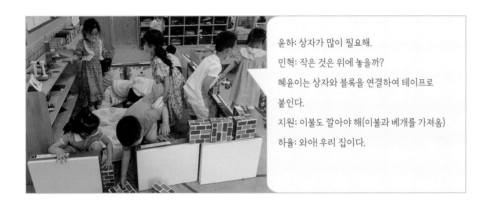

윤하: 상자가 많이 필요해.

민혁: 작은 것은 위에 놓을까?

혜윤이는 상자와 블록을 연결하여 테이프로 붙인다.

지원: 이불도 깔아야 해(이불과 베개를 가져옴)

하율: 와아! 우리 집이다.

낮은 담장이 완성되자 유아들은 이불, 베개, 놀잇감 등을 가져와 소꿉놀이를 한다. 세희와 민혁이는 늑대 모자를 쓰고 살금살금 다가와 담장을 무너뜨리는 흉내를 낸다.

좁은 공간에서 놀이하던 유아들이 "여기 우리 집이야!", "너무 좁아." 하며 불편해 한다. 이에 교사는 큰 상자를 제공하여 유아들과 함께 다양한 집을 만든다.

천장에 낚싯줄을 연결하여 광목천으로 지붕을 만듦.

하율, 지연, 윤하가 동화책을 함께 읽으며 놀이함.

상자 한 면을 움직이게 하여 문이 있는 집을 만듦.

민혁: 여기는 우리 집이야.

윤찬: 나도 들어갈래.

승민: 그래. 너도 들어와.

교사의 놀이 지원
상자와 광목천을 이용하여 다양한 형태(문이 달린 집, 지붕이 있는 집)의 집을 구성함.
대집단 시간에 동화 「아기돼지 삼형제」를 들려주고 유아들이 하고 싶은 놀이에 대해 이야기 나눔.
상자로 집을 만들고, 집에서 놀이하는 유아의 말과 행동을 관찰하고 기록함.

4일째 홈 파티에 초대합니다!

며칠 동안 반복되는 집 놀이에 교사가 "집에서 또 어떤 놀이를 했니?"라고 물으니 "생일 파티했어요."라고 한다. 교사는 유아들에게 다른 집에 사는 친구 모두를 초대해 파티를 하자고 제안했다.

승민: (책상에 둘러앉은 친구들 한 명 한 명에게 다가가) 어서 오세요. 맛있게 드세요.

교사: 초대해 주셔서 감사합니다. 함께 축하 노래 불러 볼까요?

친구들: 사랑하는 3세 1반 생일 축하합니다.

> 은박 포장지를 이용하여 조명을 만들고, 각종 파티 의상과 케이크를 구입하여 지원함

지연: 원장 선생님, 저희 파티에 초대할게요!

하진: 10시에 오세요.

유아들이 '렛잇고' 음악에 맞추어 노래를 부르거나 춤을 춘다.

희준이는 막대를 두드리며 실로폰 연주를 한다.

주호와 세희는 두 손을 마주 잡고 빙글빙글 돈다.

태우는 바닥에 두 손을 짚어 옆돌기를 한다.

	교사의 놀이 지원
	공중에 미러볼, 갈런드를 매달고 교실 벽면에 교구장을 비치하여 넓은 공간을 확보함.
	파티 놀이에 필요한 케이크, 풍선, 파티 의상, 음악 등을 제공함.
	파티장을 구성하기 위해 방과 후 교사와 협력하여 자료를 제공하거나 파티장에 선생님들을 초대하여 함께 놀이함.

🔅 놀이 과정 들여다보기

유아들은 자신과 가장 친숙한 경험들을 놀이에 반영한다. 「아기 돼지 삼형제」를 읽고 상자로 집을 만든 후 유아들은 각자가 만든 집에서 인형놀이, 공룡 놀이, 소꿉놀이 등을 했다. 다양한 집을 제공하니 친구 집에 놀러도 가고 가는 길을 꾸며도 보았으나, 가장 좋아하는 놀이는 친구들과 놀잇감으로 상호작용 하는 것이었다.

이에 유아들과 '집에서 할 수 있는 다양한 놀이'에 대해 이야기를 나눈 후 유아들이 좋아하는 생일 파티 놀이를 확장하여 홈 파티 놀이를 제안했다. 다행히 만 3세 유아들은 새로운 것에 대한 호기심이 많아 교사의 제안도 반갑게 받아들였다. 홈 파티 놀이를 통해 친구들과 협력하여 파티장을 함께 구성하고 신나는 음악에 맞추어 춤을 추고 노래를 불러 봄으로써 5개 영역이 통합적으로 놀이에 반영되고 있음을 느꼈다. 교사의 놀이 제안은 유아들의 놀이 확장뿐 아니라 통합적인 놀이를 지원한다는 점에서 의미가 있다고 생각한다.

🔅 교사의 고민

교사가 놀이를 제안해도 될까?
화려하고 멋진 놀이는 아니지만 매일매일 즐겁게 놀이하는 유아들.
어떻게 지원하면 유아의 흥미를 방해하지 않으면서 다양하고 즐거운 경험을 제공할 수 있을까?
유아들의 놀이 흐름이 깨지진 않을까?

📑 **5일째** 캠핑장을 구성해요.

주말 지낸 이야기를 하는데 하진이가 교실에 있는 지붕 있는 집을 가리키며 "나 저렇게 생긴 집에서 잤어요!"라고 말한다.

교사가 하진이에게 "캠핑장에 다녀왔니?"라고 물으니 다른 유아들도 "나도 캠핑 가 본 적 있어요." 한다.

교사: 캠핑장에서 무엇을 했니?
하진: 맛있는 것도 먹고 불꽃놀이도 했어요!
교사: 우리 텐트 꾸미기 놀이를 해 볼까?
(테이프, 뽕뽕이, 종이접시, 색종이 등을 제공)
나연: 난 빨간색으로만 붙일 거야.
하율: 아니야, 알록달록하게 해야 예뻐.

텐트가 완성된 후 "캠핑장에 무엇을 타고 갔니?" 하고 물으니 아빠 차, 버스, 기차 등 다양한 교통기관의 이름을 말한다. 상자와 의자를 활용하여 버스를 만들고 운전기사, 손님이 되어 역할놀이를 한다.

윤하: 버스 출발합니다.
하진: 안전벨트 하세요.
도훈: 자리가 없다.
지원: 손잡이 잡고 서서 타도 돼.
윤하: 캠핑장에 도착했어요.

하진: 지글지글~
태우: 집게로 고기 잡았다.
윤찬: 여기다 구워.
태우: 여기는 왜 안 돼?
하진: 여기는 조개 굽는 데야.

교사의 놀이지원	
	색테이프, 뿅뿅이, 색종이 등을 제공하여 텐트를 꾸미고 상자에 버스 그림을 붙여 줌.
	캠핑장을 구성하여 버스 놀이, 음식 만들기 등 교사와 유아, 유아와 유아, 유아와 환경 간에 상호작용 함.

📑 7일째 캠핑 놀이를 해요.

캠핑장에 도착한 유아들은 텐트 안에서 자기만의 방식대로 놀이를 한다.

나연: 애들아, 밥 먹어야지(음식 모형을 이용하여 상
차리기 놀이함).
윤찬, 태우, 희준이는 자동차 놀이함.

윤하와 하율이는 텐트 안에서 책과 인형으로 놀이함.

교사는 유아들과 캠핑카에 대해 알아본 뒤 버스 안에 싱크대, 냉장고, 책상 등을 넣어 음식을 하거나 잠을 잘 수 있는 공간으로 만들어 주었다.

윤찬이는 핸들을 이용하여 캠핑카를 운전함.

혜윤: 엄마! 밥 주세요.

나연: 엄마 지금 애기 밥 주고 있어~ 냉장고에서 꺼내 먹어.

태우: 나는 침대에서 잘 거야.

💡 **교사의 고민**

이야기 나누기 시간은 언제, 어떻게 해야 할까?
놀이중심 교육과정에서는 유아에게 놀이를 2시간 이상 제공해야 함을 강조한다. 그렇다면 언제 모여서 이야기를 나누고 노래는 어떻게 배울까? 대집단 활동은 유아의 개별 흥미를 존중하지 못하니 하면 안 되는 걸까?

텐트와 캠핑카에서 소꿉놀이만 하는 유아들을 위해 교사는 놀이를 잠시 멈추고 유아들과 모여 앉아 이야기를 나누었다.

 캠핑장에서 어떤 놀이를 하고 싶니?

 메뚜기 잡기!

 불꽃놀이!

교사는 교실에서 할 수 있는 놀이로 변형하여 유아들과 그림자놀이, 낚시 놀이, 징검다리 놀이를 함께 구성해 보기로 했다.

교사의 놀이 지원
캠핑장에서 경험한 일들을 이야기 나누고 교실에서 할 수 있는 놀이로 변형함.
동료 교사들과 함께 아이디어를 공유한 후 도움을 받아 캠핑카, 텐트 등을 구성함.

🔅 놀이 과정 들여다보기

지붕이 있는 집을 텐트로 변형시킨 뒤 유아들과 함께 캠핑 놀이를 하기로 했지만 무엇을 지원해야 하는지 막막했다. 유아들에게 캠핑 놀이란 무엇일까? 만 3세 유아들에게 캠핑장 경험이란 엄마, 아빠가 준비해 주는 음식을 맛있게 먹고 공터에서 뛰놀고 잠을 자는 것인데…. 그렇다면 '캠핑장에서 할 수 있는 놀이에는 무엇이 있을까?' 유아들이 경험했던, 또는 좋아하는 놀이들을 이야기 나눈 뒤 교실에서 할 수 있는 놀이들로 만들어 보았다. 요리하는 것 외에 자석 낚시 놀이, 그림자놀이, 징검다리 놀이를 했는데, 캠핑을 한 번도 해 보지 않은 유아에게는 새로운 놀이 경험을 제공했고 캠핑을 경험한 유아들에게는 자신의 경험을 놀이에 반영하는 기회가 되었다. 특히 캠핑 의자를 나열하여 공연장을 만든 뒤 노래 부르기, 손전등을 이용한 그림자 쇼 등 공연 놀이가 자연스럽게 이루어졌는데, 놀이 확장을 위해서 이야기 나누기와 같은 대집단 활동을 통해 서로 다른 경험을 함께 공유하는 것이 매우 의미 있는 일이라는 것을 느꼈다.

📑 9일째 더 신나는 캠핑 놀이를 위하여

캠핑장에서 다양한 경험을 하기 위해 유아들과 놀이 공간을 만들었다. 하진이가 미술 붓을 가지고 빙글빙글 돌리며 "이건 불꽃놀이예요" 한다. 진짜 손전등을 유아들에게 제공하니 텐트 안과 밖에서 빛 찾기 놀이를 한다.

하진: 선생님 불 꺼 주세요.

지연: 우와, 여기 무지개가 있어요.

도훈: 빛이 커졌어요(TV 앞에 가면 빛이 작아지고 뒤로 가면 빛이 커지는 현상을 탐색함).

낚시 놀이를 위해 매트 안에 벽돌을 넣어 고정시키고 색칠한 물고기 도안에 클립을 끼워 넣어 주었다. 백업과 탄력 있는 고무줄을 활용하여 낚싯대를 만들었다. 낚시 놀이를 하며 자석에 붙는 물체를 탐색하고, 대왕물고기는 친구들과 협력하여 함께 잡으며 기뻐한다.

지원: 무지개 물고기 같아요.
나연: 나는 오징어 좋아해요.
주호: 나는 무지개 물고기 잡을 거야.
민혁: 우와! 엄청 큰 물고기다.
윤찬: 나도 할래.

캠핑장에서 동적으로 움직이며 할 수 있는 놀이에 대해 고민하던 중 유아들과 밧줄로 놀이했던 경험을 떠올리며 징검다리를 만들었다. 징검다리가 완성되자 유아들은 한 발 뛰기, 두 발 뛰기를 하며 신체를 조절하여 운동 놀이를 한다.

희준: (밧줄을 돌돌 감으며) 달팽이 같아요.
민혁: 두 개로 하니까 내 꺼는 엄청 커요.
승민: (밧줄 징검다리를 건너며) 랄랄라 신나게,
랄랄라 즐겁게.
윤찬: 나 한 발로 점프할 수 있다!

교사의 놀이 지원	
	손전등을 이용하여 빛과 그림자 놀이를 하며 교실과 복도 공간을 자유롭게 이동하여 활용함.
	캠핑 놀이에 필요한 소품(자석, 백업, 손전등, 밧줄 등)을 제공함.
	교육과정 시간과 방과 후 과정 시간을 연계하여 놀이 시간을 충분히 제공하고 캠핑 놀이를 확장함.

교사의 고민

낚시터에서 물놀이 할래요!
낚싯대를 만들었으니 이제 물고기를 잡아 볼까? 자석에 붙는 물고기는 무엇일까? 물고기를 몇 마리 잡았나? 큰 물고기는 어떻게 잡을까? 낚시 놀이를 통해 자석의 특성도 탐색하고 숫자 놀이도 하고 친구와 함께 협력하면 좋겠는데…. 낚시 놀이에 대한 흥미는 사라지고 낚시터에 들어가 첨벙첨벙 물놀이를 하는 유아들, 어떻게 해야 할까?

놀이 과정 들여다보기

빛과 그림자 찾기 놀이, 공연장 놀이 등 캠핑장에서 다양한 놀이를 경험했다. 예전에는 정해진 공간에서 계획된 놀이가 잘 이루어지는 것이 좋은 수업이라고 생각했는데 놀이를 하면 할수록 유아들의 기발한 생각에 감탄이 나온다.
낚시터에서 물고기를 잡던 유아가 낚시터 안에 들어가 물놀이를 시작하자 다른 친구들도 관심을 보이며 낚시터 안으로 들어간다. 순간, 어떻게 해야 할까? 고민했지만 당장 낚시를 하는 유아가 없고 좁은 공간이지만 적은 수이니 놀이를 인정해 주기로 했다. 발로 물장구를 치고 까르르 웃는 아이들을 보니 낚시 놀이는 점점 흥미를 잃어 가고 새로운 놀이로 전환되는 시기가 오는 듯했다.

▢ 12일째 첨벙첨벙 물놀이를 해요

낚시터 안에 들어가 물놀이를 하던 지연이에게 "낚시터는 너무 좁으니 큰 수영장을 만들어 물놀이를 하자."라고 한 뒤 약속을 지키기 위해 물놀이를 계획했다.

하진: 나 수영장 가 본 적 있어요.
승민: 우와(비닐 지끈을 머리 위로 날림).
하율: 이야~ 신난다.

민혁: 물총이에요(맥포머스 블록으로 만듦).
지연: 그런데 물은 안 나와요.

하율: 배고픈 사람 모두 오세요.
윤하: 이거 꼬치 먹어.

책상으로 만든 미끄럼틀에서는 차례를 지켜 미끄럼틀을 타고 희준이는 비닐 지끈을 책상에 놓아 주며 워터 슬라이드를 표현했다.

지원: 내가 할 거야.
도훈: 같이하는 거야.
민혁: 여기 테이프 붙여야 돼요.

앗! 위험해

책상이 미끄러지지 않도록 바닥에 매트를 깔아 고정시켜요!

나연: 선생님~ 차례차례 타야 되지요?
주호: 내 뒤로 줄 서.
희준: 이건 물이야. 너희가 내려갈 때 물이 나오는 거야.

태우: 내가 밀어 줄래요.
도훈: 열 번만 타야 해, 하나 둘 셋.
주호: 재밌다!

교사의 놀이 지원	
	물놀이를 위해 백업으로 수영장을 만들고 비닐 지끈, 해먹 등을 제공함.
	놀이에 필요한 자료(물, 미끄럼틀, 물총 등)들을 이야기 나누고 맥포머스 블록으로 만듦.
	미끄럼틀과 해먹을 안전하게 이용하는 방법에 대해 안내하고 관찰함.

🔅 놀이 과정 들여다보기

낚시터에서 시작한 첨벙첨벙 물놀이가 모든 유아들이 좋아하고 함께 즐기는 놀이가 되었다. '진짜 물이 아닌데 재미가 있을까?' 하고 걱정도 했는데 안전한 비닐 끈의 특성을 이해하고 자신의 머리 위에 뿌리고 친구에게도 날리며 자유로움을 느꼈다. 물놀이에 필요한 도구들인 선베드, 미끄럼틀을 기존의 놀잇감으로 만들거나 책상을 활용하여 표현했다. 이제는 놀이 흐름을 유아들에게 맡긴 채 다른 놀이도 기쁘게 받아들일 준비가 되었다.

🔅 교사의 배움

캠핑 놀이를 계획하고 놀이하는 과정에서 유아들에게 미안한 마음이 들었다. 집 놀이를 하던 중 텐트에 관심을 보인 유아 한 명의 의견에 우리 반 모든 유아의 놀이로 이끌어 간 것은 아닌가 걱정이 되었다. 그렇기에 소꿉놀이처럼 단순하게 접근하지 않고 모든 유아들에게 좋은 놀이 경험을 제공하기 위하여 더 많이 고민하고 지원했다. 유아들의 놀이를 관찰하여 필요한 자료가 있으면 더 보충하고 유아가 말과 행동으로 원하는 것을 표현할 때는 즉시 그 욕구를 채워 주고자 노력했다. 그 결과 캠핑 놀이를 통해 유아들의 창의적인 생각을 엿보며 새로움을 발견한 계기가 되었다. 벽돌 블록으로 화로를 만드는 유아, 낚시 놀이를 하며 자석의 특성에 관심을 갖는 것뿐 아니라 다른 친구들과 협력하는 유아, 빛과 그림자를 탐색하는 것에서 나아가 공연 놀이로 확장하는 유아 등 오늘의 캠핑 놀이를 잘하느냐 못하느냐가 아니라 캠핑 놀이 속에서 유아들이 어떤 경험을 하고 무엇을 새롭게 알게 되었는지 발견하는 소중한 시간이 되었다.

놀이를 통해 평가하기

■ **월간 교육 계획안으로 교육과정 운영 평가하기**

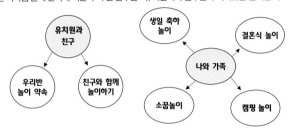

5·6월 놀이 계획(만 3세)

많은 어려움 끝에 만나게 되는 우리 반 친구들~ 유치원에서 친구들과 재미있는 놀이를 해 보아요

※ 하루 일과는 유아의 상태, 흥미, 요구, 유치원 실정에 따라 융통성 있게 운영합니다.

6월의 행사	안전교육	
▶ 5월 27일(수) 개학 ▶ 5월 29일(금) 장애 이해 교육(유아) ▶ 6월 8일(월)~15일(월) 학부모 상담 주간 ▶ 6월 12일(금) 소방 합동 훈련 ▶ 6월 17일(수) 체격 검사 ▶ 6월 25일(목) 5씨앗놀이사랑발표회 ▶ 6월 26일(금) 찾아오는 체험	생활안전	- 교실에서 안전하게 생활해요 - 유치원 위험한 곳은 어디일까요? - 놀잇감을 안전하게 사용해요
	성교육	- 소중한 내 몸, 화장실 예절을 지켜요 - 친구 몸도 소중해요 - 소중한 내 몸과 친구 몸 OX퀴즈 - 여자도 남자도 똑같아요(성 차별 없는 직업의식)
	교통안전	- 통학버스를 안전하게 타요 - 횡단보도를 안전하게 건너요 - 유치원 주변 교통표지판을 살펴요
	폭력 및 신변 안전	- 친구하고 마주 보고 - 실수야 실수 - 내 몸을 지켜요
	약물 및 사이버중독	- 몸에 해로운 음료수가 있어요 - 재미있는 텔레비전
	직업안전	- 안전한 유치원을 만들어요

가정통신
▶ 코로나19가 계속되며 생활 속 거리두기로 마스크 쓰기, 손 씻기와 소독, 기침 예절 지키기를 하고 있습니다. 가정에서도 유치원에 가기 전에 체온(37.5℃ 이하일 때 등원)을 꼭 확인토록 해주세요. ▶ '책 보며 크는 마음' 책보기통장 첫 페이지의 활용 방법을 숙지하시고 적극 활용하여 매일 가방에 가지고 다닐 수 있도록 협조해 주시기 바랍니다. ▶ 유치원에서 먹일 약을 보내실 경우 원아수첩의 투약 의뢰서를 작성한 후 약병(한 번 먹을 양만 약병에 꼭 이름을 써서)에 담아 보내 주시기 바랍니다.

〈한 달간 놀이 진행 후 교육과정 운영을 평가한 예〉

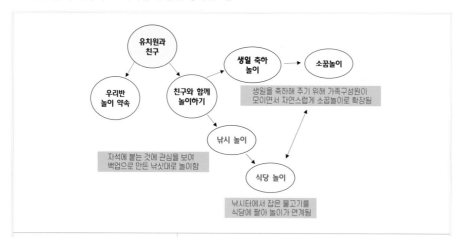

6월의 행사	안전교육	
▶ 5월 27일(수) 개학 ▶ 5월 29일(금) 장애 이해 교육(유아) ▶ 6월 8일(월)~15일(월) 학부모 상담 주간 ▶ 6월 12일(금) 소방 합동 훈련 ▶ 6월 17일(수) 체격 검사 ▶ 6월 25일(목) 5씨앗놀이사랑발표회 ▶ 6월 26일(금) 찾아오는 체험	생활안전	- 교실에서 안전하게 생활해요 - 유치원 위험한 곳은 어디일까요? - 놀잇감을 안전하게 사용해요
	성교육	- 소중한 내 몸, 화장실 예절을 지켜요 - 친구 몸도 소중해요 - 소중한 내 몸과 친구 몸 OX퀴즈 - 여자도 남자도 똑같아요(성 차별 없는 직업의식)
	교통안전	- 통학버스를 안전하게 타요 - 횡단보도를 안전하게 건너요 - 유치원 주변 교통표지판을 살펴요
	폭력 및 신변 안전	- 친구하고 마주 보고 - 실수야 실수 - 내 몸을 지켜요
	약물 및 사이버중독	- 몸에 해로운 음료수가 있어요 - 재미있는 텔레비전
	직업안전	- 안전한 유치원을 만들어요

월간 교육과정 운영 평가

▶ 집에서 하는 놀이나 가족과 함께했던 놀이들을 알아보며 유아들 간에 경험을 공유함.
▶ 전자 미디어에 대한 노출이 많아 안전교육을 실시하고 책이나 색종이, 점토 등을 이용한 놀이 활동을 전개함.
▶ 동화 「아기돼지 삼형제」를 읽고 유아들이 집 만들기에 관심을 보여 벽돌 블록과 상자, 광목천을 이용하여 문이 달린 집, 지붕이 있는 집 등 다양한 모습의 집을 만들고 홈 파티 놀이함.
▶ 상자로 만든 집들이 버스와 텐트가 되면서 캠핑 놀이로 확장되었는데 유아들에게 여러 가지 경험을 제공할 뿐 아니라 실내에서 할 수 있는 놀이들을 재발견함.

■ 교사 저널 기록으로 교육과정 운영 평가하기

첫째 날: 놀이의 시작

동화 「아기돼지 삼형제」를 듣고 유아들이 집 만들기 활동에 관심을 보였다. 벽돌 블록과 빈 상자들을 제공해 주자 담장을 쌓았는데 쉽게 무너져 버린다. 몇몇 유아들은 종이 테이프를 가져와 상자와 상자를 연결한다. 이에 교사는 택배 상자와 광목천을 제공하여 여러 가지 모양의 집을 만들기로 한다. 다른 연령에 비해 구성 능력이 다소 미흡한 유아들을 위해 교사는 적절한 자료 제공뿐 아니라 참여자로서의 역할도 소화해야 한다.

넷째 날: 놀이에 재미를 더하다

상자에 구멍을 내어 창문을 만들고 손잡이를 달아 문도 만들고 천장에 낚싯줄을 연결하여 지붕도 만들었다. 다양한 집이 완성되자 친구들을 초대하기도 하고 다른 집에 놀러가기도 한다. 각자가 좋아하는 집에서 소꿉놀이, 블록 놀이를 하다 교사가 '친구들과 함께할 수 있는 놀이'를 제안한다. 그때 유아가 파티를 하자고 하는데…. 다음 날 홈 파티 놀이를 위하여 파티 의상과 진짜 케이크를 제공하였다. 놀이 확장을 위하여 자료 제공은 가급적 즉시!!

다섯째 날: 놀이 주제는 유아로부터

주말에 캠핑장에 다녀온 유아가 지붕이 있는 집을 가리키며 "나 어제 저렇게 생긴 데서 잤는데….".라고 말한다. 유아들과 캠핑장에 대한 이야기를 나누는데 "나도 가 봤어요!" 하며 또 다른 유아가 캠핑장에서 경험한 것들을 소개한다. 유아들의 흥미를 따라 지붕이 있는 집을 텐트로 꾸미고 문이 달린 집을 버스로 만들기로 한다. 교실 안에서 캠핑 놀이가 어떻게 펼쳐질지 기대가 된다.

아홉째 날: 신나는 캠핑 놀이

벽돌 블록으로 화로를 만들어 고기, 소시지 등을 굽고 낚시터에서 잡은 물고기들을 요리한다. 유아들의 경험을 바탕으로 그림자놀이, 징검다리 건너기 놀이도 했다. 놀이를 준비하면서 캠핑장을 경험하지 못한 유아들에게도 의미가 있을까? 몇몇 유아들의 흥미로 놀이를 전개한 것은 아닌가? 걱정했는데 친구들과 상호작용을 하며 놀이를 하는 유아들을 보고 새로운 경험을 만들어 준 것 같아 기뻤다.

열둘째 날: 신나는 캠핑 놀이

며칠 전 낚시터 안에 들어가 첨벙첨벙 물놀이를 하던 유아들이 생각나 상자와 매트, 백업으로 수영장을 만들고 비닐 지끈을 사용하여 물을 표현했다. 비닐 지끈을 물처럼 날리고 뿌리며 신나게 놀이하는 유아, 책상을 이용하여 미끄럼틀을 만들고 워터슬라이드를 타는 유아, 유아의 놀이를 존중하지 못했다면 시도하지 못했을 우리들의 물놀이^^ 고정되지 않아 예측할 수 없지만 뻔하지 않아 편(fun)한 놀이중심 교육과정!

■ 5개 영역으로 교육과정 운영 평가하기

신체운동·건강	▶ 신체활동 즐기기 실내외 신체활동에 자발적으로 참여한다. 밧줄로 만든 징검다리를 한 발 또는 두 발로 뜀뛰기 함. ▶ 안전하게 생활하기 일상에서 안전하게 놀이하고 생활한다. 해먹, 책상 미끄럼틀 등을 이용할 때 질서를 지켜 안전하게 이용함.
의사소통	▶ 듣기와 말하기 자신의 경험, 느낌, 생각을 말한다. 캠핑장에서 친구들과 이야기를 주고 받으며 음식을 만들고 놀이함. ▶ 책과 이야기 즐기기 책에 관심을 가지고 상상하기를 즐긴다. 텐트 안에서 다양한 주제의 책을 읽고 줄거리를 말함.
사회관계	▶ 나를 알고 존중하기 내가 할 수 있는 것을 스스로 한다. 캠핑장을 구성하기 위해 텐트와 캠핑카, 낚시터 등을 꾸밈. ▶ 더불어 생활하기 친구와 서로 도우며 사이좋게 지낸다. 함께 음식을 준비하여 먹고 캠핑장에서 다양한 놀이를 함.
예술경험	▶ 창의적으로 표현하기 노래를 즐겨 부른다. 동요 '신나는 캠핑'을 부르거나 캠핑장 공연 놀이 중 좋아하는 노래를 부름.
자연탐구	▶ 생활 속에서 탐구하기 물체의 특성과 변화를 여러 가지 방법으로 탐색한다. 손전등을 이용하여 빛과 그림자의 색, 모양, 크기 등을 탐색함. 도구와 기계에 관심을 가진다. 자석과 클립 등을 이용하여 낚시 놀이를 함.

■ 유아 놀이 관찰과 기록

〈그룹별 놀이 평가〉

♥ 놀자 놀자! 3세 1반 놀이 일기 ♥

날짜	6월 15일(월)~7월 3일(금)	놀이 주제	캠핑 놀이
놀이 내용		배움 잇기	
동화를 듣고 난 뒤 벽돌 블록과 상자를 이용하여 담장 쌓기함. 담장이 무너지자 민혁이가 테이프를 가져와 상자와 상자를 연결함. 큰 상자를 아래에 세우고 작은 블록들을 위에 놓으며 균형을 맞춤. 담장이 완성되자 세희가 늑대 모자를 쓰고 두 팔로 담장을 쓰러뜨림.		동화 속 장면을 회상하여 유아들이 하고 싶은 놀이를 발견하고, 놀이에 필요한 재료들을 스스로 찾는다. 담장을 만들 때 크기나 모양을 구분하여 규칙적으로 쌓으며, 문제를 해결하기 위해 테이프를 사용한다. 집 짓기가 끝난 후 동물 모자를 활용하여 늑대 흉내를 내며 극놀이를 한다.	
민혁, 태우, 하진이가 벽돌로 만든 화롯가에 모여 앉아 생선, 고기, 소시지 등을 올리고 굽는 행동을 한 뒤 집게로 뒤집음. 완성된 음식을 접시에 담아 상 차리기 한 후 친구들과 나누어 먹음. 책상으로 만든 2층 침대에 이불을 깔고 주방 놀이(싱크대)를 배치하여 캠핑카를 만듦. 혜윤과 나연이는 이불을 가져와 캠핑카 안에서 잠도 자고 음식을 만들어 먹음. 희준이는 자동차 핸들을 돌리며 "아, 목 마르지!" 하고 물 마시는 흉내를 내는 등 상상 놀이함.		캠핑장에서 할 수 있는 놀이들에 대해 이야기를 나누고 유아들과 경험을 공유한다. 친구들과 협력하여 화로, 텐트, 캠핑카 등을 만들고 소품을 활용하여 극놀이를 한다. 집게를 사용할 때 소근육을 자유롭게 움직일 수 있으며, 한 발 뛰기, 두 발 뛰기를 하여 징검다리를 건넌다. 친구들과 캠핑 놀이를 할 때 가족 구성원을 알고 역할을 나누며, 엄마가 운전을 하거나 아빠가 요리를 하는 등 성별에 따라 차별을 두지 않는다.	
교사의 반성적 저널	만 3세는 단순한 놀이만 한다? 상자로 만든 집이 텐트가 되고 캠핑카, 수영장이 되는 과정에서 홈 파티 놀이, 캠핑 놀이, 물놀이 등 여러 가지 놀이로 확장되고 변화되었다. 무엇보다 놀이 과정에서 집을 짓고 극놀이를 하고 자신의 경험을 놀이에 반영하는 의미 있는 순간들을 발견했다. 교사의 지원이 있다면 3세 유아들도 놀이에 몰입하고 확장할 수 있다. 아직도 만 3세 유아들에게서 진짜 놀이를 발견하지 못했다면 교사로서의 역할을 점검해야 할 때이다.		

〈개인별 놀이 평가〉

이름: 유민혁

「아기 돼지 삼형제」 동화를 듣고 난 후 집 만들기 놀이를 제안한다. 친구들과 협력하여 담장을 만드는데 큰 상자를 아래에 세우고 작은 상자를 위에 놓아 균형을 맞춘다. 담장이 자꾸 무너지자 유아들이 하나 둘 흥미를 잃어 갈 때 미술 영역에서 종이 테이프를 가져와 상자와 상자를 연결하여 고정시킨다.

캠핑 의자에 다리를 올리고 앉아 화로 위에 여러 가지 음식들을 놓고 굽는다. 잠시 후 "음식들이 다 타겠어~"라고 말한 뒤 집게를 사용하여 뒤집는다. 교사가 다가가니 음식을 건네며 "맛이 어때요?"라고 묻는 등 유아와 유아, 유아와 교사, 유아와 환경 간에 끊임없이 상호작용을 한다.

비닐 지끈을 공중으로 날리고 친구의 머리 위에 뿌리며 비닐 지끈이 흘러내리고 흩어지는 모습을 탐색한다. 친구들이 맥포머스 블록으로 만든 물안경을 보고 물총을 만든 뒤 카메라를 향해 쏜다. 책상으로 만든 워터 슬라이드를 탈 때 차례를 지키고 놀이가 끝나면 비닐 지끈을 스스로 정리한다.

3세 ## 쌀을 가지고 놀이한다고?

■ 놀이가 이루어진 기간: 2020년 10월 12일(월)~10월 30일(금)

곡식과 열매 탐색하기 # 교사의 놀이 지원 # 쌀의 무한 변신 # 쌀과 도구가 만나면

놀이의 시작

공원에서 놀이하던 중 도훈이가 도토리를 발견하고 "선생님, 이것 보세요! 도토리가 모자를 쓰고 있어요."라고 한다. 도토리의 생김새와 크기에 흥미를 보이며 유아들은 나무 아래, 모래, 잔디 등에서 도토리 찾기에 몰입했고 장바구니에 도토리를 가득 모아 왔다. "도토리로 무엇을 할 수 있을까?" 물으니 하진이가 "도토리가 많으니까 구슬치기처럼 손으로 튕기기 해요!" 하고 놀이를 제안했다.

놀이의 흐름

1. 도토리 보물찾기
2. 도토리 팽이
3. 탐색 놀이(굴리기, 분류하기)
4. 촉감 놀이
5. 곡식과 열매 놀이

교 육 적 놀 이 지 원

공간

▪ 교실 중앙에 매트를 깔아 유아들이 곡식과 열매로 자유롭게 놀이하도록 지원함. 벽면, 교구장, 의자 등을 활용하여 곡식과 열매로 다양한 공간에서 놀이함.
▪ 곡식과 열매로 놀이한 뒤 교실 환경을 유아들의 작품으로 구성함.

자료

▪ 바구니에 다양한 곡식(쌀, 콩, 팥, 밤 등)을 넣고 색, 모양, 크기 등을 탐색함. 유아들이 흥미를 보이는 곡식(쌀)은 추가로 구입하여 충분한 양을 제공함.
▪ 플라스틱 투명관, 비커, 깔때기, 체 바구니, 물감 등을 제공하여 다양한 방법으로 놀이함.

일과

▪ 놀이 시간을 충분히 제공하고 정리 정돈도 곡식 많이 모으기, 건강 길 만들기 등 놀이처럼 진행함.
▪ 방과 후 과정 시간과 연계하여 놀이가 심화 · 확장되도록 함.

상호작용

▪ 각 가정에 곡식과 열매 등을 보내 달라고 요청함으로써 학부모들이 교육과정에 관심을 갖도록 함.
▪ 탐색 놀이, 배달 놀이, 떡메치기 등 다양한 방법으로 놀이하며 교사, 친구들과 의사소통함.

학습 공동체

▪ 놀이와 관련된 체험학습에 대해 동료 교사와 이야기 나눈 뒤 지역사회와 연계하여 찾아오는 떡메치기 체험학습 실시함.
▪ 곡식과 열매가 교실 곳곳에 흩어진 상황을 유아들과 관찰하고 정리 방법에 대해 이야기 나눔.

안전

▪ 곡식과 열매를 입과 코에 넣지 않도록 놀이 규칙을 만듦.
▪ 플라스틱 투명관, 스프레이 물감, 나무망치 등 놀이에 필요한 도구의 올바른 사용법에 대해 이야기 나눔.

놀이에서의 배움

▪ 규칙적인 바깥 놀이를 통해 가을 풍경에 관심을 가지고 도토리, 밤으로 놀이하며 자연물의 특성을 탐색함.
▪ 곡식과 열매를 이용하여 배달 놀이, 마라카스 만들기, 물감에 쌀뜨물 들이기 등 여러 가지 방법으로 놀이함.
▪ 뻥튀기, 쌀 반죽 등으로 놀이함으로써 물체와 물질의 특성, 변화를 이해함.

유아들이 바깥 놀이를 하면서 주워 온 도토리와 열매(밤, 호두 등)들을 이용하여 팽이 시합을 하거나 플라스틱 투명관에 넣어 놀이한다.

민혁: 팽이 배틀할 사람 다 모여.

하진: 내 팽이가 제일 세.

도훈: 얘들아 잠깐! 같이해.

민혁: 쓰리, 투, 원, 고!

하진: 우와!

도토리에 송곳으로 구멍을 뚫고 이쑤시개를 꽂았어요.

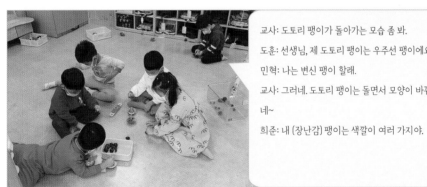

교사: 도토리 팽이가 돌아가는 모습 좀 봐.

도훈: 선생님, 제 도토리 팽이는 우주선 팽이에요!

민혁: 나는 변신 팽이 할래.

교사: 그러네. 도토리 팽이는 돌면서 모양이 바뀌네~

희준: 내 (장난감) 팽이는 색깔이 여러 가지야.

주호: 선생님, 도토리를 터널 길에 넣어 보면 어때요?

교사: 좋은 생각인데. 구슬은 잘 굴러갔는데 도토리는 어떻게 될까?

윤찬: 내가 넣어 볼게요.

주호: 잘 내려와요.

하진: 다른 것도 넣어 볼래.

(도토리, 밤, 호두 등을 넣어 봄)

도훈: 도토리가 제일 빨라.

도토리를 터널 길에
넣어 봐요!

	교사의 놀이 지원
	규칙적인 바깥 놀이를 통해 유아들이 자연물에 관심을 갖도록 함.
	도토리, 밤 등을 팽이로 만들어 놀이함으로써 기존의 팽이와 비교함. 곡식과 열매들을 플라스틱 투명 관에 넣어 빠르기, 움직임 등을 탐색함.

💡 놀이 과정 들여다보기

평소 팽이를 좋아하는 유아들은 도토리와 밤을 팽이처럼 돌리며 자연스럽게 특성을 탐색했다. 이에 교사는 도토리와 밤에 구멍을 뚫고 이쑤시개를 꽂아 자연물 팽이를 만들어 제공했다. 도토리와 밤으로 팽이 시합을 하던 중 돌아가는 모습에 따라 우주선 팽이, 변신 팽이, 보석 팽이라고 이름도 만들었다. 또한 지난 시간에 구슬로 놀이하며 터널 길을 만들었는데 유아들은 여기에 도토리와 밤, 호두 등을 넣으며 굴러가는 모습을 관찰했다. 여러 가지 곡식들을 차례대로 굴러 보며 '빠르다'와 '느리다'의 표현을 사용하여 속도를 비교하는 등 생활 속에서 수학적 탐구 놀이를 하고 있었다.

각 가정에서 보내 준 곡식(쌀, 콩, 팥 등)과 열매(밤, 호두, 대추 등)들의 생김새를 탐색했다. 유아들은 쌀을 두 손으로 만지고 비비고 뿌려 보면서 촉감 놀이를 즐겼다.

나연: 손이 하얘졌네? 쌀이 눈 같아.

혜윤: 비처럼 뿌려 볼까?

도훈: 느낌이 이상해~

혜윤: 딱딱하지?

하진: 나도 해 볼래~

작은 통에 담긴 쌀로 놀이를 하니 서로 놀이를 하려는 유아들로 갈등이 생겨났다. 이에 놀이 매트 안에 쌀을 넣고 다양한 도구를 제공하여 상호작용을 하도록 했다.

나연: 이렇게 흔드니까 구멍에서 쌀이 나온다.

혜윤: 쌀이 작아서 그래.

태우: 쌀을 여기에 담아 줘.

희준: 뭐 만들고 있는 거야? 약이야?

태우: 고양이 밥.

📑 4일째 건강 음식을 만들어요

천사점토에 곡식과 열매를 올려 음식을 만들었는데 달라붙는 점토의 특성으로 인해 곡식과 열매의 재사용이 어려워 고민이 생겼다.

 놀이에 적절한 반죽이 없을까?

지연: 나도 해 볼래요.

교사: 만져 보니 느낌이 어때?

지연: 말랑말랑해요.

혜윤이는 밀대와 모양 틀을 가져와 반죽 놀이를 한다.

밀가루 반죽에 식용유를 섞어
말랑말랑한 반죽을 만들었어요.

말랑말랑한 밀가루 반죽 위에 여러 가지 곡식들을 올려 빵, 송편, 피자 등을 만들고 상차림 놀이를 한다. 밀가루 반죽은 부드럽고 끈적임이 심하지 않아 곡식들을 쉽게 붙이고 떼어 낼 수 있었다.

교사: 어떤 음식을 만들고 있니?

세희: 쿠키요.

하율: 이건 빵이에요.

교사: 어떤 재료들이 들어 있어?

하율: 콩이요.

교사: 음식 이름을 뭐라고 지을까?

윤하: 하율아, 콩빵이라고 하자.

앗! 위험해

3세 유아의 경우 위험한 상황에 대한 예측이 어려우므로 쌀, 콩, 팥, 밀가루 반죽 등을 입과 코에 넣거나 먹지 않도록 이야기를 나누어요.

	교사의 놀이 지원
	방과 후 과정 시간과 연계하여 놀이 시간을 충분히 제공하고 다양한 방법으로 놀이할 수 있도록 지원함.
	쌀, 호두, 밤, 콩 등을 추가로 지원하여 특성과 차이를 탐색하도록 함. 놀이에 필요한 재료(점토, 밀가루 반죽)와 도구(플라스틱 투명 관, 체 바구니 등)를 다양하게 제공함.
	가정에 가을 곡식과 열매 등을 요청하여 유아들의 놀이에 관심을 가질 수 있도록 함.

🔅 놀이 과정 들여다보기

유아들은 비커나 체 바구니에 쌀과 콩, 도토리들을 넣고 흔들며 자연스럽게 소리와 크기를 탐색하거나 밀가루 반죽과 여러 가지 열매들을 이용하여 건강 음식을 만들고 이름을 붙였다. 곡식과 열매에 대한 유아들의 흥미가 지속되어 '재료에 대한 탐색을 넘어 다양한 놀이 방법이 없을까?' 고민하게 되었다. 만 3세 유아의 경우 몰입하는 시간이 짧아 놀이의 확장이 어렵다고 생각했는데 교사가 어떤 재료와 도구를 제공하느냐가 중요한 놀이 지원 방법임을 또 한 번 깨달았다.

📖 6일째 신나는 쌀 놀이

유아들이 쌀 놀이에 흥미를 느끼며 더 많은 양의 쌀을 준비해 달라고 요구했다. 이에 쌀을 충분히 제공해 주고 자연스럽게 놀이하며 유아들의 반응을 관찰하고 기록했다.

도훈: 주호야, 깔때기 잡아 봐.

주호: 너무 많이 넣으면 안 돼.

도훈: 넘친다.

주호: 손가락으로 돌리면 잘 들어가.

민혁: 얘들아, 여기에 쌀 좀 줘.

나연: 쌀 사러 온 거야?

희준: 이만큼 줄까요?(비커에 쌀을 담아 옮김)

💡 교사의 고민

쌀 놀이에는 어떤 배움이 있을까?
쌀을 플라스틱 투명 관이나 비커에 담고 쏟기를 반복한다. 몇몇 유아들은 바닥에 쏟은 뒤 케이크를 만들거나 고양이 밥이라고 말한다. 어떻게 놀이와 배움을 연결할 수 있을까?

윤찬: 쌀이 엄청 많아졌잖아.

나연: 내 손 찾아봐.

하율: 내가 쌀 더 줄게.

태우: 선생님~ 발 넣어도 돼요?

태우: 내가 도토리 숨겼어.

윤하: 내가 찾아볼게.

지원: 쌀에서 소리가 나요.

도훈: 얘들아! 내가 쌀 배달해 줄게.

하진: 밤이란 도토리도 같이해!

교사의 놀이 지원	
	교실 중앙에 놀이 매트를 깔아 자유롭게 쌀 놀이를 할 수 있도록 공간을 확보함.
	충분한 양의 곡식을 지원하고 플라스틱 투명 관, 체 바구니, 호스 등을 제공함.
	곡식들을 입과 코에 함부로 넣지 않도록 규칙을 이야기 나눔.

🔅 놀이 과정 들여다보기

놀이 매트 안에 쌀을 제공하니 유아들은 매트 안으로 들어가 손과 발 등 온몸으로 쌀의 촉감을 느끼며 즐거워했다. 특히 제공하는 도구에 따라 다양한 방법으로 놀이하는 유아들의 모습을 관찰할 수 있었는데 체 바구니를 이용하여 쌀과 콩, 도토리의 크기를 비교하였고, 깔대기와 비커를 제공하니 쌀의 양을 조절하거나 손가락으로 저으며 작은 구멍에 넣는 방법들을 스스로 찾아냈다. 또한 플라스틱 투명 관과 구불거리는 호스 안에 여러 가지 곡식들을 넣으며 배달 놀이, 주유 놀이를 했는데 유아들이 서로 협력하는 모습을 볼 수 있었고, 쌀이 쏟아질 때 나는 소리도 탐색하며 즐겁게 놀이했다.

🔖 **10일째** 알록달록 쌀의 변신!

신체와 도구를 활용하여 쌀에 대한 탐색 놀이를 한 후 쌀 물들이기 놀이를 제안하였다. 알록달록한 쌀의 모습을 보고 "어떻게 하니까 변했어요?", "무엇으로 해요?"라고 묻는 등 호기심을 나타냈다.

교사: 플라스틱 병에 쌀과 물감을 넣어 셰이킷! 셰이킷! 흔들어 주세요~

지연: 우와! 내 건 하늘색이야.

교사: 도화지에 파스텔로 색칠한 뒤 쌀을 비벼 주세요~

윤하: 내 손좀 봐.

윤찬: 윤하 손이 파랗게 됐어. 내 손은 완전 노랗네.

염색한 쌀로 콜라주 놀이한 후 무지개빛깔로 교실을 꾸며 보았어요!

여러 가지 색으로 물든 쌀을 이용하여 볶음밥, 주스를 만들어 가게 놀이도 했다.

윤하: 어떤 맛으로 줄까요?

도훈: 이거 주세요.

윤하: 오렌지 주스예요.

도훈: 얼마예요?

윤하: 공짜예요.

나연: 이건 볶음밥이에요.

교사: 어떤 맛일지 궁금해요.

나연: 먹으면 여러 가지 맛이 나요.

교사의 놀이 지원	
🏫	곡식과 열매를 이용하여 콜라주한 작품을 교실에 전시하여 가을 환경을 구성함.
🏠	물감, 파스텔을 제공하여 쌀 염색(물들이기) 놀이를 함.
🧰	놀이를 하면서 자신의 생각이나 느낌을 교사, 또래와 의사소통함.

📑 12일째 찾아오는 떡메치기 체험학습

쌀의 특성과 변화를 알아보기 위하여 지역 사회와 연계한 마을학교공동체 체험학습으로 찾아오는 떡메치기 체험학습을 실시했다.

하진: 떡은 어떻게 만들어요?

민혁: 왜 망치로 쳐요?

체험 선생님: 아침에 밥 먹었죠? 쌀로 떡을 만들어요.

하율: 우와~ 맛있겠다.

하진: 이거 진짜 말랑말랑하다.

체험 선생님: 아까 떡메로 두드렸죠? 그래야 이렇게 쫀득쫀득해져요.

지연: 이 가루는 뭐예요?

체험 선생님: 콩을 갈아서 가루로 만들었어요.

떡메를 이용하여 반죽을 치고 두 손으로 오물조물 콩가루를 묻힌 뒤 먹기 좋은 크기로 잘랐다. 평소 떡을 즐겨 먹지 않던 유아들도 자신이 만든 떡에 관심을 보이며 자랑스러워했다.

교사의 놀이 지원	
	동료 교사들과 놀이 지원을 위한 체험학습에 대해 협의한 후 찾아오는 떡메 치기 체험학습을 계획함.
	체험 시 지켜야 할 규칙과 올바른 도구 사용법을 안내함.

📑 13일째 쌀과 물과 불이 만나면?

찾아오는 떡메치기 체험학습 후 유아들에게 새로운 호기심이 생겼다.

- 쌀을 물에 넣어 봐요!
- 쌀에 거품이 생겼어요!
- 쌀에서 냄새가 나요!

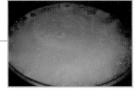

시간이 지남에 따라 변화하는 물의 색깔, 모양과 크기, 냄새 등을 관찰했다.
쌀로 밥 짓기 한 후 쌀 반죽과 나무망치, 색모래 등을 제공하여 떡 만들기 놀이를 했다.

쿵덕쿵덕!
쌀 반죽으로 떡메치기 해요!

쌀 반죽에 색모래를 섞어
떡을 만들어요.

하율: 선생님~ 여기에서 맛있는 냄새가 나요.

도훈: 근데 이건 먹을 수 없어! 우리가 놀았잖아.

세희는 플라스틱 병에 튀밥을 넣고 두 손으로 세게 눌러 튕겨 나가는 모습을 관찰한다.

교사: 어떤 음식을 팔고 있나요?

지원: 구슬 아이스크림 가게예요. 이건 딸기 맛이고 이 건 초코 맛이에요!

교사의 놀이 지원

	쌀을 반죽, 튀밥으로 변화시켜 물체와 물질의 변화를 탐색함. 나무망치, 색모래 등을 제공하여 여러 가지 방법으로 놀이함.
	방과 후 과정 시간과 연계하여 놀이를 심화 · 확장시킴.

💡 놀이 과정 들여다보기

쌀의 변신은 무죄! 쌀 반죽과 튀밥으로 놀이하며 쌀의 변화된 모습을 관찰하고 여러 가지 특성을 알아보았다. 교사가 물리적 지식을 가르치려 애쓰지 않아도 유아들은 자연스러운 놀이 상황에서 모양, 크기, 냄새 등을 탐색하고 차이점을 비교했다. 특히 떡메치기 체험학습 후 유아들의 놀이가 심화되고 확장됨을 느꼈다. 유아들은 자신이 경험한 것을 놀이로 표현했는데 쌀 반죽과 나무망치를 이용하여 떡메치기를 하며 쌀 반죽을 여러 가지 모습으로 변화시키고 다양한 재료를 혼합하여 사용했다. 쌀 반죽은 유아들이 평소 사용했던 점토와 달리 손에 잘 붙어 불편해 하기도 했는데 손에 붙는 이유를 궁금해 하거나 문제해결을 위해 여러 가지 시도를 하며 놀이를 즐겼다.

바깥 놀이 시간에 우연히 발견한 도토리가 팽이가 되고, 지난번에 재미있게 놀이했던 구슬 길에 다양한 곡식과 열매들을 굴리며 새로운 놀이가 탄생했다. 2019 개정 누리과정 이전의 교육과정에서는 곡식과 열매를 이용하여 특성을 비교하고, 소리를 탐색하여 마라카스를 만들고, 콜라주 놀이를 하며 작품을 전시하는 활동을 반복했는데, 유아의 놀이에 관심을 기울이며 흐름을 따라가니 어느새 교사가 예상했던 놀이보다 유아들이 만들어 가는 쌀 놀이의 매력에 푹 빠지게 되었다. 쌀이 더 많이 필요하다는 유아들의 요구에 '놀이 자료로서의 가치가 있을까? 정리 정돈이 어렵지 않을까?' 하는 걱정들이 앞서 자료를 더 빨리 제공하지 못한 점을 반성해 본다. 유아들은 놀이를 창조하는 힘이 있으며, 유아·놀이 중심 교육과정에 더 가까이 가기 위해 교사가 유아를 믿어 주는 것이 정말 중요하다고 느꼈다.

🎯 놀이를 통해 평가하기

■ 월간 교육 계획안으로 교육과정 운영 평가하기

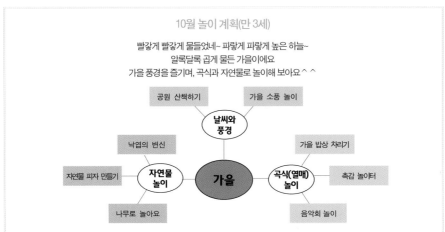

10월 놀이 계획(만 3세)

빨갛게 빨갛게 물들었네~ 파랗게 파랗게 높은 하늘~
알록달록 곱게 물든 가을이에요
가을 풍경을 즐기며, 곡식과 자연물로 놀이해 보아요^ ^

- 공원 산책하기
- 가을 소풍 놀이
- 날씨와 풍경
- 낙엽의 변신
- 가을 밥상 차리기
- 자연물 피자 만들기
- 자연물 놀이
- 가을
- 곡식(열매) 놀이
- 촉감 놀이터
- 나무로 놀아요
- 음악회 놀이

※ 하루 일과는 유아의 상태, 흥미, 요구, 유치원 실정에 따라 융통성 있게 운영합니다.

10월의 행사(절기)	안전교육	
▶ 10월 1일(목) 추석 ▶ 10월 2일(금) 추석 연휴 ▶ 10월 3일(토) 개천절 ▶ 10월 6일(화) 목공 놀이(3세 1반) ▶ 10월 9일(금) 한글날 ▶ 10월 12일(월) 재난 대피 훈련 ▶ 10월 14일(수) 떡 만들기 요리 체험(3세) ▶ 10월 23일(금) 홍련마을 수확 체험(3세) ▶ 10월 27일(화) 독도 사랑 교육	폭력 및 신변 안전	- 상처 주는 말도 폭력이 될 수 있어요 - 너의 잘못이 아니야 - 성교육 동화 함께 읽기
	교통안전	- 엄마, 아빠와 안전하게 다니기
	생활안전	- 가을철을 건강하게 지내려면 (기침 예절을 지켜요)
	약물 및 사이버중독	- 엄마, 아빠 술은 안 돼요

가정통신
▶ 코로나19가 유행하며 사회적 거리두기를 실시하고 있습니다. 마스크 쓰기, 손 씻기와 소독, 기침 예절을 철저히 지키고, 감기 증상이나 열이 있을 경우 가정에서 충분한 휴식을 취할 수 있도록 해 주시기 바랍니다. 가정에서 유치원에 가기 전 체온(37.5℃이하일 때 등원)을 잰 후 '건강상태 자가진단(교육부)' 앱에 꼭 참여해 주세요. ▶ 10월 1일은 추석입니다. 가족과 함께 풍성하고 즐거운 시간 보내시길 바랍니다. ▶ 영유아 건강 검진 시기를 확인하시고 검진 후 유치원으로 결과표를 제출해 주시기 바랍니다.

〈한 달간 놀이 진행 후 교육과정 운영을 평가한 예〉

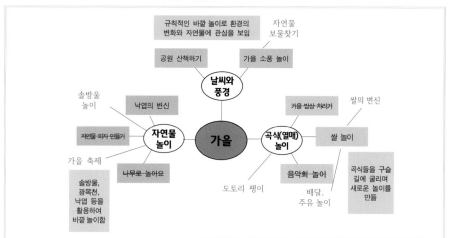

※ 하루 일과는 유아의 상태, 흥미, 요구, 유치원 실정에 따라 융통성 있게 운영합니다.

10월의 행사(절기)	안전교육	
▸ 10월 1일(목) 추석 ▸ 10월 2일(금) 추석 연휴 ▸ 10월 3일(토) 개천절 ▸ 10월 6일(화) 목공 놀이(3세 1반) ▸ 10월 9일(금) 한글날 ▸ 10월 12일(월) 재난 대피 훈련 ▸ 10월 14일(수) 떡 만들기 요리 체험(3세) ▸ ~~10월 23일(금) 흥련마을 수확 체험(3세)~~ ▸ 10월 27일(화) 독도 사랑 교육	폭력 및 신변 안전	- 상처 주는 말도 폭력이 될 수 있어요 - 너의 잘못이 아니야 - 성교육 동화 함께 읽기
	교통안전	- 엄마, 아빠와 안전하게 다니기
	생활안전	- 가을철을 건강하게 지내려면 (기침 예절을 지켜요)
	약물 및 사이버중독	- 엄마, 아빠 술은 안 돼요

월간 교육과정 운영 평가

▸ 가을 날씨와 풍경을 느끼기 위해 규칙적으로 바깥 놀이를 실시한 결과 유아들이 솔방울, 낙엽, 도토리 등에 관심을 보이며 게임을 하자고 제안함.
▸ 도토리와 밤으로 팽이 놀이를 하며 곡식과 열매들이 재미있는 놀이 자료가 된다는 것을 발견하고 가정으로부터 도움을 받아 다양한 곡식과 열매를 탐색함.
▸ 곡식과 열매들을 이용하여 촉감 놀이, 미술 놀이, 신체 놀이 등 여러 가지 방법으로 놀이를 했는데 특히 쌀은 다양한 모습으로 변화가 가능해 놀이 자료로서 매우 매력적이었으며 유익했음.
▸ 곡식과 열매, 솔방울, 낙엽 등으로 놀이하며 자연물의 특성을 이해하고 계절의 변화에 관심을 갖게 됨.

■ 교사 저널 기록으로 교육과정 운영 평가하기

첫째 날: 매력적인 놀잇감을 발견하다

곡식들의 생김새를 탐색하다 유아가 밤을 팽이처럼 돌린다. "어? 밤 팽이네?"라는 교사의 말에 더 많은 유아들이 모여들고 산책길에 주워 온 도토리를 이용해 팽이 시합을 한다. 자연물 팽이로 놀이하며 평소 즐겨 사용하던 나무 팽이와의 공통점과 차이점을 비교해 본다. 자연물로 팽이 놀이를? 쉽게 지나쳤던 모든 것들에 소중함을 느끼는 계기가 되었다.

넷째 날: 선생님은 고민 중

구슬 길에 다양한 곡식과 열매들을 넣고 빨리 굴러가는 것, 느리게 굴러가는 것을 비교한다. 다른 유아들은 밀가루 반죽 위에 콩과 팥 등을 올려 건강 음식을 만든다. 곡식과 열매로 놀이하는 유아들의 표정이 진지하고 즐거워 보인다. 한편 놀이 매트 안에 흩어진 쌀을 보니 조금 미안한 마음이 든다. 쌀이 부족해 보이는데 더 제공해야 하나? 정리가 안 될 것 같은데 그냥 모른 척할까? 과연 나의 선택은….

여섯째 날: 쌀놀이로 자유를 만끽하다

"쌀에서 소리가 나~" 하며 원형 통에 쌀을 넣고 다시 쏟으며 쌀이 흐르는 소리에 유아들이 귀를 기울인다. 몇몇 유아들은 동요를 부르며 즐거움을 표현한다. 마라카스 악기를 만들어 소리를 탐색하는 것보다 자유로운 놀이 속에서 자신의 생각이나 느낌을 더욱 잘 표현하는 듯하다. 유아들은 오늘도 땀을 뻘뻘 흘리며 교실 곳곳을 쌀 바다로 만들면서 놀이를 즐기고 있다.

열셋째 날: 쌀의 변신은 무죄

"쌀에 물을 넣어 봐요!" 호기심 가득한 얼굴로 놀이를 제안한다. 유아들의 흥미에 따라 쌀을 여러 가지 방법으로 변화시켜 보았다. 튀밥으로 변신한 쌀을 플라스틱 병에 넣어 폭죽 놀이도 하고 날아가는 튀밥을 보며 쌀과 다른 점도 스스로 찾는다. 알록달록 플라스틱 컵에 튀밥을 넣고 음식 모형을 올려 가게 놀이를 한다. 떡메치기 체험 후 쌀 반죽으로 쿵덕쿵덕 놀이하며 모양 찍기도 하고 색모래도 뿌려 본다. 쌀을 이용하여 다양한 방법으로 놀이하며 물질의 특성과 변화를 탐색해 보는 시간이 되었다.

■ 교사 저널 기록으로 교육과정 운영 평가하기

신체운동·건강	▸ **신체활동 즐기기** 신체 움직임을 조절한다. 구불거리는 호스에 곡식들을 넣고 위아래로 조절하여 배달 놀이를 함. ▸ **건강하게 생활하기** 자신의 몸과 주변을 깨끗이 한다. 곡식과 열매로 놀이한 후 스스로 정리 정돈을 함. ▸ **안전하게 생활하기** 일상에서 안전하게 놀이하고 생활한다. 곡식과 열매를 입과 코, 귀 등에 함부로 넣지 않음.
의사소통	▸ **듣기와 말하기** 자신의 경험, 느낌, 생각을 말한다. 곡식과 열매를 탐색하며 먹어 보았거나 본 경험을 말로 표현함. ▸ **읽기와 쓰기에 관심 가지기** 자신의 생각을 글자와 비슷한 형태로 표현한다. 바닥에 흩어진 쌀 위에 그림을 그리거나 자신의 이름을 긁적거림.
사회관계	▸ **나를 알고 존중하기** 나의 감정을 알고 상황에 맞게 표현한다. 쌀로 놀이하며 즐거움, 놀람 등을 말과 표정으로 표현함. ▸ **더불어 생활하기** 친구와 서로 도우며 사이좋게 지낸다. 주유 놀이, 배달 놀이를 할 때 무거운 것을 친구와 함께 들며 협력함. 약속과 규칙의 필요성을 알고 지킨다. 도구를 바르게 사용하며 곡식과 열매를 이용한 놀이에 즐겁게 참여함.
예술경험	▸ **아름다움 찾아보기** 자연과 생활에서 아름다움을 느끼고 즐긴다. 곡식들로 놀이하며 다양한 소리에 관심을 가짐. ▸ **창의적으로 표현하기** 다양한 미술 재료와 도구로 자신의 생각과 느낌을 표현한다. 파스텔, 물감, 색모래 등을 활용하여 쌀을 여러 가지 모습으로 표현함.
자연탐구	▸ **탐구과정 즐기기** 궁금한 것을 탐구하는 과정에 즐겁게 참여한다. 쌀을 물이나 불의 힘으로 변화시키는 과정에 흥미를 보임. ▸ **생활 속에서 탐구하기** 물체의 특성과 변화를 여러 가지 방법으로 탐색한다. 밀가루, 쌀 등을 다양한 방법으로 변화시켜 놀이함.

■ 유아 놀이 관찰과 기록

〈그룹별 놀이 평가〉

놀이 장면	놀이 내용(배움 잇기)
	동화 「알록달록 가을」을 듣고 (동화책의 장면과 줄거리를 회상하여 가을이 되어 변화된 모습을 말한다) 공원으로 나가 가을 풍경을 탐색함(가을 날씨를 온몸으로 느끼며 공원 주변에 떨어진 솔방울, 도토리 등을 찾는다). 나무 아래 떨어진 솔방울과 도토리 등에 관심을 보이며 자연물 보물찾기 놀이를 함(자연물의 생김새를 관찰하며 크기, 모양 등에 대해 말한다). 몇몇 유아들은 도토리를 모래 속에 숨기고 표시하여 찾기 놀이함.
	플라스틱 찌통(투명 통)에 밤, 호두, 도토리 등을 넣으며 굴리기 놀이함(모양과 크기가 다른 곡식과 열매들로 놀이하며 빠르다, 느리다, 크다, 작다 등의 단어를 사용한다). 곡식들이 찌통에 멈추면 놀잇감을 이용하여 곡식들을 밀어내거나 찌통을 '통통통' 두드려서 진동을 만듦(주변에 있는 도구들을 활용하여 문제를 해결한다).
	놀이 매트 안에 있는 쌀 속에 곡식들을 숨기고 찾기 놀이함. 두 손을 이용하여 곡식들을 휘젓다가 체 바구니로 곡식들을 담고 양쪽으로 흔듦(체 바구니로 놀이하며 쌀, 콩, 도토리 등의 크기를 탐색한다). 플라스틱 찌통에 쌀을 넣고 쌀이 쏟아지는 소리에 반응함(쌀이 쏟아지는 소리에 맞춰 노래를 흥얼거리거나 구멍이 막히면 손가락을 넣어 양을 조절한다).
	밀가루 반죽을 밀대로 밀어 넓게 만든 후(천사점토와 밀가루 반죽으로 놀이하며 공통점과 차이점을 말한다) 그 위에 콩, 팥 등을 올려 음식 만들기 놀이함(동그라미 반죽 위에 한 가지 또는 다양한 곡식들을 규칙적으로 놓는다). 완성된 음식에는 콩 피자, 콩 쿠키 등 이름을 지어줌(유아들이 말한 단어를 글자로 표현함으로써 말과 글의 관계에 관심을 보인다).
	파스텔과 스프레이 물감을 이용하여 쌀 염색 놀이함(염색 놀이에 필요한 재료와 도구들에 관심을 보인다). 파스텔 가루 위에 쌀을 비빈 후 색이 변하는 모습을 관찰함(가루의 양에 따라 쌀의 색이 변하는 탐구 과정에 즐겁게 참여한다). 플라스틱 병에 쌀과 물감을 넣고 위아래로 흔들며 소리를 탐색함(신체나 도구를 활용하여 간단한 소리를 만들거나 움직임으로 자유롭게 표현한다). 물감의 양에 따라 색이 진해지는 변화 과정을 즐겁게 탐색함.

〈개인별 놀이 평가〉

유아들이 놀이에 몰입하고 있다면 교사는 지나친 개입보다는 관찰과 기록을 할 때임. 포스트잇을 활용하거나 기록장에 간단히 기록함

놀이 장면	배움 잇기
공원 이곳저곳을 뛰어다니다 도토리, 솔방울, 나뭇가지 등을 발견한다. 도훈: 도토리가 모자를 쓰고 있어요. 이건 아기 솔방울이에요. 교사: 도토리가 엄청 많네. 이걸로 어떤 놀이를 할 수 있을까? 하진: 도토리 치기 게임해요. 교사: 오, 재밌겠는데? 도훈: 도토리 치기도 하고 다른 게임도 해요.	도토리를 탐색한 후 굴러가는 특성에 따라 재미있는 게임을 제안함. 놀이 방법과 규칙 등을 유아들이 스스로 만들고 함께 놀이함.
의자 위에 올라가 플라스틱 찌통(투명 통)에 밤, 호두, 도토리를 차례대로 넣는다. 윤찬: 우와, 도토리가 제일 빨라. 하진: 나도 해 볼래. 윤찬: 아니야, 내가 먼저 하고 있었잖아.	친구들과 놀이할 때 필요한 규칙을 알고 일상생활에서 실천할 수 있도록 안내함.
친구들이 비커에 쌀을 넣거나 쏟는다. 주호: 얘들아, 여기에 넣어 봐. 희준: 어? 왜 안 나오지? 주호: (깔대기에 손가락을 넣어 저으며) 이렇게 하면 돼. 희준: 우와, 소리도 난다.	궁금한 것을 적극적으로 탐색하며, 일상생활에서 비교, 예측하며 문제를 스스로 해결함.
지연: 나는 파란색 넣을래요. 플라스틱 병에 쌀을 넣고 파란색 스프레이 물감을 뿌린 뒤 위아래로 흔든다. 색의 변화를 살펴보다 물감을 한 번 더 뿌린다. 지연: 아까는 조금 넣어서 하늘색이었는데 지금은 파란색이에요.	물감 놀이에 즐겁게 참여하며 물감의 양에 따라 변화되는 색을 탐색하고 아름다움을 표현함.
지퍼백에 담긴 쌀 반죽을 바닥에 놓고 나무망치로 '쾅쾅' 두드린다. 도훈: (반죽을 만지며) 떡을 만들어야 해. 네 건 어때? 민혁: 내 건 아직이야. 도훈: 말랑말랑한데? 더 세게 해야겠어!	놀이에 필요한 도구를 자유롭게 선택하고, 안전하게 사용하며 자신의 생각과 느낌을 친구들과 의사소통하며 공유함.

구슬 놀이의 무한 도전!

■ 놀이가 이루어진 기간: 2020년 6월 22일(월)~7월 10일(금)

구슬 놀이? 구슬치기일까? # 한 가지 재료로 놀이 변화가 가능?
물리적 지식은 교사가 가르쳐야 할까?

놀이의 시작

한 달에 두 번씩 만나는 인성 교육 전래놀이 시간!!

오늘은 전래놀이 선생님이 어떤 놀잇감을 준비해 오실까? 지난번 팽이 놀이를 생각하며 더 즐거운 놀이였으면 좋겠다!라는 기대를 가지고 전래놀이 선생님을 만났다.

"와~ 구슬이다." 구슬로 세모 안 구슬을 쳐서 밖으로 내보내는 구슬 밀어내기 놀이를 준비하셨다. 처음엔 어느 정도의 힘으로 팔을 어떻게 뻗어야 하는지 몰라 다른 곳으로 구슬이 가 버렸다. 두 번째 순서가 돌아왔을 때 아이들은 스스로 기술을 터득하고 시도해 보면서 세모안의 구슬이 밖으로 밀려 나가는 즐거움을 경험하였다.

놀이의 흐름

1. 구슬 밀어내기
2. 또 다른 구슬 놀이
3. 구슬 경사로 시작
4. 재미있는 구슬 길
5. 새로운 구슬 길

교 육 적 놀 이 지 원

공간

- 구슬이 굴러가는 모양을 다양하게 탐색할 수 있도록 교실 공간과 복도 공간 넓혀 주기(교구장 치우기, 매트 치우기).
- 교실의 벽, 교실 밖 복도, 복도 벽을 활용하여 놀이가 지속됨.
- 놀이가 자연스럽게 연결되도록 정리하지 않고 남겨 두기.

자료

- 크기와 소재가 다른 구슬(유리 구슬, 쇠 구슬, 나무 구슬)을 제공함.
- 구슬 놀이 과정 중 필요한 자료를 유치원에서 찾아 주거나 구입(광목천, 물감, 찌통(투명 통), 호스, 골프 놀이용 장판, 골프 놀이용 채).
- 자료의 활용 방법을 교사가 안내하지 않고 필요에 따른 방법을 존중함.

일과

- 구슬 놀이 과정 중 문제 발생 시 이야기 나누기 시간 추가.
- 유아가 놀이에 몰입할 수 있도록 놀이 시간을 길게 진행함.

상호작용

- 유아의 놀이를 관찰하면서 놀이 도중 만나는 문제점을 공감하고 스스로 해결책을 찾아 실행하도록 상호작용하고 해결 아이디어 지지.
- 유아의 놀이에 참여하여 함께 즐김.

학습 공동체

- 구슬 골프 놀이를 할 수 있는 방법에 대해 동료 교사에게 도움을 받음.
- 매끈한 경사로 길을 만들 수 있는 나무판자 자료를 동료에게 지원받음.

안전

- 구슬 놀이 중 구슬을 멀리 굴릴 때, 구슬이 있는 곳까지 걸어갈 때 안전 규칙을 유아들과 의논하고 안전사고에 유의하는지 관찰.
- 구슬 놀이에 사용한 도구들(유니트 블록, 나무판자, 골프 놀이용 채)을 안전하게 사용하도록 이야기 나눔.

놀이에서의
배움

- 구슬의 특성을 탐색하고 구슬 특성에 따른 놀이를 새롭게 만들며 놀이를 즐김.
- 구슬이 잘 굴러가는 높이, 구슬 굴리기의 시작과 끝의 위치와 방향, 구슬을 굴리는 힘에 대한 탐구 과정에 참여하고 풍부하게 경험함.
- 구슬 놀이 규칙을 만드는 상황, 놀이 중에 생기는 문제를 해결해야 하는 상황이 많아 서로의 감정과 행동을 존중하고 소통함.

◁ 1일째 구슬을 밀어내 봐

한 달에 두 번 유치원에 찾아오시는 전래놀이 선생님과 함께하는 구슬 놀이 시간
"손에 힘을 주고 세모 안에 있는 구슬을 뚫어지게 쳐다보고 구슬을 밀어내 봐."
"구슬이 다른 곳으로 가 버리네~"
두 번째 순서가 돌아왔을 때 자세를 고치고 다른 기술을 사용하면서 세모 안의
구슬을 많이 밀어낸다.

"손 하나는 바닥에 짚고 멀리 있는 구슬을 뚫어지게
쳐다보고 굴려 봐."

"세모 밖으로 구슬이 엄청 나갔어요."

💡 교사의 고민

어쩌다 한 번 만난 선생님과의 놀이가 아이들의 놀이로 확장이 될까?
전래놀이 시간이 너무 짧다며 교실로 돌아와 구슬 놀이를 하고 싶다는 아이들~
더 하고 싶은데 교실엔 구슬이 없어서 못 한다는 아이들의 요구!
단 한 시간 놀이 후 새로운 놀이를 하고 싶어 하는 아이들에게 어떻게 지원해야 할까?

☐ **3일째** 새로운 구슬 놀이가 생겨났어요

복도 공간을 이용해 계속된 구슬 밀어내기~ 놀이 순서를 정하고 기다려 주고 한 번 실패하면 또 한 번 할 수 있는 기회를 주고 자세를 바꾸어 가며 구슬 밀어내기 놀이는 계속된다.
한참 동안 구슬 밀어내기 놀이를 하던 아이들이 교실에서 새로운 구슬 놀이를 만들기 시작한다.

만세! 10개는 넘겠는데~ 이거 다 내 구슬이다.

앗! 위험해

구슬을 밟으면 미끄러져요. 구슬이 어디에 있는지 항상 확인해야 해요~

♥ **구슬 축구** ♥

네모 박스 한쪽을 끌어내리고 바닥에 테이프로 붙인 후 골대를 만든다.
구슬 축구장이라며 블록으로 경계를 만들고 구슬을 굴려 박스 안으로 들어가자 "골인!"이라고 외친다.

민성: 구슬로 하고 싶은 놀이가 생각났어요!

수찬: 나랑 같이하자.

민성: 이 놀이는 구슬 알까기야!

수찬: 밖으로 나간 구슬을 주우러 가기 너무 힘들어.

민성: 블록을 조금 더 멀리하면 돼.

다준 · 민국: 우리 편 만들어서 하자.

민성: 블록으로 막아 볼까?

수찬: 블록이 너무 가까워서 구슬이 밖으로
못 나가잖아.

유아들은 함께 놀이 규칙을 만들고, 놀이의 흐름을 방해하는 구슬이 굴러가는
특성을 파악하여 블록을 이용해 놀이에서 일어난 문제를 해결한다.

구슬로 무슨 놀이를 할 수 있을까? 서로의 놀이를 관찰하며 주변의 자료를 탐색하고 활용할 수 있는 방법을 찾아보기도 한다.

달걀판을 위로 치면
구슬이 한 칸씩 옆으로 옮겨져~
이제 숫자를 달걀판 안에 써 볼까?
"1에서 시작해서 10까지 가 볼게."

교사의 놀이 지원	
📣	구슬 알까기 놀이 중 사용한 블록에 막혀 구슬이 밖으로 나가지 못하자 그 이유에 대해 서로 이야기해 보고 문제를 해결함. 유아들이 만든 놀이에 교사도 참여하여 함께 놀이함.
🏫	굴러가는 구슬을 다양하게 탐색할 수 있도록 교실과 복도 공간을 넓혀 줌(교구장 벽으로 붙이기, 교실 매트 치우기). 구슬이 멀리 굴러가는 놀이를 할 수 있도록 복도 공간을 허용함.
🏛	크기와 소재가 다르고 활발한 구슬 놀이가 이루어질 수 있는 양 (유리 구슬 1.5cm와 3cm/ 사기 구슬 3cm).
🧰	구슬 놀이 시 주의해야 할 점 이야기 나누기 (아이들이 말한 약속: 바닥에 있는 구슬을 밟으면 미끄러져서 넘어져요. 입으로 가져가거나 일부러 던지는 건 피해요).

⬜ 5일째 구슬 놀이가 예술 작품으로

"선생님! 구슬에서 파도 소리가 나요."
"구슬이 굴러가면서 나는 소리인가 봐요."
"그런데 구슬이 지나가는 길이 보이면 좋겠다."

"구슬에 물감을 묻히면 구슬이 지나가는 길을 볼
수 있어요."
"전에 해 본 것이 기억나요."
"물감 구슬 길이 생겼어요!"

💡 교사의 고민

아이들이 제안한 요구사항, 어떻게 해결해 줄까?
상자 박스에 물감 구슬을 굴리다가 더 긴 물감 구슬 길이 있으면 좋겠다는 아이들의 요구사항!
어떻게 해결해 줄까?
단순히 구슬 길 만들기로 끝나는 것보다 구슬의 특성을 이용한 놀이로 연결해 줄 수 있는 방법은
없을까? 그래~ 구슬에 물감을 묻혀 멀리 굴려 볼 수 있는 광목천을 준비해 주고 만들어진 물감 길은
경사로로 만들어 주자! 경사로에서의 놀이는 아이들이 찾아내도록 하는 게 좋을 것 같아!

얘! 물감 구슬 길이 보여~

마음대로 길이 만들어져

길이 휘어지기도 하네~

지율: 나는 파란색 구슬길이야~

수찬: 나는 빨간색으로 구슬길을 만들 거야.

벽과 교구장을 이용해 고정한 물감 구슬 경사로에서 유아들은 놀이를 만든다. 한 유아가 우연히 던진 구슬이 아래로 굴러가며 구슬 길이 되는 것을 발견하고, 의자를 놓고 더 높이 던지면서 구슬이 아래로 굴러가는 놀이를 즐긴다.

여기서도 구슬이 굴러가~

구슬이 아래로 굴러가고 있어

의자에 올라가 굴리면 더 높은 곳에서 굴릴 수 있어! 구슬을 높게 던져 봐! 더 빨리 굴러가지?

앗! 위험해

구슬을 던지면서 광목천을 누르면 교구장이 넘어질 수 있어요. 광목천 아래에서 놀면 위험해요.

교사의 놀이 지원	
📢	유아가 제안한 놀이 방법에 대해 인정하고 지지함.
🏫	광목천에 물감 구슬 길 활동을 위한 복도 공간 허용함. 광목천 물감 구슬 길을 교실에 전시하며 교실 벽 공간과 교구장 활용함.
🏠	구슬 굴리기에 필요한 물감, 광목천, 다양한 크기의 구슬, 물감 놀이 가운, 물감 놀이 매트 지원

🔖 7일째 구슬 경사로가 생겨났어요

구슬을 위에서 아래로 밀어 봐.
그런데 멈춰 버리네.

지수: 여기를 바꿔 봐.
여울: 왜 이러는 거야? 구멍에
빠져 버리잖아.

윤수: 이렇게 해 보자.
블록을 이렇게 세워 봐.

유아들은 자석 블록을 이용해 쌓기를 시작한다. 블록 쌓는 갯수를 달리하여 계단 모양이 되도록 쌓은 후 구슬을 위에서 아래로 밀어 떨어뜨려 보고 구슬이 제대로 굴러가지 않는 이유에 대해 이야기를 나누며 문제를 해결한다.

정수: 와, 이제 됐다. 바구니에 골인!

민성: 이건 경사로라고 해.

정수: 야! 구슬이 가운데 있는 구슬을 치면서
　　　내려가.

여울: 야! 구슬 경사로다.

민국: 나는 벽돌 블록으로
경사로 만들어야지.
(구슬이 속으로 퐁 빠져 버린다.)

민국: 다시! 이렇게 바꿔 보자.
어! 구슬이 가다가 멈춰 버린
다.

정수: 경사로가 낮아서 그래
더 높여 보자.

지율: 야호! 슛 골인, 성공!

유아들은 놀이 중에 경사로의 높낮이에 따라 구슬이 굴러가는 정도가 다르다
는 것을 경험하였고, 자연스럽게 경사로의 원리를 즐기는 것이 관찰되었다.

💡 교사의 고민

물리적 지식은 교사가 알려 주어야 할까?

유아가 물리적 지식이 없어 개념을 파악하지 못할 때, 교사가 직접적으로 가르쳐 주어야 할까?
교사가 놀이하는 유아에게 직접적으로 지식을 알려 주는 방식은 자칫 놀이를 통해 발생할 수 있는
자발적 배움을 끊어 버릴 우려가 크다. 이럴 때는 교사가 유아들과 상호작용으로 놀이 과정을
지지하고 자극할 수 있는 지원이 필요하다고 생각한다.

화진이와 다준이는 구슬이 빨리 굴러가게 한다면서 벽돌 블록으로 블록의 높낮이를 다르게 하고 그 위에 평평한 유니트 블록을 올려 터널도 만든다.

화진: 이건 위에서 툭 떨어지는 구슬 경사로예요.
구슬이 더 빨리 굴러갈 수 있어요.
다준: 더 업그레이드됐어요. 터널도 만들자!
화진: 구슬이 상자 밖으로 나가 버리네. 바구니를
조금 더 떨어뜨려서 놓자.
구슬이 가운데로 떨어져 버렸어.
손전등으로 비춰서 찾아야지.

교사의 놀이 지원	
	놀이 과정에서 부딪히는 문제 상황을 지켜보고 관찰하며 기다려 줌. 문제해결 방법에 대해 지원하고 지지함.
	구슬 경사로 놀이가 자유롭게 이루어지도록 교실 공간을 넓혀 줌.
	벽돌 블록과 유니트 블록, 마음껏 굴릴 수 있는 구슬을 더 제공함.

놀이 과정 들여다보기

의도치 않게 구슬 경사로가 만들어졌다. 아이들은 너무 신기한가 보다. 서로서로 "넌 천재다, 천재!"라며 칭찬을 해 댄다. 누군가 고민하면 함께 다가가 머리를 맞대고 해결한다. "왜 이러는 거야?" 갈등하고 화가 나도 함께 힘을 모아 해결하면서 뭐든지 이루어 낸다. 이때 교사는 개입하지 않았다. 교사가 제시해 주면 금방 해결될 문제였지만 기다려 보았다. 유아들은 스스로 문제를 해결하고 또 다른 놀이를 시도하며 계속적으로 구슬 경사로를 만들어 냈다.

블록을 이용하여 계속해서 구슬 경사로를 다양하게 만들어 보던 중 경사로를 만드는 새로운 자료를 찾기 시작한다.

서준, 민성이는 책상을 가져다 한쪽 다리에 블록을 놓아 구슬을 굴려 본다.

서준: 선생님~ 책상도 경사로가 돼요.
　　　와~ 엄청 빨라.
민성: 구슬이 옆으로 안 떨어지게 블록으로 막자.
서준: 책상에 도로 테이프를 붙이면 경사로 길이 돼.

책상 경사로를 지켜보던 유아들이 다른 책상으로 또 다른 경사로를 만들고 블록으로 만든 경사로 길과 연결하여 기다란 경사로를 만들어 놀이한다. 시작되는 길의 높이가 더 높아야 한다는 것을 스스로 인식하고 서로 의견을 나누며 문제를 해결하기도 한다.

태주: 어! 구슬이 가다가 빠져 버리네.
화진: 야! 책상을 더 높여. 책상도 경사로가 돼야
　　　지. 책상 다리에 블록을 더 놔 봐.
태주: 와! 이제 경사로 길이 되었어!
　　　구슬이 굴러간다.

앗! 위험해
블록을 받쳐서 책상 한쪽 다리를 높게 할 때는 친구들에게 꼭 알려야 해요. 블록이 빠지면서 책상이 무너지면 위험해요.

몇몇 유아가 책상을 이용하여 경사로를 만드는 친구들을 보고 또 다른 자료를 사용하여 경사로 만들기를 시도한다. 높은 책상을 놓고 의자와 박스를 지지대로 활용하며 구슬이 옆으로 떨어지지 않게 벽돌 블록과 유니트 블록으로 막아 경사로를 만든다.

지수: 우리는 박스랑 의자도 사용했다!

수아: 그래~ 갈수록 업그레이드된다.

수찬: 그걸 진화라고 하지.

정훈: 구슬 진짜 빨리 굴러간다. 대단해.

지수: 그런데 블록이 울퉁불퉁해서 구슬이 굴러가다 자꾸 걸려요. 매끈한 길이 필요해요.

🔎 놀이 과정 들여다보기

유아들의 대화 속에는 그들만의 자신감이 묻어 있다. 업그레이드, 진화, 박사, 짱!
유아들은 친구들의 놀이 과정과 결과물을 들여다보며 또 다른 시도를 끊임없이 하며 더 발전된 경사로를 만들어 간다. 경사로가 급할수록 구슬이 굴러가는 속도도 더 빨라진다는 것을 자연스럽게 놀이에 반영한다. 처음엔 아이들이 이걸 할까? 의심쩍은 생각도 들었지만 이젠 교사의 생각을 뛰어넘기 시작했다. 서로 경쟁하고 격려도 하며 욕심을 내고 도전하는 아이들!

🔎 교사의 배움

놀이가 멈추지 않고 발전하기 위해서는 유아들에게 어떤 지원을 해야 할까?
유아들은 울퉁불퉁한 블록에 한 번씩 걸리는 구슬을 보며 매끈한 길을 만들고 싶다는 제안을 한다. 아이들은 매끈한 길을 만들 것을 찾아보지만 긴 구슬 길이 될 만한 자료는 찾지 못한다. 놀이가 한창 폭발하고 있는데 이대로 멈추게 할 수밖에 없을까?
"아! 전에 ○○선생님이 지렛대 놀이에서 사용했던 나무판자가 있지?" 유아들이 하는 고민과 동시에 교사 역시 끊임없이 고민해야 놀이도 발전할 수 있다는 것을 느낀다.

블록으로 만든 구슬 경사로가 울퉁불퉁하다며 새로운 자료를 찾는 유아들에게 나무판자를 지원해 주었다.

나무판자를 발견한 유아들은 매끈한 구슬 길 경사로를 만들기 시작한다.

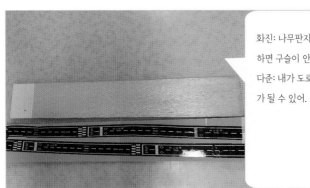

화진: 나무판자가 매끈해. 이걸 경사로 길에 사용하면 구슬이 안 멈출 것 같아.

다준: 내가 도로테이프를 붙일게. 구슬이 자동차가 될 수 있어.

화진: 나무판자를 여기에 연결해 봐.

다준: 책상에 터널도 만들자.

서준: 나무판자에서 구슬이 떨어져 버리네.

화진: 구슬이 안 떨어지게 블록으로 막자.

다준: 여기도 터널을 만들어 보자.

서준: 드디어 성공! 구슬이 안 떨어져.

서준: 얘들아! 구슬을 굴려 봐. 여기에 상자를 놓으면 구슬이 풍당! 여러 개를 함께 굴려 봐~ 폭포에서 물 떨어지는 소리가 나지?

나무판자를 경사로에 이용하는 모습을 살펴보던 몇몇 유아들이 다른 한쪽에서 나무판자를 이용한 경사로를 만들기 시작한다.

민성: 우린 나무판자 2개를 이어 보자.
정수: 책상이 더 높아야 경사로가 돼.
민국: 나는 구슬이 떨어지는 곳을 만들게.
수아: 구슬이 중간에서 안 걸리니까 더 잘 굴러가.
민국: 우리 더 길게 하면 어떨까? 나무판자를 꺾어지게 연결해 보자.

유아들은 방향을 바꾸어 나무판자 하나를 더 댄다. 그러고는 구슬을 굴리자 꺾인 부분에서 구슬이 멈추어 버린다. 여러 번의 시도 끝에 방향이 바꾸어지는 경사로를 만들어 낸다.

민성: 구슬이 멈춰 버리네.

민국: 여기를 더 튼튼하게 막고 나무판자를 더 아래로 내려보자.

정수: 구슬이 안 떨어지게 블록으로 옆을 막아야지.

또 다른 매끈한 길을 만든다며 교실에 있는 끼우기 매트를 가지고 온다.

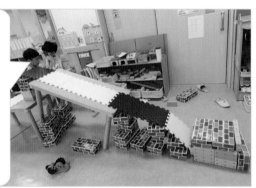

다준: 선생님~ 이것도 매끈해서 구슬이 안 걸려요.

지민: 이걸 끼우니까 울퉁불퉁 안 하지. 그리고 넓적해서 구슬이 떨어지지도 않아.

다준: 구슬 창고도 만들자. 여기에 구슬을 모으는 거야.

교사의 놀이 지원	
📢	방향이 바뀌는 부분에서 구슬이 굴러가도록 하는 방법에 대해 상호작용 함.
🏫	서로의 경사로에 방해가 되지 않도록 활동 공간을 넓혀 줌.
🏠	구슬이 걸리지 않도록 돕기 위한 나무판자, 구슬이 떨어지는 곳에 놓을 상자를 마련함.
🧰	책상 다리에 블록을 놓을 때 안전에 유의하도록 지원함.

모두들 구슬 길 경사로 놀이에 푹 빠져 있다. 처음에는 블록만 이용했던 유아들이 교실의 모든 것을 총동원하여 구슬 길을 만든다. 책상, 의자, 나무판자, 바구니, 퍼즐 매트까지도 이용한다. 형식적이고 뻔한 경사로가 아니다. 울퉁불퉁한 경사로를 보완하기 위해 나무판자를 이용하며, 또 다른 매끈한 자료까지 찾아낼 수 있게 되었다.

📑 12일째 찌통(투명 통)과 호스로 만든 구슬 길

유아들은 매끈한 구슬 경사로를 계속 만들다가 새로운 방법을 제안한다.
구슬이 터널을 통과할 때 안 보인다며 보이는 터널을 만들고 싶어 하는 유아들의 요구에 따라 찌통(투명 통)과 투명 호스를 준비해 주었다. 아이들이 찌통을 발견하고 경사로에 활용해 본다.

찌통(투명 통) 터널을 만들어 보자.
도로판 위에 찌통을 붙여 봐~
구슬이 밖으로 떨어지지 않아요!

찌통(투명 통)으로 터널을 만든 후 구슬 경사로 놀이를 반복하던 유아들은 연결 캡을 이용하여 찌통들을 서로 연결해 보고 빼 보는 것을 반복하며 탐색한다.

"연결 캡을 이용하면 찌통(투명 통)끼리 연결돼~ 더 길게 연결해 봐."

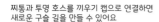
찌통과 투명 호스를 끼우기 캡으로 연결하면 새로운 구슬 길을 만들 수 있어요

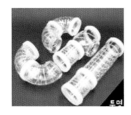  

찌통(투명 통)을 길게 연결한 유아들이 교사에게 통을 복도 벽에 높게 붙여 주라고 요청한다. 복도 한쪽에 찌통을 붙여 주자 의자를 놓고 구슬을 통에 넣는다.

주아: 내가 구슬 넣는다. 구슬이 나오나 봐.
정수: 구슬이 안 나와~ 가운데서 멈췄어.
주아: 아림아! 네가 넣어 봐. 위로 아래로 호스를 움직이면 구슬이 나와.
수찬: 가운데서 안 멈추게 하려면 어떻게 하지?
태주: 여기가 너무 평평해서 그래. 여기도 경사로가 되게 해 줘야지.

교실에서 태주가 가져온 쿠션과 빈 통으로 높이가 다르게 배열하여 구슬을 다시 넣자 구슬이 통 밖으로 빠져나온다.

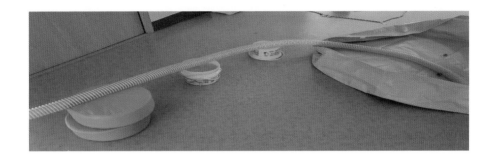

유아들은 교실 한쪽에 있는 박스를 발견하고 박스에 구멍을 뚫어 달라고 요청한다. 길게 만든 찌통(투명 통)을 박스 구멍에 연결하고 구슬을 넣는다.

정수: 구슬 길이 여러 개가 되었어~ 지민아! 내가 구슬을 넣을게.

지민: 우주선에서 구슬이 떨어지는 것 같아~

💡 **놀이 과정 들여다보기**

유아들은 급한 경사로에서 구슬이 빠르게 내려간다는 것을 경험으로 알게 되었다. 이젠 이 경험을 바탕으로 찌통(투명 통)과 호스를 이용한 새로운 놀이를 창안하였다. 블록과 책상으로 만들던 경사로가 호스와 찌통으로 바뀌며 유아들은 또 새로운 경험을 시작한다. 교사의 자료 지원은 매우 중요한 것 같다. 교사의 자료 지원은 다음 놀이에 반영되고, 그것이 축적되며 아이들의 배움으로 이어진다는 것을 느끼게 된다.

	교사의 놀이 지원
	찌통(투명 통)과 호스가 연결된 것을 복도 벽에 세워지도록 고정해 주고, 박스에 찌통을 끼울 구멍과 구슬이 내려가는 것을 볼 수 있는 구멍을 내줌. 찌통끼리 연결하는 중간 끼우기 캡이 잘 끼워지는 방법을 제안함.
	찌통과 호스를 이용한 놀이가 가능하도록 복도와 벽의 공간 활용을 허용함.
	찌통과 투명 호스를 서로 연결하는 중간 끼우기 캡을 제공함.

📑 **13일째 벽에도 구슬 길을 만들자!**

복도 벽 끝에 모아진 휴지심을 발견한 유아가 벽에도 구슬 경사로를 만들 수 있다며 휴지심을 연결하여 경사로를 만든다.

주아: 구슬이 안 빠지려면 서로 가깝게 붙여야 돼.

지율: 내가 붙일께 잘 잡아 봐.

　　자꾸 테이프가 뜯어져.

수찬: 손으로 꾹꾹 눌러 봐.

💡 **놀이 과정 들여다보기**

유아들은 여러 번의 시행착오를 거치며 휴지심 중간에 구슬이 빠져나오지 않도록 테이프를 뜯어 다시 고쳐 보는 과정을 반복한다. 처음에는 비닐 테이프를 이용하여 붙이다가 불편하다며 종이 테이프로 바꾸기도 한다. 유아들의 능력을 믿어야 한다는 것을 알기에 교사는 지켜보면서 아이들의 문제해결 방법을 지지하는 것이 최선임을 느낀다.

경사로를 만들던 유아들은 또 다른 구슬 놀이를 생각하기 시작한다. 요구르트 병을 발견한 유아가 새로운 구슬 놀이를 만든다.

테이프로 세모 모양을 만들고 요구르트 병 10개를 세모 안에 세워 놓는다.
구슬 굴리는 지점을 테이프로 표시하고 구슬을 굴려 요구르트 병을 쓰러뜨린다.

예지: 구슬 볼링 놀이야! 몇 개 쓰러뜨리나 봐봐.

크기가 다른 동그라미를 3개 그리고 점수를 써 놓는다. 달팽이 과녁 놀이 할 때의 기억을 되살려 구슬 과녁 놀이를 만든다.

구슬을 굴려서 멈추면 숫자에 있는 점수를 얻는 거야.

몇 점인지 내가 써 줄게. 구슬이 2에 멈췄으니까 너는 2점이다.

유아들은 구슬 볼링 놀이를 하면서 골프도 할 수 있겠다며, 구슬로 골프 놀이를 하고 싶다고 한다.

구슬을 쳐서 구멍에 넣으면 돼.
이게 구슬 골프 놀이야.

큰 구멍은 1점, 중간은 2점, 제일 작은 구멍은 5점으로 할까?

크린 선생님, 나랑 시합해요. 내가 더 잘할 수 있어요.

💡 **교사의 고민**

교사 혼자 해결할 수 없을 때 가장 좋은 방법은 뭘까?
구슬로 할 수 있는 놀이를 생각하던 유아들이 골프 놀이도 할 수 있을 것 같다고 한다. 아이들의 놀이를 어떻게 지원해 줄까? 혼자 고민하다 좋은 방법이 떠오르지 않아 동료 교사와 함께 이야기를 나누다 좋은 아이디어를 얻었다. 혼자의 생각보다 동료와 함께 생각을 모으는 것이 큰 힘이 된다.

복도에 그려진 사방치기 판에서 구슬을 이용한 사방치기를 시도하는데, 구슬이 멈추지 않고 굴러가 버리자 서로 의견을 나누고 수정하면서 구슬 사방치기 놀이를 완성한다.

구슬이 안 멈추고 가 버리네.

구슬이 멈추게 마지막을 막아 보자. 구슬이 숫자에는 안 멈춰!

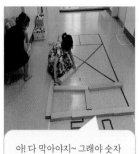

아! 다 막아야지~ 그래야 숫자에 멈추겠다.

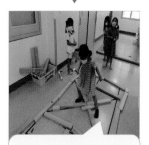

구슬이 숫자에 멈췄어 구슬 사방치기 완성!

앗! 위험해

유니트 블록으로 막은 사방치기를 할 때는 높이 뛰어야 해요. 그렇지 않으면 걸려 넘어져 위험해요.

교사의 놀이 지원	
📢	구슬로 놀이하는 방법을 먼저 제안하지 않고 유아가 놀이 방법을 만들 수 있도록 허용함. 사방치기 판에서 구슬이 굴러갈 때 해결 방법에 대해 함께 의논함.
🏫	자유로운 구슬 놀이가 이루어지도록 복도 공간 활용을 허용함.
🏠	놀이 만들기에 필요한 색 테이프, 서로 다른 크기의 구멍이 있는 구슬 골프 매트, 구슬 골프채로 사용할 수 있는 커다란 주걱, 구슬 과녁 놀이판을 만들 부직포, 유니트 블록을 제공함.
🧰	구슬 골프 놀이판을 만들 때 동료 교사와 이야기하여 도움을 받음.

새로운 구슬 놀이는 끊임없이 만들어졌다. 놀이 중 문제가 생기면 친구들끼리 같이 의논하고 해결하다가 도움이 필요할 때면 선생님에게 도움을 요청한다. 즐거운 놀이는 유치원의 모든 선생님과도 할 수 있다. 복도를 지나가는 크린 선생님과의 골프 대회로 즐거움이 배가되었다. 사방치기 판에서 구슬이 굴러가 버릴 때 교사는 유아와 상호작용을 하면서 다양한 생각을 이끌어 냈고, 유아들은 또 새로운 놀이를 고안하였다.

🔖 **17일째 구슬 경사로에 재미 요소가 더해졌어요**

🔆 **교사의 고민**

구슬 경사로에 더 흥미를 부여할 수 있는 방법은 없을까?
며칠째 구슬 경사로 놀이는 계속 이어지고 있다. 구슬 경사로를 이용한 놀이가 반복되고 있어 변화가 필요하다는 생각이 들었고, 유아들이 더 흥미를 가지고 몰입하게 하는 방법이 없을까 고민해 본다. 어디에서 변화를 줄 수 있을지 놀이를 들여다본다.

다준, 정수는 구슬 경사로를 만들어 구슬 굴리기를 반복한다.
교사: 여기에 실로폰을 놓으면 어떨까?
정수: 구슬이 구르면서 소리가 날 것 같아요.
다준: 내가 해 볼게. 정말 아름다운 소리가 나요.
(구슬이 또르르 소리를 내면서 굴러간다.)

교사의 지원으로 흥미를 느낀 유아들은 구슬 경사로 끝에 재미 요소를 하나씩 더하기 시작한다.

★ 유아들이 만드는 재미 요소들

유아들은 구슬이 떨어지며 소리를 만들 수 있는 것이 무엇일까? 서로 의견을
나누며 찾아보기 시작한다.

구슬이 여러 개 떨어지면 땅땅땅땅~

탬버린을 놓으면 쨍그랑!

악기가 아니어도 멋진 소리가 나요.

"탬버린 위로 통통 두 번 튀기고
마지막에 상자로 떨어져~ 정말 대단하지!!"

놀이 과정 들여다보기

여기저기서 "내가 했어요!", "우리가 했어요! 선생님 여기 와 보세요." 하며 신이 난 아이들이 교사를 부른다. 교사가 지원해 준 실로폰 재미 요소는 유아들에 의해 더 재미있는 요소들로 확장한다. 구르는 실로폰 소리에서 떨어지는 실로폰 소리로, 부딪혀서 나는 나무판과 탬버린 소리로, 더 나아가 통통 떨어지는 2개의 탬버린으로~ 동그란 구슬 하나가 이렇게 많은 놀이로 만들어지는 것이 놀랍다.

교사의 놀이 지원

구슬 경사로에 재미를 더할 실로폰을 놓아 줌.
새로운 재미 요소를 만들 때마다 격려하고 지지함.

교사의 배움

탐구과정을 자연스럽게 즐기는 유아들
이렇게 오랫동안 구슬 놀이에 유아들의 흥미가 지속될 것이라고는 예상을 못 했다. 구슬 하나로 시작된 놀이가 새로운 놀이를 만들고 다른 도구들과 만나면서 확장되고 호기심은 왕성해졌다. 교사가 개입하여 유도하지 않아도 스스로 다양한 놀이를 만들면서 자연스럽게 과학적 탐구과정을 즐기게 되었다. 놀이가 풍부해지면서 신체는 더욱 자유로워지고 의사소통 역시 급격히 많아지면서 답을 찾기 위해 적극적으로 탐구했다. 생활 주제 중심이 아닌 새로운 자료의 관심에서 출발한 놀이에서 마주치는 모든 상황이 의미 있는 경험이고 배움이 되었다. 공간과 목적에서 탈피해 자유로움, 즐거움, 재미와 호기심이 생기면 자발적으로 문제를 해결하고 참여하는 놀이가 진정한 배움으로 연결됨을 알게 되었다.

■ **월간 교육 계획안으로 교육과정 운영 평가하기**

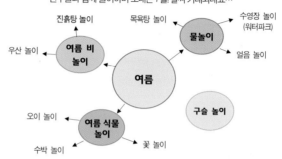

7월 놀이 계획(만 4세)

구슬 놀이는 여전히 즐기고 있어요
무더운 여름이 되었어요! 즐거운 물놀이, 여름 비 놀이, 여름 식물 놀이를 하며~
친구들과 함께 놀이하며 보내는 7월! 벌써 기대되네요…

진흙탕 놀이   목욕탕 놀이   수영장 놀이
                            (워터파크)
우산 놀이   **여름 비**   **물놀이**
          놀이   얼음 놀이
                여름
오이 놀이   **구슬 놀이**
        여름 식물
        놀이
  수박 놀이   꽃 놀이

※ 하루 일과는 유아의 상태, 흥미, 요구, 유치원 실정에 따라 융통성 있게 운영합니다.

7월의 행사	안전교육	
▶ 7월 9일(목) 숲 체험(4세) ▶ 1학기 독서퀴즈대회 주간(기간 미정) ▶ 7월 27일(월) 칭찬저금통 활동 평가 ▶ 7월 31일(금) 여름방학 선언	생활안전	- 몸에 좋은 음식을 먹어요 - 식중독은 무서워요(올바른 손 씻기 방법) - 안전하게 물놀이해요 - 길을 잃었을 때
	성교육	- 여자도 남자도 똑같아요 - 싫어요, 안 돼요, 도와주세요(노래)
	교통안전	- 비 오는 날 안전하게 다녀요 - 자동차를 안전하게 타요
	약물 및 사이버중독	- 스마트폰 체조 - 인터넷은 시간을 정해 사용해요 (전자미디어 안전교육)
	재난안전	- 폭염, 태풍, 호우에 대비해요 - 황사와 미세먼지를 알아보아요

가정통신
▶ 코로나19가 유행하며 생활 속 거리두기로 마스크 쓰기, 손 씻기와 소독, 기침 예절 지키기를 하고 있습니다. 가정에서도 유치원에 가기 전 체온(37.5℃ 이하일 때 등원)을 잰 후 '개인별 건강관리기록지'에 기록한 후 보내 주세요. ▶ 1학기 독서퀴즈대회는 아이들이 도서를 선정하고 학급별로 자체 운영하고자 합니다. 평소 가정에서 책 읽기와 책읽기통장에 많은 관심을 가져 주시기 바랍니다. ▶ 1학기에 예정되었던 학부모 참여 수업과 5씨앗놀이사랑발표회, 물놀이 체험학습은 코로나19로 인하여 취소합니다.

〈한 달간 놀이 진행 후 교육과정 운영을 평가한 예〉

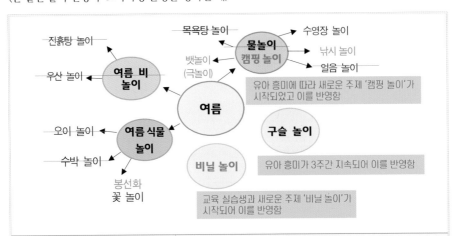

6월의 행사		안전교육	
코로나19로 인해 체험학습 취소 ▸ 7월 9일(목) 숲체험(4세) ▸ 1학기 독서퀴즈대회 주간(기간 미정) 7월 20일(월)~7월 24일(금) 책 놀이 주간		생활안전	- 몸에 좋은 음식을 먹어요(영양사 선생님 교육) - 식중독은 무서워요(올바른 손 씻기 방법) - 안전하게 물놀이해요 - 길을 잃었을 때 - 마스크를 벗을 때는(보건 선생님 교육)
행사 위주가 아닌 놀이과정으로 변경 ▸ 7월 27일(월) 칭찬저금통 활동 평가 (칭찬의 날) ▸ 7월 31일(금) 여름방학 선언		성교육	- 소중한 몸, 건강한 몸 - 싫어요, 안 돼요, 도와주세요(노래)
		교통안전	- 비 오는 날 안전하게 다녀요 - 자동차를 안전하게 타요
		약물 및 사이버중독	- 스마트폰 제조 - 인터넷은 시간을 정해 사용해요 (전자 미디어 안전교육)
		직업안전	- 폭염, 태풍, 호우에 대비해요 - 황사와 미세먼지를 알아보아요

월간 교육과정 운영 평가

▸ 6월에 시작되었던 구슬 놀이가 지속적으로 확장됨. 구슬 경사로를 만들기 위해 높낮이를 조절하고 새로운 도구를 찾아 사용하며 굴러가는 물체의 특성을 활용한 새로운 놀이를 개발하고 즐김. 구슬이 도착하는 지점에 새로운 재미 요소를 덧붙이며 더 흥미로운 놀이를 만들어 감. 구슬 하나로 다양한 놀이가 만들어지고 지속적으로 탐구과정을 즐기며 몰입하여 참여하는 놀이였음.

▸ 주말 지낸 이야기에서 캠핑 경험을 이야기하며 캠핑 놀이가 시작됨. 여름 캠핑 놀이가 진행되며 수영장, 낚시터가 함께 연계되어 구성됨. 자신의 경험을 놀이로 표상하며 경험에 기반한 사회적 지식을 바탕으로 가작화 놀이를 즐김. 『검피 아저씨의 뱃놀이』 책을 읽으며 캠핑 놀이에 뱃놀이가 추가되어 극놀이로 펼쳐짐. 이야기를 새롭게 만들며 캠핑 놀이가 극놀이로 바뀌고 새롭게 놀이가 진행됨.

▸ 교육 실습생 선생님의 수업 공개로 인해 비닐 놀이가 새롭게 시작됨. 다양한 비닐을 탐색하면서 비닐의 특성을 알아 감. 놀이 과정 중 비닐 안으로 들어간 공기에 관심을 갖기 시작하며 지속적인 탐구과정을 즐김.

■ 한 주간 놀이 진행 기록으로 교육과정 운영 평가하기

〈한 주간 교육과정 운영을 실행하여 기록하고 학부모와 공유한 예〉

7월 1주			
기　간	2020. 6. 29.(월)~ 2020. 7. 3.(금)	놀이 주제	구슬 놀이

이렇게 놀았어요

단순한 놀이로 진행되었던 지난주 구슬 놀이~~
이번 주는 책상, 의자, 나무판자, 박스 등으로 점점 더 길게, 재미 요소를 덧붙여 가며 다양한 방법을 끊임없이 생각하면서 경사로를 더 발전시켰답니다. "야! 경사로에서 더 빠르게 가는 이유가 뭔지 알아?", "가속도가 붙어서 그런대." 아이들 사이에서 어려운 단어가 오가고 서로 힘을 합쳐 만든 경사로가 매일매일 발전되었어요. "경사로는 벽에도 있다." 휴지심으로 열심히 경사로를 만들어 놀아 보고 찌통(투명 통)과 굵은 투명 호스를 길게 붙여 구슬을 굴렸더니 또 굴러가네요. 구슬의 특성을 활용해 더 재미있는 놀이를 재구성하고 경사로의 높낮이, 구슬을 굴리는 시작과 끝점을 생각하며 문제를 해결해 나가는 탐구과정이 활발히 일어나고 있답니다.

> 일주일간 이루어진 구슬 놀이 내용 및 배움 반영

"미끌미끌, 바스락~바스락~ 물건을 담을 수 있대.", "뭘까?", "비닐봉투지~"
"비닐봉투로 무슨 놀이할까?" 대학생인 실습 선생님과 함께한 놀이….
"야! 봉투 안에 공기도 들어가~~" 비닐봉투를 묶어서 날렸더니 통통통 풍선이 되고 끈을 매달아 달렸더니 연이 되었어요 "와! 네 옷 진짜 멋지다." 멋진 비닐 티셔츠도 만들었어요
물건만 담았던 비닐봉투가 놀잇감이 되면서 비닐을 탐색하면서 즐겼답니다.

놀이 사진

안전교육	▶ 성교육- 여자도 남자도 똑같아요 ▶ 생활 안전- 몸에 좋은 음식을 먹어요 ▶ 생활 안전- 식중독은 무서워요(올바른 손 씻기)

■ 교사 저널 기록으로 교육과정 운영 평가하기

넷째 날: 구슬 경사로에 호기심이 생겼다

의도치 않게 구슬 경사로가 만들어졌다. "왜 이러는 거야?" 갈등하고 화가 나도 머리를 맞대고 함께 해결하여 경사로를 완성해 냈다. 교사가 가르쳐 주지 않아도 스스로 문제를 해결해 나갔다. 구슬이 굴러가다 멈추면 경사로의 높낮이를 조절하기도 하고 길을 더 길게 만들기도 하였다. 교실의 가운데 공간을 다 터 주니 더 높게, 더 길게 다양한 구슬 길들이 만들어졌다.

다섯째 날: 찌통(투명 통)과 호스로 관심이 옮겨 가다

구슬이 빠지지 않고 통과할 수 있는 물건이 없을까? 아이들의 문제 제기에 따라 찌통(투명 통)과 호스를 지원해 주었다. 찌통과 호스를 테이프로 연결하여 경사로를 만들고 순서를 정해 구슬 넣기를 반복하였다. 유아들의 요구사항에 귀를 기울이고 놀이를 확장해 줄 수 있는 방법에 대해 고민하였더니 놀이가 더 풍부해졌다.

열둘째 날: 물감 구슬 길에서 경사로 놀이가 이어지다

구슬에 물감을 묻혀 광목천에 굴렸더니 구슬길이 만들어졌다. 어떻게 하면 이것을 활용할 수 있을까? 아이들은 한창 경사로에 빠져 있어서 광목천 구슬 길도 경사로로 만들어 주었다. 교사가 벽에 걸어 주기만 했는데 사용 방법을 스스로 찾아 또 다른 구슬 경사로 놀이가 자연스럽게 이어졌다. 새로운 놀이 자료보다 놀이 결과물을 활용하였더니 더 주도적으로 놀이하고 유아들 간 상호작용이 더 활발해졌다.

■ 5개 영역으로 교육과정 운영 평가하기

신체운동·건강

▶ 신체활동 즐기기
신체를 인식하고 움직인다. 손가락이나 손을 이용하여 구슬을 치고 굴림.
신체 움직임을 조절한다. 손가락이나 팔의 힘을 조절하여 구슬을 굴림.

▶ 안전하게 생활하기
일상에서 안전하게 놀이하고 생활한다. 구슬이나 도구를 활용하면서 안전하게 놀이하는 방법을
경험하고 인식함.

의사소통

▶ 듣기와 말하기
말이나 이야기를 관심 있게 듣는다. 구슬 놀이에서 다른 사람의 의견을 듣는 기회가 많아 서로의
이야기를 관심 있게 듣는 태도 형성에 도움이 됨.
자신의 경험, 느낌, 생각을 말한다. 구슬 길 만들기, 구슬 놀이 규칙 만들기에 대한 생각을 말하고
구슬 놀이 과정에서의 느낌을 말로 표현함.

사회관계

▶ 나를 알고 존중하기
내가 할 수 있는 놀이를 스스로 선택한다. 구슬 놀이에서 내가 할 수 있는 놀이를 선택하고 자신감을
가지며 자율적으로 놀이함.

▶ 더불어 생활하기
친구와 서로 도우며 사이좋게 지낸다. 구슬 놀이 과정 중 생기는 문제 상황에 대해 함께 소통하고
협력하여 문제를 해결함.
서로 다른 감정, 생각, 행동을 존중한다. 구슬 놀이 규칙을 함께 만들고 놀이하는 상황에서 친구의
감정과 행동을 존중함.

예술경험

▶ 아름다움 찾아보기
예술적 요소에 관심을 갖고 찾아본다. 구슬이 굴러가면서 만드는 선, 색을 발견하고 광목천 위에서
굴러가는 구슬의 움직임에서 아름다움을 경험하고 구슬끼리 부딪히는 소리를 즐김.

▶ 창의적으로 표현하기
신체, 사물, 악기로 간단한 소리와 리듬을 만들어 본다. 구슬이 떨어지는 곳에 소리가 나는 재미
요소를 더하며 소리가 날 수 있는 다양한 물체를 찾아내고 소리를 만들어 봄.

자연탐구

▶ 탐구과정 즐기기
궁금한 것을 탐구하는 과정에 즐겁게 참여한다. 구슬의 크기와 무게, 경사로의 높낮이, 구슬이
떨어지는 시작점과 끝의 위치와 방향, 거리에 대한 탐구과정에 즐겁게 참여함.

▶ 생활 속에서 탐구하기
물체의 특성과 변화를 여러 가지 방법으로 탐색한다. 구슬을 다양하게 굴려 보며 구슬의 특성을 알아
가고, 구슬이 다른 도구를 만났을 때의 특성과 변화를 여러 가지 방법으로 탐색함.

■ 다양한 방법으로 유아 놀이 평가하기

〈학급 전체 놀이 맥락 기록으로 유아의 놀이 들여다보기〉

이렇게 놀았어요(6월 22일)

놀이의 시작: 한 달에 두 번씩 다가오는 인성 교육 전래놀이 시간

오늘은 전래놀이 선생님이 어떤 놀잇감을 준비해 오시려나? 선생님도 아이들도 지난번 팽이 놀이를 생각하며 더 즐거운 놀이였으면 좋겠다는 기대를 가지고 그 시간을 기다렸다.

전래놀이 시간: 구슬치기 놀이를 준비해 오셨다. 코로나19로 인해 우르르 활동하는 것은 피하고 두 팀으로 나누어 구슬을 쳐서 밖으로 내보내는 놀이였다.

처음엔 어느 정도의 힘을 이용하여 팔을 어떻게 뻗어야 하는지 감을 못 잡아 다른 곳으로 구슬이 가 버리는 허탕치기가 많았다. 두 번째 차례가 돌아오자 아이들은 스스로 기술을 점검하고 시도해 보면서 구슬이 밖으로 여러 개 밀려나가는 즐거움을 경험하였다.

전래놀이 선생님이 구슬 멀리 굴려 치기 규칙을 설명해 주시네요. 다들 귀 쫑긋하고 어떻게 해야 하는지 잘 듣고 있어요.

아빠 다리를 하고 힘없이 굴렸더니 구슬이 다른 데로 가 버리네요. 속상해 하는 아이….

두 번째로 굴릴 때는 자세를 바꾸어 보고 한 손은 땅바닥을 짚고 멀리 있는 구슬을 뚫어지게 쳐다보고 힘껏 굴렸더니~~

와~ 구슬이 세모 밖으로 밀려 나갔어요.
10개는 되겠다. 이건 내 거야.

전래놀이 시간이 너무 짧아요. 교실로 내려온 아이들~~ 전래놀이 선생님이 가시기 전까지 1시간 동안 구슬을 빌려 주었어요. 복도에 세모를 만들고 출발선을 테이프로 표시하고 1시간 동안 열심히 놀았어요. 와~~ 이젠 아까보다 더 잘돼요. 흥에 겨운 아이들…. 그런데 전래놀이 선생님이 가실 시간 ㅠㅠ 아쉽지만 구슬을 돌려드릴 수밖에 없어요.

선생님~~ 더하고 싶은데 구슬이 없어요.
어쩌니~~ 지금 구해 올 수 없고 내일 꼭 준비해 볼게(아이들과 손가락 걸고 약속!!).

민준이의 경사로를 함께 해결하던 산희가 또 다른 경사로를 만들기 시작한다. 이번엔 위에서 툭 떨어지는 구슬 길이라고 한다. 위에서 굴리자 아래로 떨어져 바닥으로 굴러간다. 나무 블록으로 터널도 만들어 놓는다. 산희는 "선생님, 업그레이드됐어요."라며 완전히 들떠 이야기한다.

아래로 떨어진 구슬이 상자 밖으로 나가자 바구니를 가져다 놓는다.

블록 속으로 들어가 버린 구슬을 찾다가 손전등을 가지고 와서 비추며 구슬을 찾기도 한다.

교사 성찰: 의도치 않게 구슬 경사로가 만들어졌다. 아이들은 너무 신기한가 보다. 서로서로에게 "넌 천재다, 천재."라며 칭찬이 마르지 않는다. 누군가 고민하면 함께 다가가 머리를 맞대고 해결한다. "왜 이러는 거야?" 하고 갈등하고 화가 나도 함께 해결하면 뭐든지 이루어진다.
아이들의 모습에서 새로운 배움을 얻게 되었다. 기다려야 한다. 교사가 가르쳐 주었으면 그들만의 배움이 일어났을까? 또 다른 시도가 나왔을까? 아이들은 구슬 경사로를 계속해서 만들어 낸다. 아마도 자신들이 깨친 방법을 다시 해 보고 싶은 욕구 때문이었을 것이다. 계속해서 발전하는 구슬 경사로! 내일은 또 어떤 경사로가 만들어질까? 너무너무 기대된다.

■ 교사 성찰로 유아에 대한 믿음을 확인하고 다음 날의 놀이 지원 계획하기

둘째 날 교사 성찰: 유아들은 교사의 약속을 잊지 않는다

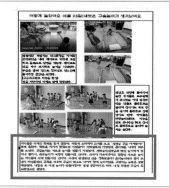

아이들은 어제의 약속을 잊지 않았다. 아침에 오자마자 교사를 보고 "선생님, 구슬 가져왔어요?" 하고 물었다. 약속을 지키지 않았으면 어땠을까? 어젯밤부터 가방 옆에 준비해 둔 나에게 박수를 보냈다. 구슬 놀이는 새로운 놀이를 만들기 시작했다. 전래놀이 선생님과 했던 놀이에서 벗어나 알까기, 축구 놀이가 새롭게 만들어진 것이다. 교사가 가르쳐 주지 않아도 새로운 놀이가 아이들에 의해 만들어진 것이다. 그전에 경험했던 것을 접목했을까? 혼자 놀이에서 둘이, 또 넷이 모여 자신들만의 규칙을 세우며 구슬이 밖으로 나가지 않게 놀이 마당을 구성하는 능력은 정말 대단했다. 내일은 또 어떤 놀이가 만들어질까? 정말 궁금하다. 내일 주문한 구슬이 꼭 도착했으면 좋겠다.

다섯째 날 교사 성찰: 유아들은 너무도 유능하다

아이들의 대화 속에는 그들만의 자신감이 살아 있다. 업그레이드, 진화, 박사, 짱! 처음에 과연 아이들끼리 이게 될까? 의심쩍었던 교사의 생각이 부끄러워지기 시작했다. 나의 생각을 뛰어넘기 시작하는 아이들! 서로 경쟁하며, 또 서로를 격려하며 욕심을 내고 도전하고 시도하는 아이들의 모습은 교사의 마음을 경건하게까지 만든다. 구슬이 자꾸 블록에 걸려 내려가지 않는다는 아이들에게 어떤 게 필요할까? 고민하게 된다. 갑자기 떠오른다. 이전에 ○○○ 선생님 수업에서 사용한 긴 나무판자~~(지금 당장 찾아봐야지…)

일곱째 날 교사 성찰: 유아의 사전 경험은 매우 중요하다

아이들의 사전 경험은 아주 중요하다. 모든 놀이는 사전 경험의 밑바탕에서 창안된다. 구슬 놀이를 새로 만들 때 그전에 유치원에서 해 봤던 놀이의 재료가 다른 새로운 놀이의 소재가 된다. 블록으로 책상을 만들어서 진행되던 구슬 경사로 놀이가 호스와 찌통(투명 통) 이 추가되었을 뿐인데 새로운 놀이로 발전되었다. 모두 사전 경험이 아이들에게 좋은 밑바탕이 된 것이다. 그래서 교사의 지원은 매우 중요한 것 같다. 아이들에게 지원해 준 자료가 놀이에 반영되고, 그것이 쌓여서 아이들의 지식으로, 또 다른 좋은 경험으로 축적된다는 것을 알게 되었다.

■ 유아 놀이 관찰과 기록

〈그룹별 놀이 평가〉

놀이 장면	놀이 내용	참여 유아	해석하기
	복도에서 구슬 굴려 치기가 한창일 때 민성이가 테이프를 가져와서 네모 모양과 함께 양쪽으로 줄을 만든다.	김민성 박수찬 임다준 김민국	민성이는 구슬을 이용한 새로운 놀이 방법을 자발적으로 고안한다. 기존에 해 봤던 세모 모양을 네모로 변형하고 손가락의 힘을 이용하여 구슬을 맞추기 위해 몸을 움직인다. 수찬이와 민성이는 구슬이 멀리 굴러가 버리는 특성을 발견하고 구슬을 막을 수 있는 블록을 활용하여 문제를 해결한다. 이어 구슬의 흐름을 방해하는 블록의 문제점을 발견하여 블록을 선에서 떨어뜨려 놀이가 잘 진행되도록 문제를 해결하기도 한다. 4명이 함께 놀이를 하며 놀이 순서를 정하기도 하고 놀이 흐름에 대한 규칙을 만들며 서로 갈등이 생기지 않도록 타협하고 협력하며 구슬치기 놀이에 몰입한다.
	민성이는 네모 안에 구슬을 많이 넣고 밖에 있는 선에서 구슬을 굴려 안에 있는 구슬을 밀어낸다. 혼자 놀이를 하고 있을 때 수찬이가 옆에 와서 묻는다. "너 뭐하냐? 나랑 같이하자." 민성이는 "그래, 이거 알까기 놀이야."라고 말한다.		
	수찬이와 민성이는 알까기 놀이를 하다가 구슬이 너무 멀리 굴러가자 자석 블록을 가져와서 네모 선 위에 놓고 놀이를 한다. 민성이는 네모 안에 있던 구슬이 블록 때문에 밖으로 나가지 않자 "구슬이 걸리잖아." 하며 블록을 멀리 밀어 놓는다.		
	옆을 지나가던 민국이와 다준이가 합세하고 자연스럽게 2명 씩 한 팀이 되어 놀이를 한다. 수찬이는 둘에게 놀이 방법을 이야기해 준다. 가위바위보로 순서를 정하고 같은 팀끼리도 순서를 정해 알까기 놀이를 한다.		

〈개인별 놀이 평가〉

이름: 김민국

| 상자 안에 구슬을 넣고 여기저기로 굴려 보던 민국이는 구슬 소리에 민감하게 반응한다. 교사와 친구들에게 소리 듣기를 제안하기도 하고 신체의 움직임을 조절하며 크고 작게, 빠르게 소리를 만들기도 한다. 구슬이 만들어 내는 소리의 특징을 자연스럽게 발견하며 탐색과정을 즐긴다. | 구슬 경사로를 일자로만 만들던 민국이는 친구들과 함께 방향이 틀어지는 경사로를 시도한다. 꺾어지는 부분에서 구슬이 멈추자 멈추는 이유를 계속해서 찾아 탐색하고 추론하며 실험해 가면서 문제를 해결한다. | 구슬이 구슬 길 중간에서 바닥으로 떨어져 버리자 민국이와 친구들은 함께 의논하여 구슬이 떨어지지 않도록 유니트 블록으로 막아 문제를 해결한다. 땅으로 떨어지는 곳에 탬버린을 가져다 놓고 구슬이 탬버린을 치는 소리를 즐기며 하나의 재미 요소를 첨가한다. |

벚꽃 놀이를 즐겨요

■ 놀이가 이루어진 기간: 2020년 4월 13일(월)~4월 24일(금)

꽃길 만들기에서 카페 놀이로~ # 유치원의 모든 구성원이 함께 참여한 놀이

지난 주말 어떻게 지냈는지 이야기하는 시간, 유아들은 코로나19 때문에 아무 곳에도 가지 못하고 집에만 있었다고 툴툴댔다. 그중 지수가 "그래서 난 엄마랑 언니랑 아파트 앞에만 나가 봤는데 벚꽃이 바람에 떨어져서 눈이 내리는 것 같았어."라고 이야기했다. 아이들은 "어! 우리 아파트에도 벚꽃이 날리는데~", "나도! 나도!" 아이들이 그렇게 자신이 본 벚꽃 이야기를 시작하자 교실 안은 금방 시끌벅적해졌다. 그때 민국이가 "선생님! 우리 교실에도 떨어지는 벚꽃이 있어요."라며 『나무는 참 좋다!』 책을 교실 책꽂이에서 찾아왔다. 한 유아의 주말 이야기에서 시작된 벚꽃 풍경은 다른 유아들의 경험까지 모여 한 권의 책과 함께 놀이로 펼쳐지기 시작하였다.

놀이의 흐름

1 벚꽃이 떨어진 것을 본 경험 나누기

2 벚꽃 풍경 표현하기

3 여러 사람이 볼 수 있는 꽃길 만들기

4 꽃길카페 만들기

5 꽃길카페 놀이하기

공간	▪ 복도를 꽃길과 카페로 활용하도록 공간 허용함.	

교 육 적 놀 이 지 원

자료

▪ 벚꽃 풍경을 꾸밀 광목천, 물감, 다양한 크기의 비닐, 미술 도구 등을 제공함.
▪ 카페 구성 시 사용할 탁자보, 카페 음식 재료, 그릇 등을 제공함.

일과

▪ 카페를 구성할 계획을 세우기 위한 이야기 나누기 시간 추가함.
▪ 꽃길 만들기 및 카페 놀이 시간을 연장하여 일과를 운영함.

상호작용

▪ 유아의 흥미와 관심을 존중하며 놀이가 연속적으로 이루어지도록 상호작용 함.

학습 공동체

▪ 꽃길카페에 초대받은 형님과 친구들의 반에서 도와줄 수 있는 방법에 대해 의견을 나누고 도움을 받기로 함.

안전

▪ 초대장을 전할 때 건물 내 이동 방법에 대한 안전 행동 지원함.
▪ 카페 음식을 만들 때 사용하는 쿠키 틀과 칼을 안전하게 사용하도록 지원함.

놀이에서의
배움

▪ 봄에 볼 수 있는 풍경에 아름다움을 느끼고 봄의 동식물에 관심을 가짐.
▪ 봄 풍경으로 즐길 수 있는 일을 자유롭게 상상하여 꽃길 만들기와 꽃길카페 놀이를 즐김.
▪ 꽃길카페 꾸미기에서 서로의 역할을 나누고 실행해야 할 놀이에 대해 협력하여 문제를 해결함.
▪ 벚꽃이 떨어지는 봄 풍경을 꾸미며 다양한 재료와 도구로 자신의 생각과 느낌을 표현함.

▽ 1일째 벚꽃이 바람에 떨어지는 것을 봤어요

지난 주말 지낸 이야기 중 아파트 앞 벚꽃을 본 경험에 대한 이야기가 시작된다.

"아파트 앞에 갔다가 벚꽃이 바람에 떨어지는 것을 봤어요."

"어! 나도 우리 아파트에 벚꽃 날리던데?"

"나도, 나도."

"얘들아! 우리 교실에도 떨어지는 벚꽃이 있어."

민국이가 책꽂이에서 『나무는 참 좋다!』 책을 가지고 온다.

진짜 예쁘다.
내가 본 거랑 똑같아.
꽃잎이 바람에 날린다.

책을 함께 보던 유아들은 우리 교실에도 벚꽃이 있으면 좋겠다고 하였고, 광목 천과 물감, 붓, 쟁반, 에그 물감을 가져와서 벚꽃 풍경을 꾸민다.

손으로 찍자! 차가워!

붓으로로 콕콕!
바람에도 날리게~

에그 물감으로 톡톡!

벚꽃 풍경을 복도에 전시하면서 "우리 여기에 꽃길을 만들자."라고 지수가 제안하자 꽃길을 만들 방법에 대해 이야기를 나눈다.

아이들은 자연스럽게 역할을 나누어 꽃길을 만들고 떨어진 꽃을 주워다 뿌리며 함께 만든 꽃길을 걷는다.

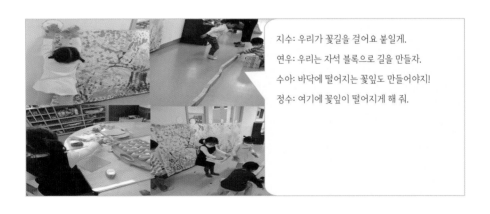

교사의 놀이 지원	
🕐	책꽂이에서 찾아온 벚꽃 관련 동화를 들려주며 놀이로 이어 갈 수 있도록 변화를 줌.
🏫	복도를 꽃길로 만들 수 있도록 공간 허용함. 복도 벽에 벚꽃 풍경을 전시하자는 아이들의 의견을 반영하여 벽에 전시함.
🏠	벚꽃 풍경을 꾸밀 광목천, 물감, 다양한 미술 도구 등을 제공함.

📑 3일째 더 멋진 꽃길이 되려면

다음 날까지 꽃길 걷기 놀이가 이어진다.

"더 멋진 꽃길을 만들자."

"나비가 날아서 길에도 붙어 있으면 좋겠다."

"진짜 꽃이 있으면 좋겠어."

"우리가 밖에 나가서 진짜 꽃을 주워 올까?"

산책 길에 주워 온 꽃은 나뭇가지에 붙여서 담장에 꽂아 주고 미술 영역에 있는 여러 가지 재료로 나비와 무당벌레를 만들어 꽃길에 꾸며 준다.

여기다 꽂으면 예쁘겠다.
꽃길에 진짜 꽃이 피었다.

점토로 나비랑 무당벌레를
만들어야지!

꽃잎에 앉은 나비는
여기에 붙이자.

교사의 놀이 지원
산책 길에서 만난 꽃, 나뭇가지, 무당벌레, 나비 등을 탐색하고 관찰할 시간을 충분히 제공함.
꽃길을 꾸밀 점토, 모루, 다양한 크기의 비닐, 미술 도구 등을 제공함.

완성된 꽃길을 함께 걸어 보고 그 느낌에 대해 이야기를 나눈다.

연우: 진짜 꽃길 같지?
민국: 우리 가족이 꽃길 걸어 본 적 있는데 꽃구경하고 카페가 있어서 쉬었어.
　　　우리 카페 만들까?
수아 · 지수: 꽃길카페?
모두: 우리 꽃길카페 만들어요.
수아: 근데 카페에서 먹을 것도 있어야지.

민국: 우린 돈이 없어 먹을 것 못 만들어.

정수: 선생님! 진짜 카페처럼 만들고 싶어요.

진짜 카페를 만들고 싶다는 유아들의 의견에 따라 카페 만들기 계획을 이야기 나눈다.

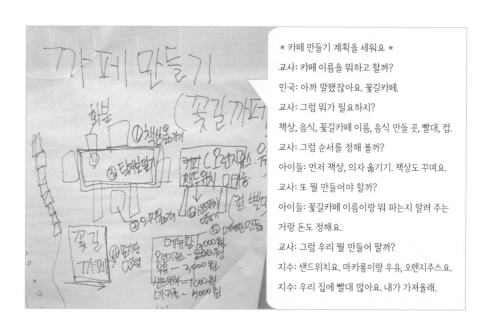

★ 카페 만들기 계획을 세워요 ★

교사: 카페 이름을 뭐하고 할까?

민국: 아까 말했잖아요. 꽃길카페.

교사: 그럼 뭐가 필요하지?

책상, 음식, 꽃길카페 이름, 음식 만들 곳, 빨대, 컵.

교사: 그럼 순서를 정해 볼까?

아이들: 먼저 책상, 의자 옮기기. 책상도 꾸며요.

교사: 또 뭘 만들어야 할까?

아이들: 꽃길카페 이름이랑 뭐 파는지 알려 주는 거랑 돈도 정해요.

교사: 그럼 우리 뭘 만들어 팔까?

지수: 샌드위치요. 마카롱이랑 우유, 오렌지주스요.

지수: 우리 집에 빨대 많아요. 내가 가져올래.

교사의 놀이 지원
꽃길카페를 구성할 때 필요한 것들을 계획할 수 있는 이야기 나누기 시간 추가함.
카페 놀이에 필요한 것들, 구성할 때의 순서를 정할 수 있도록 상호작용 함. 꽃길을 걸은 후 카페로 들어갈 수 있는 방향, 꽃길카페 구성도를 함께 의논하여 전지에 그림으로 나타냄.

꽃길카페 만들기 계획표를 보며 서로 역할을 나누어 카페 공간을 구성한다.

먼저 책상을 밖으로 옮기자.

책상에 탁자보도 씌워 줘.

화분도 놓고 이건 손님이 필요할 때 누르는 벨이야.

카페 이름은 꽃길카페~ 여기로 오세요. 화살표도 그려요.

메뉴는 내가 쓸게.

책상에 놓을 메뉴판이야.

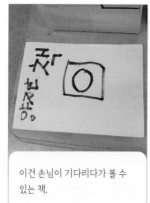

이건 손님이 기다리다가 볼 수 있는 책.

드디어 완성한 꽃길카페.

카페를 다 만든 후 초대하고 싶은 사람을 정해 초대장을 만들고 직접 전해 준다.

보건 선생님, 꽃길 걷고 카페에 오세요. 초대합니다.

방과 후 선생님, 꽃길카페 내일 문 열어요. 오세요.

식빵을 쿠키 틀로 누르고 딸기잼으로 쓱쓱~
우리가 만든 샌드위치 완성!

연우: 우리가 카페에서 팔 음식이야~
　　　예쁘게 만들자.

앗! 위험해 ....

쿠키 틀을 사용할 때는 날카로운 부분을 아래로 놓고
사용하세요. 날카로운 부분이 위로 오면 손이 다쳐요.

	교사의 놀이 지원
	꽃길카페를 구성할 때 필요한 탁자보, 카페 음식, 음식 만들 때 필요한 요리 도구, 카페 배경 사진을 제공함.
	카페 음식을 만들 때 사용하는 쿠키 틀, 칼 사용 시 안전하게 사용하도록 지원함.

🔅 놀이 과정 들여다보기

처음에 관심을 가졌던 벚꽃 풍경이 꽃길카페까지 발전하면서 카페 놀이가 되었다. 유아들이 생각한 봄의 풍경들은 점점 변화되었고 새로운 공간이 추가되면서 의미 있는 또 다른 놀이가 생겨났다. 자신들이 경험했던 카페를 떠올리며 교실에 있던 책상, 교실 한쪽에 있던 화분, 역할놀이 책상에 깔려 있던 책상보, 교사 책상에 놓여 있던 벨이 자료로 추가되면서 복도가 즐거운 놀이 마당이 되어 갔다.

🔖 6일째 꽃길카페에 손님이 왔어요.

오늘은 개업 준비를 마친 꽃길카페 놀이가 시작된다.
미리 만들어 놓았던 샌드위치와 마카롱을 음식 만드는 곳에 가져다 놓고 앞치마를 입는다. 전날 초대했던 손님들이 하나 둘씩 꽃길카페에 들어온다.

연우: 야! 진짜 떨린다. 손님 오면 이렇게 인사하자.

지수: 몇 명이나 올까?

수아: 꽃길을 먼저 걷고 와야 할 텐데.

얘들아, 크린 선생님이 오셔~

얼른 꽃길 안내하자.

꽃길부터 보세요.

우리가 꽃잎을 뿌려 줄게요.

정말 아름답죠?

어서 오세요. 뭐 드실지

생각하고 벨 누르면 돼요.

원장 선생님, 마카롱 주문한 것

맞나요? 맛있게 드세요.

우유 이리 줘. 내가 갖다 줄게.

나는 샌드위치 담을게.

나는 예약했는데요.

예약 자리 어디예요?

저는 카드 가져왔는데요.

손님~ 카드 주세요.

손님들 다 갔어.

우리 얼마나 벌었는지 보자.

옆반 친구들이 오면서 가져온 개업 축하 화분.
감사합니다.

"개업을 축하합니다. 돈 많이 벌고 부자 되세요.
꽃길카페 멋져요. 다음에 또 올게요."

교사의 놀이 지원	
🧰	초대장을 전할 때 건물 내 이동 방법에 대한 안전 행동 지원함.
🔑	꽃길카페에 초대받은 형님과 친구들의 반에서 도와줄 수 있는 방법에 대해 의견을 나누고 도움을 받기로 함.
📢	카페 놀이 중 예상치 못한 상황 발생 시 해결할 수 있는 방법에 대해 상호작용 함. "손님이 카드를 가져왔대. 어떻게 하지?", "예약한 손님은 어디에 앉으면 좋을까?"

💡 교사의 고민

놀이 과정 중 어려움이 생겼을 때 아이들이 스스로 해결할 때까지 기다려야만 할까?
카페 놀이 중 한 손님이 카드를 가져오자 아이들은 당황해 하였다. 이때 교사는 아이들이 스스로 해결할 때까지 기다려야 할까? 너무 기다리다 보면 카페 놀이가 끊길 수밖에 없다. 이럴 때는 아이들이 스스로 해결해 나가도록 기다리기보다는 상황에 따라 즉각적으로 지원하여 놀이가 끊기지 않고 이어지게 하는 것이 좋다. 그래서 교실에서 마트 놀이용 계산대를 가져오도록 하였다.

💡 놀이 과정 들여다보기

놀이 도중 아이들은 생각지도 못했던 상황을 만났다. 예약한 손님이 나타났고 카드를 가지고 온 손님도 생겼다. 아이들은 그때마다 교사의 도움을 받아 가며 상황을 해결하기도 하고 즉흥적인 아이디어로 대응하기도 했다. 손이 부족한 곳은 서로서로 눈치껏 역할을 분담했고 손님이 즐겁게 꽃길을 걷고 카페에 올 수 있도록 최대한 서비스를 제공하였다. 우리만의 놀이가 아닌 유치원의 모든 구성원이 함께 참여하는 놀이가 되었다.

▽ 8일째 형님들도 꽃길카페에 오고 싶대요.

"우리도 꽃길카페 가고 싶은데 우리는 왜 안 불러요? 지금 가고 싶어요."
초대받지 못했던 형님들이 오고 싶다는 소식이 들려와 아이들의 의견을 들어
보았다.

"이제 힘든데~ 남은 건 우리가 먹고 싶어요."
"형님들은 숫자가 더 많은데~ 음식도 더 많이 만들어야 되고 책상도 더 많아야
하는데~"
"꽃길만 걸으라고 하면 안 돼요? 카페는 우리만 있고 싶은데요."

> 💡 **교사의 고민**
>
> 아이들이 원하지 않는 놀이 확장! 진행해도 될까?
> 이제 자신들이 카페 손님이 되고 싶다며 꽃길카페에 손님이 그만 오면 좋겠다는 아이들~
> 그런데 지금 오고 싶어 하는 형님들! 의견이 다른 지점에서 교사는 어떻게 해야 할까?
> 아이들은 싫다고 했는데 교사는 아이들과 타협을 했다.
> 그럼 한 반만 고르자! 이번만 하고 우리가 손님 하자~ 형님들이 꼭 오고 싶대!

아이들은 숫자가 더 많은 형님반을 초대하기 위해 꽃길카페의 공간을 넓혔고 형
님반에 가서 초대를 한다.

꽃길에 온 형님들은 꽃길을 걸으며 사진도 찍고 축하 인사와 함께 과자와 꽃과
어항에 담긴 열대어 선물까지도 가지고 온다.

"꽃길에 오면 사진을 찍어야죠.
여기 보세요~
사진 찍을게요.
하나, 둘, 셋 찰칵!
이제 카페로 들어오세요."

손님이 너무 많아서 힘들다.
"너무 손님이 많아서요. 좀 기다리세요."
"메뉴 고르고 책을 보고 있으세요."

💡 놀이 과정 들여다보기

초대하고 싶은 선생님들, 그리고 4세 반 친구들을 초대해서 진행한 카페 놀이와 오늘의 카페 놀이는
사뭇 다른 모습이었다. 적극적으로 손님을 맞이하지 않았고 가끔은 그만 하고 싶다는 말을 한
아이도 있었다. 유아들이 자발적으로 원해서 이루어진 놀이가 아니었기 때문이었다. 교사와 억지로
타협한 놀이~ 즐거워야 할 놀이가 아이들에게 부담이 되어 버린 것이다.

▽ 9일째 우리도 손님이 되고 싶어요.

형님들이 꽃길카페에 온 후 아이들은 주인만 하니까 너무 힘들었다고 한다.
"이제 진짜 우리가 손님 할 수 있죠?"
"우리도 손님이 되고 싶어요."
"꽃길도 걷고 음식도 시키고 하고 싶은데."
"선생님이 주인 해 주세요."
교사와 함께 이젠 우리들만의 카페 놀이를 시작한다.

연우: 와! 꽃잎이 떨어졌어. 정말 예쁘다.

수아: 그래, 여기 오길 잘했다.

민국: 여기도 있어. 바람이 부니까 꽃잎이 더 떨어져. 나비들도 날아와.

예은: 얘들아, 저기 카페가 있어. 저기로 가 보자.

정수·교사: 어서 오세요. 여기 앉으세요. 뭐 드실래요?

수아, 지수, 민국이는 음식을 먹으며 대화를 시작한다.

수아: 여기 오니까 좋다. 여기 무슨 카페일까?

지수: 꽃길이 있으니까 꽃길카페 아닐까?

민국: 올 때 대박 예뻤어.

수아: 저기 봐. 나비들이 딱 붙어 있어.

민국: 나비들도 쉬고 싶은가 보지.

수아: 쫌 깜깜해졌어.

지수: 이젠 밤인가 봐.

수아: 우리 밤 될 때까지 여기 있자. 난 집에 안 가고 싶은데….

지수: 그럼 어떡하지?

민국: 계속 놀아~ 많이 깜깜하면 내가 데려다 줄게.

수아: 그래. 우리 계속계속 먹자.

교사의 놀이 지원

	더 많은 손님이 올 것을 감안하여 복도 공간을 재정비함.
	탁자, 손님에게 제공할 음식, 주스, 그릇, 메뉴판을 더 준비함.
	형님들을 초대할 수 있는 방법에 대해 의견을 나눔.

🔆 놀이 과정 들여다보기

어제 형님들이 찾아왔던 카페 놀이 때보다 더 많은 이야기를 꽃피웠고 교사와 함께 주인을 한 정수 역시 자신의 역할이 무엇인지 잘 알고 해냈다. 그동안 꽃길카페에 대해 하지 못했던 이야기들을 카페의 손님이 되어 이야기 속에 다 담아 내었다. 아이들은 놀이가 끝난 후에도 이야기 를 하면서 쉬니까 좋았다며, 진짜 카페에 가고 싶다고 했다.

코로나19로 인해 카페 체험학습으로 이어지지 못한 점은 아쉬움으로 남는다.

🔆 교사의 배움

개인의 경험이 반영된 또 다른 놀이가 펼쳐지다.

꽃길카페 놀이는 교사가 미리 생각한 놀이에는 없었던 놀이였다. 주말 지낸 이야기와 동화책 한 권에서 시작해 아이들의 경험과 연결되며 매일매일 놀이가 확장되었다.

봄꽃 풍경 꾸미기가 꽃길 걷기가 되었고 꽃길 걷기가 꽃길카페로 발전하였다.

개인적인 경험이 모여 놀이의 깊이가 더해졌으며, 유아들은 매일의 놀이 상황에 따라 필요한 환경을 스스로 구성하며 주도적으로 놀이에 참여하였다. 교사가 별도의 준비를 하고 거창한 놀이 환경을 제공해 주지 않아도, 스스로 놀이를 진행하는 유아들은 유능함 그 자체임을 알 수 있었다.

놀이를 통해 평가하기

■ **5개 영역으로 교육과정 운영 평가하기**

신체운동·건강	▶ **신체활동 즐기기** 신체를 인식하고 움직인다. 엄지와 검지 손가락으로 조심스럽게 꽃잎 줍기를 함. 신체 움직임을 조절한다. 빵틀에 모양 찍어 내기, 나비나 꽃모양 틀을 점토에 찍어 내며 사물의 특성에 따라 힘의 강도를 조절함.
의사소통	▶ **듣기와 말하기** 말이나 이야기를 관심 있게 듣는다. 봄 풍경과 카페 놀이에 필요한 것을 다양한 형식으로 표현하며 서로의 이야기를 관심 있게 듣고 말함. 자신의 경험, 느낌, 생각을 말한다. 벚꽃이 떨어지는 모습에 대한 자신의 경험과 느낌을 말하고 꽃길카페 가상 놀이 속에서 자신의 경험, 느낌, 생각을 말함. ▶ **읽기와 쓰기에 관심 가지기** 말과 글의 관계에 관심을 가진다. 교사의 도움을 받아 카페 놀이에 필요한 문자를 글자나 글자와 비슷한 형태로 표현함. 책을 만들며 말을 글로 옮겨 봄.
사회관계	▶ **나를 알고 존중하기** 내가 할 수 있는 것을 스스로 한다. 카페 놀이에서 자신이 할 수 있는 일을 선택하고 자신감을 가지며 자율적으로 실천함. ▶ **더불어 생활하기** 친구와 서로 도우며 사이좋게 지낸다. 꽃길카페를 만들기 위해 서로 역할을 분담하며 협력함. ▶ **사회에 관심 가지기** 내가 살고 있는 곳에 대해 궁금한 것을 알아본다. 카페 놀이를 하며 지역 사회의 가게에 관심을 가짐.
예술경험	▶ **아름다움 찾아보기** 자연과 생활에서 아름다움을 느끼고 즐긴다. 주변에서 벚꽃이 바람에 날리는 모습에 아름다움을 느끼며 산책길에서 만난 다양한 꽃을 보고 즐김. 예술적 요소에 관심을 갖고 찾아본다. 벚꽃의 분홍빛, 떨어지는 곡선에서 색, 공간을 발견하고 나비나 무당벌레의 움직임에서 아름다움을 경험함. ▶ **창의적으로 표현하기** 다양한 미술 재료와 도구로 자신의 생각과 느낌을 표현한다. 벚꽃이 떨어지는 봄 풍경을 꾸미며 다양한 재료와 도구로 자신의 생각과 느낌을 표현함. ▶ **예술 감상하기** 다양한 예술을 감상하며 상상하기를 즐긴다. 다양한 재료로 구성한 꽃길을 감상함.
자연탐구	▶ **자연과 더불어 살기** 주변의 동식물에 관심을 가진다. 산책 중 만난 꽃과 나비, 무당벌레 등의 움직임, 색, 모양에 관심을 가지고 관찰하며, 관찰한 동·식물의 특성을 살려 미술 활동으로 표현함. 생명과 자연환경을 소중히 여긴다. 산책 중 꽃과 곤충을 소중히 다룸.

■ 다양한 방법으로 유아 놀이 평가하기

〈포스트잇에 적어서 나중에 기록하기〉

포스트잇에 간단히 적기	놀이 기록장에 정리하여 기록
(handwritten notes)	카페 놀이 후 소감 나누기 강연우 - 나도 손님 해 보고 싶어요. 　　　　　내일은 우리가 손님 해요. 양지수 - 음료수를 더 많이 준비해야겠어요. 　　　　　자꾸자꾸 더 주라고 해요. 최수아 - 자리가 너무 좁아서 불편해요. 　　　　　다음엔 더 넓게 만들어야겠어요. 김민국 - 의자가 너무 부족해요. 손님이 한꺼번에 많이 　　　　　와요. 보건실에서 더 가져와야겠어요. 설예은 - 가짜 돈 말고 진짜 돈을 받았으면 좋겠어요.

〈학급 전체의 놀이 흐름을 기록하기〉

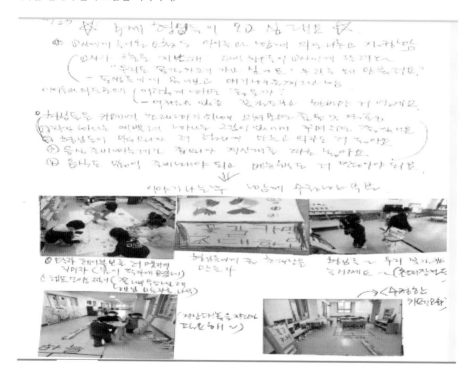

〈개별 유아 놀이 기록하여 놀이 이해하기〉

	강연우	4세 3반 친구들이 꽃길을 걷자 "아름답죠? 나비도 보세요. 봄꽃이 많아요."라고 소개한 후 꽃길 끝에 모두 도착하자 "이리로 오세요."라며 테이블로 안내함. 주문을 받기 전 컵에 우유를 따라 가져다주고 샌드위치를 가져다주자 4세 3반 손님이 "나 주문 안 했는데."라고 말함. 다음 손님이 오자 주문을 받고 음식을 가져다 줌.
	양지수	꽃길카페에 필요하다며 집에서 빨대를 가져와 통에 정리하여 꽂아 둠. 원장실에 가서 카페에 원장 선생님을 모시고 옴. 메뉴판을 손님에게 주면서 "어서 오세요. 뭐 드릴까요?"라고 물어 봄. 주문을 받고 음식을 준비하기 전 자신이 만든 이야기책을 드리며 기다리는 동안 읽는 책이라고 줌. 주문한 우유와 마카롱을 손님에게 가져다줌.
	최수아	손님이 음식을 다 먹고 나면 "손님 맛있죠? 누가 만들었을까요? 우리가 만들었어요. 더 먹고 싶은 것 있어요?"라고 물어 봄. 손님이 멀리서 오면 뛰어가서 "우리 가게로 오세요."라고 손을 잡고 옴. 너무 신난 놀이여서 내일도 또 해 보고 싶다고 함.
	박정수	"어제 내가 원감 선생님 초대장 만들었으니까 카페 문 열었다고 말한다."며 원감 선생님 방을 찾아감. 손님이 뭐가 맛있냐고 묻자 "오늘은 마카롱이 맛있어요. 먹어 보세요."라고 함.
	김민국	손님이 오자 "어서 오세요. 뭐 필요하세요? 주문하려면 이 종을 울리세요. 돈은 3,000원입니다."라고 설명함. 메뉴판을 손님에게 항상 보여 주고 가격을 꼭 이야기해 줌. 카드를 받아 카드 리더기에 긁고 받은 돈은 계산대에 넣음.
	설예은	놀이를 시작하자 처음에는 뒤에서 바라보기만 함. 5분 정도 지나자 자연스럽게 놀이 속으로 들어옴. 손님이 주문한 것을 듣고 정확하게 음료와 간식을 가져다줌. 돈을 받아 앞치마 주머니에 넣고 손님들이 모두 가자 앞치마에서 돈을 꺼내 계산대에 넣어 둠.

〈놀이의 내용을 해석하며 배움과 연결해 보기〉

날짜	4월 16일	
이름	놀이 내용	놀이 해석
최수아	수아는 더 멋진 꽃길을 만들기 위해 꽃을 찾던 중 숲에 있는 무당 벌레를 발견한다. "여기 무당벌레야. 기어가는데 날개도 있어. 옆에 또 있다. 둘이 짝짓기하나 봐. 사이가 좋아라." 하며 손가락으로 툭툭 쳐 본다. "우리 꽃길에 무당벌레도 만 들어 줘야겠어요."라며 한참 동안 무당벌레의 움직임을 살펴본다.	자연에서 볼 수 있는 동물에 관심을 가지고 주의 깊게 관찰함. 무당벌레의 움직임, 생김새, 책에서 보거나 들었 던 지식과 연결하여 언어로 표현함. 자신이 발견한 무당 벌레를 봄꽃 길 놀이에 상징 화하여 표현하고자 함.
강연우 김민국 박정수	연우는 "여기에 길이 필요해. 민국아 우리 여기에 길 만들자."라고 말한다. 둘은 교실에서 벽돌 자석 블록을 가져와 길게 놓으며 길을 만든다. 정수가 이것을 보고 길을 1층으로 놓으면 안 된다며 2층으로 자석 블록을 쌓자고 제안한다. 셋은 길을 튼튼하게 만든다며 3층으로 블록을 쌓고 처음에는 반듯하게 놓다가 구불구불한 길이 더 좋다며 자석 블록을 다시 놓는다.	연우와 민국이는 길을 만들기 위해 필요한 도구를 즉흥적으로 생각하여 공간을 만들어 내며 자석 블록의 특징을 이용하여 공간을 연결하고 확장하기도 함. 서로 의견을 나누며 새로운 시도와 변화를 위해 협력 적으로 놀이에 참여함.
양지수 김민국	지수는 바람에 날리는 벚꽃을 만든 다며 모양 찍기 틀에 색종이를 찍는 다. 한참 동안 만든 꽃잎을 바구니에 가득 담아 만들어 놓은 꽃길로 나오 자 다른 친구들이 몰려들어 같이 뿌리자고 한다. 지수는 이 꽃잎은 골고루 뿌려야 한다며 친구들에게 꽃잎을 나누어 주고 여러 곳으로 뿌리라고 말한다. 꽃잎을 뿌린 민국이는 다시 주워 뿌리기를 반복 하고 지수는 가만히 서 있으면 꽃잎 이 떨어진다며 풍경 길 앞에 한참 동안 서 있는다.	지수는 봄에 볼 수 있는 꽃 잎의 모양에 주의를 기울 이며 적절한 도구와 재료를 활용하여 꽃잎의 모양을 상 징화하여 표현하고, 다른 아이들과 언어로 표현하며 놀이를 공유함. 민국이는 자 연에서 볼 수 있었던 경험과 연결하여 꽃잎을 바람에 날리듯이 날리고 지수는 바 람에 꽃잎이 떨어지는 것처 럼 상상 놀이를 즐김.

〈개인별 놀이 평가〉

이름: 양지수

봄 풍경 꽃길에 나비가 필요하다며 작고 큰 비닐, 포일, 색종이, 점토 등 다양한 재료를 활용하여 나비를 꾸미고 만든다. 수아와 벚꽃 풍경에 붙이면서 어디에 붙이면 더 예쁠지 의논하고 위, 아래, 더 떨어져서 등 공간에 따라 만들어 내는 아름다움의 차이를 느끼면서 나비를 붙인다.

지수는 친구들과 함께 정한 메뉴를 메뉴판에 정확한 글자로 표현한다. 메뉴 옆에는 가격을 숫자로 표시하고 친구들에게 적은 것을 읽어 주고 꽃길카페 입구 책상에 배치한 후 손님에게 안내할 메뉴판을 책으로 만들어 메뉴와 가격을 적는다.

다른 반 친구들이 꽃길카페에 방문하자 "어서 오세요." 인사를 하고 자리를 안내한 후 예은이에게 메뉴판을 가져다주라고 하며 서로의 일을 분담하면서 협력한다. 예은이가 손님이 주문한 메뉴를 말하자 음식을 담아 예은이에게 전달하면서 자신이 해야 할 역할을 자연스럽게 완수한다.

흙(점토)놀이! 교사는 진짜 하기 싫어요

- 놀이가 이루어진 기간: 2020년 9월 14일(월)~9월 25일(금)
\# 몸에 묻어서 싫어요~ 놀이 후에 뒤처리는? # 흙(점토)놀이는 일회성?#

유치원 뒤 텃밭에 호박과 단호박이 열렸다. 우리가 키운 호박으로 어떤 요리를 해 볼까? 아이들의 의견을 들어본 결과 호박 샌드위치와 단호박 수프를 만들어 보기로 했다. 음식이 더 예쁘게 담아지면 좋을 것 같아 교사는 가정에 도움을 요청하였다. "단호박 수프를 예쁘게 담아 먹을 수 있는 그릇을 하나씩 보내 주세요." 단호박 수프와 호박 샌드위치 요리 활동 후 자신이 가져온 그릇에 음식을 담아 먹어 보았다. 우연히도 가정에서 보내 준 그릇들은 대부분 도자기 그릇이었는데, 그래서인지 아이들이 음식이 담긴 도자기 그릇에 관심을 갖기 시작했다.

 놀이의 흐름

1. 도자기 그릇을 만나요
2. 도자기를 만드는 점토래요
3. 도자기 체험을 해요
4. 흙(점토)으로 놀아요
5. 흙(점토)으로 놀이를 만들어요

<table>
<tr><td rowspan="7">교
육
적

놀
이

지
원</td><td>
공간</td><td>▪ 흙(점토)을 마음껏 탐색할 수 있도록 교실과 복도 공간 넓혀 주기.
▪ 교실 벽에 점토를 던질 수 있도록 비닐로 덮어 공간 허락하기.
▪ 유아들의 흙 놀이 결과물을 전시할 수 있는 교실 공간 만들어 주기.</td></tr>
<tr><td>
자료</td><td>▪ 도자기를 만드는 흙(점토): 청자토, 백자토, 황토
▪ 흙(점토) 놀이 과정 중 필요한 자료를 유치원에서 찾아 주거나 구입
　(광목천, 수동 물레, 점토 틀, 붕어빵 틀, 절구, 점토 놀이 도구).
▪ 자료의 활용 방법을 교사가 안내하지 않고 필요에 따른 방법을 존중함.</td></tr>
<tr><td>
일과</td><td>▪ 도자기 만드는 과정에 대한 관심이 생겨서 관련 동영상 및 이야기
　나누기 시간 추가.
▪ 흙(점토) 놀이 과정 중 문제 발생 시 이야기 나누기 시간 추가.
▪ 유아가 놀이에 몰입할 수 있도록 놀이 시간을 길게 진행함.</td></tr>
<tr><td>
상호작용</td><td>▪ 흙(점토)의 냄새, 촉감, 질감 등을 탐색하고 그 느낌을 표현하도록
　발문하고 상호작용 함.
▪ 흙(점토)을 다양하게 탐색할 수 있는 모델링 제공.</td></tr>
<tr><td>
학습 공동체</td><td>▪ 전문적 학습공동체로부터 도자기 체험을 제안 받아 실시함.
▪ 다른 반 교실에 있거나 동료 교사 집에 있는 도자기 물건을 제공함
　(도자기 그릇, 도자기 화분, 도자기 찻잔, 도자기 숟가락과 젓가락 등).</td></tr>
<tr><td>
안전</td><td>▪ 흙(점토)을 던지고 놀이할 때 주위 친구들을 잘 살피며 안전에 유의
　하는지 관찰하고 놀이 규칙에 대해 유아들과 이야기 나누기 함.
▪ 흙(점토) 놀이 후 반드시 손을 깨끗이 씻을 수 있도록 지도함.</td></tr>
<tr><td>놀이에서의
배움</td><td>▪ 흙(점토)을 오감으로 느끼고 다양한 방법으로 탐색하여 흙(점토)의
　특성과 변화를 탐구함.
▪ 주무르기, 던지기, 말기 등 신체를 조절하거나 눈과 손의 협응, 힘의
　조절 등 신체의 움직임과 조절 능력을 키움.
▪ 도자기에 대한 지속적 관심으로 도자기에서 나타나는 선, 형태,
　질감과 같은 미적 감각을 기름.</td></tr>
</table>

⬜ 1일째 도자기 그릇에 단호박 수프를 담았어요

유치원 뒤 텃밭에 노란 호박과 단호박이 주렁주렁 열렸어요.
"이걸로 무슨 요리를 할까요? 샌드위치? 호박죽? 호박 수프? 샐러드?"
"옛날에 식당에서 호박 수프를 먹었는데 맛있었어요."
아이들과 투표를 해서 결정한 요리는 단호박 수프와 호박 샌드위치!
집에서 가져온 그릇에 각자 요리한 음식을 담아 먹는다.

민성: 그릇에 담아 먹으니까 더 맛있어! 내 그릇 어때?

민국: 내 그릇도 예뻐.

수아: 식당에 가면 이런 그릇에 담아 줘~

정수: 숟가락으로 치면 소리도 나.

여울: 내 것도, 내 것도. 모두 다 그러네~

화진: 이 그릇들을 도자기라고 해. 흙으로 만들었어.

민성: 그래?

여울: 나도 도자기 본 적 있는데.

지수: 야! 우리 3세 때 만들어 봤잖아.

💡 놀이 과정 들여다보기

유아들은 단호박 수프를 먹으며 자신이 가져온 그릇과 다른 친구의 그릇을 비교하면서 그릇들이 대부분 도자기 그릇임을 알아낸다. 도자기 그릇에 음식을 담아 먹은 경험, 집에서 쓰는 그릇들, 예쁜 그릇에 담아진 음식을 먹는 기분, 도자기를 만들었던 기억들에 대한 이야기가 풍성하게 펼쳐진다. 도자기라는 그릇의 특성, 도자기를 만든 흙이라는 재료에 대한 대화는 아이들에게 도자기에 대한 관심을 불러일으키기에 충분한 이야깃거리가 되었다.

▢ 2일째 도자기는 어떻게 만들지?

단호박 수프를 담아 먹었던 도자기 그릇과 교사가 더 추가한 도자기 그릇을 모아 놓았다. 유아들은 도자기 그릇에 관심을 보이며 테이블보와 보자기를 깔아 전시를 하기도 하고 음식 모형을 담으며 식당 놀이를 즐긴다.

이 그릇은 여기에 놓으면 더 예뻐~

모양도 다 다르고 색도 다르네.

앗! 위험해

도자기 그릇은 깨지기 쉬워요. 서로 부딪히거나
떨어지지 않도록 조심조심!!

여기는 찻집이에요~

손을 모아서 천천히 마셔 봐!!

이 그릇도 도자기래~

주아: 여기 식당에 온 것을 환영해요. 예쁜 도자기
그릇에 음식을 담아 줘요.

지율: 그릇이 다 예쁘네요. 여기 음식도 맛있어요.

서준: 이 그릇은 다 도자기인데 어떻게 흙으로 만
들었지? 선생님! 어떻게 흙으로 만들어요?

지수: 흙으로 이렇게 이렇게(만드는 흉내 내며) 해
서 만들어. 그리고 불에 구워야 진짜 도자기가 돼.

	교사의 놀이 지원
📢	도자기 그릇에 대한 관심과 궁금한 점에 대해 호응하며 감정을 공유함. 도자기 그릇을 사용한 식당 놀이와 찻집 놀이에 함께 참여함.
🏫	식당 놀이와 찻집 놀이가 잘 이루어지도록 교실 공간을 넓혀 줌.
🏠	유아들이 집에서 가져온 도자기 그릇, 교사가 가져오거나 동료 교사가 제공해 준 도자기 그릇(접시, 도자기 숟가락, 항아리, 찻잔 등)을 전시함. 도자기를 전시할 수 있는 테이블보를 제공함.
🧰	도자기 그릇을 사용할 때 지켜야 할 안전규칙 이야기 나누기

💡 놀이 과정 들여다보기

교사가 가져온 다양한 도자기 그릇이 더해지자 아이들의 호기심은 더 왕성해진다. 보는 것만으로 만족하지 않고 도자기 그릇을 이용한 역할 놀이를 즐긴다. 도자기 그릇을 사용하는 데 필요한 안전 약속을 함께 정해서인지 위험한 행동은 하지 않고 음식 가게 놀이, 찻집 놀이가 풍부하게 이루어진다. 놀이 과정 중 흙으로 어떻게 도자기를 만드는지에 대한 궁금증이 생겨나기 시작했고 궁금증에 대한 답도 아이들이 가지고 있었다.

🔖 3일째 도자기가 궁금해요

도자기 그릇을 이용한 역할 놀이를 하던 유아들은 어떻게 흙으로 도자기를 만드는지 궁금해 하였다. 도자기에 대해 궁금한 점이 무엇인지 이야기를 나누어 기록해 보고 도자기가 만들어지는 과정이 담긴 영상을 살펴보았다.

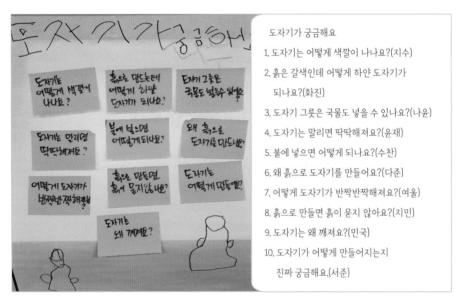

도자기가 궁금해요
1. 도자기는 어떻게 색깔이 나나요?(지수)
2. 흙은 갈색인데 어떻게 하얀 도자기가
   되나요?(화진)
3. 도자기 그릇은 국물도 넣을 수 있나요?(나윤)
4. 도자기는 말리면 딱딱해져요?(윤재)
5. 불에 넣으면 어떻게 되나요?(수찬)
6. 왜 흙으로 도자기를 만들어요?(다준)
7. 어떻게 도자기가 반짝반짝해져요?(여울)
8. 흙으로 만들면 흙이 묻지 않아요?(지민)
9. 도자기는 왜 깨져요?(민국)
10. 도자기가 어떻게 만들어지는지
    진짜 궁금해요.(서준)

야! 진짜 흙으로 만드네~ 저거 본 적 있어~
저기 봐요! 우리 교실에 있는 그릇이랑 똑같아요.
저게 물레야! 돌아가지?
우리도 흙으로 도자기 만들고 싶어요!

동영상을 본 후 하고 싶은 놀이에 대해 이야기를 나누었다. "흙이 필요해요.", "그릇 만들어 보고 싶어요. 가마도 필요하대요."

일단 아이들에게 도자기 만드는 흙을 준비해 주기로 약속했다.

교사의 놀이 지원
도자기에 대해 궁금한 점을 함께 이야기하고 포스트잇에 적어 주고 전시함. 도자기가 만들어지기까지의 과정이 담긴 동영상을 찾아 정보를 제공함. 도자기 흙으로 하고 싶은 놀이에 대해 이야기 나눔.

교사의 고민

도자기에 대한 궁금증이 많은 아이들! 어떻게 지원해 줄까?

도자기에 대한 궁금증은 아주 구체적이다. 생각지도 못한 궁금한 내용에 아이들이 이만큼의 생각을 가지고 있다는 것에 새삼 놀랐고, 이러한 궁금증을 어떻게 풀어 줘야 할지 고민하게 된다. 동영상을 본 후 유아들은 도자기를 정말 만들어 보고 싶은 마음을 나타낸다. 궁금한 것을 해결함과 동시에 도자기를 직접 만들어 보기 위한 방법을 찾기로 했다.

4일째 도자기 만드는 흙을 만나요

도자기 만드는 흙이 필요하다는 유아들의 요구에 따라 교실 한쪽에 흙(점토)을 놓아 두었다. 한 명씩 다가와 흙으로 놀이를 시작하기도 하고 흙에 대한 궁금증은 생기지만 오랫동안 놀이에 참여하지 않는 아이들도 있다.

와~ 이게 도자기 흙이래. 촉촉하다! 말랑해.
둥글게 말아 봐~ 납작하게 붙여!
김밥처럼 만들 수도 있어!

여기 구멍이 뚫어져. 근데 차가워! 만지면 차가워~
그만 만질래. 선생님~ 이거 어떻게 만져야 돼요?
손에 묻잖아. 어떡해!

💡 **교사의 고민**

도자기 흙을 요구했던 아이들! 왜 적극적으로 만지지는 않을까?
"도자기 만들어 봐요~", "흙이 필요해요.", "흙으로 놀고 싶어요!" 도자기 그릇에 관심을 갖고 흙이
필요하다고 말한 아이들! 처음엔 우리 반 모든 유아들이 흙을 만져 보며 적극적으로 다가왔지만 한
명씩 한 명씩 흙 만지기를 멈춰 버린다. "차가워~", "손이 아파.", "손에 묻어.", "옷에 묻었어!" 도자기
만드는 흙(점토)에 친숙하지 않아서일까? 아니면 놀이 방법을 몰라서일까? 처음 아이들이 가졌던
호기심을 여기서 끝내야 할까?

★ 적극적인 탐색을 두려워하는 아이들! 교사와 탐색의 시간을 갖다!

일하는 옷을 입으니까 옷에 안 묻지? 손바닥으로 비벼도 볼까?

양말을 벗어 봐~ 발로 밟으면 납작해져.

내 것 봐라! 손바닥이 보이지?

아이들은 흙(점토)에 관심이 없는 게 아니었다. 어떻게 해야 할지 경험도 부족하고 두려웠던 것이다. 교사가 함께해 준 탐색 시간이 흙에 대한 아이들의 두려움을 극복하게 했다. 더욱 과감해지고 또 다른 방법으로 탐색을 시작했다. 더 높이 던지고, 더 크게 만들고, 더 많은 흙이 필요하다고 말하고, 더 많은 양을 치대기도 한다. 처음엔 차갑지만 손으로 만지면서 점점 따뜻한 기온을 느꼈을 것이다. 내가 원하는 대로 모양이 만들어지고 찰떡처럼 달라붙고 끈적끈적하지만 내 마음대로 할 수 있음을 느꼈을 것이다.

교사의 놀이 지원
📢 흙(점토)을 탐색하며 표현하는 유아의 언어, 또는 행동에 반응하며 또 다른 탐색 방법을 제시하거나 모델링을 함. 흙의 특성을 잘 느낄 수 있도록 질문을 함.
🏫 흙(점토)을 마음껏 탐색할 수 있도록 교실 가운데 공간을 넓혀 줌.
🏠 마음껏 탐색할 수 있는 양의 도자기 흙을 제공함. 흙(점토) 놀이가 가능한 매트를 바닥에 깔아 줌.
🧰 흙(점토) 놀이 후 손을 깨끗이 씻도록 지도함.

📑 **5일째** 도자기 체험을 해요

"우리도 도자기를 만들고 싶어요!" 직접 도자기를 만들어 보고 싶다는 아이들의 요구가 커지자 전문적 학습공동체와 협의를 거쳐 '찾아오는 도자기 체험'을 계획하였다.

도자기 전문가와 사전에 협의한 내용
📢 1. 현재 도자기에 대한 관심사는 어디까지인지 설명해 주세요. 2. 생활 속에서 사용되는 도자기에 대한 정보를 더 알려 주세요. 3. 도자기가 만들어지는 과정을 전문가 입장에서 간단히 설명해 주세요. 4. 도자기 만들 때 사용할 수 있는 다양한 도구를 경험하도록 해 주세요(물레, 흙자름 줄, 밀대, 찍기 틀 등). 5. 도자기가 1차 구워진 것과 2차까지 구워졌을 때의 결과물을 준비해 주세요.

도자기는 이렇게 만들어져요!

여러분이 만들고 싶은 접시는 이렇게 만들어져요.

내가 만든 동그란 접시에 모양을 찍어 붙여 볼까?

나는 꽃 모양이랑 별 모양을 순서대로 붙여야지!

밀대로 밀어 동그란 접시 모양을 만들고 칼로 잘라요.

물레를 발로 밟으며 돌리니까 정말 그릇이 만들어져요!

교사의 놀이 지원	
	교실에서 체험학습이 가능하도록 교실 공간을 넓혀 줌.
	전문적 학습공동체를 통해 유아들이 도자기를 만들고 싶어 하는 요구에 대한 해답을 함께 찾음. 지역 내 마을교육공동체와 연계하여 도자기 체험 지원함.

💡 놀이 과정 들여다보기

그동안의 관심사와 연결되어서일까? 전문가 선생님과 만드는 도자기 체험에 아이들은 진지하게 응했다. 동그랗게 모양 만들기, 밀대로 밀기, 칼로 잘라 보기, 틀로 모양 찍기, 물로 붙여 보기, 그림 그리기 등 혹시나 실수해서 엉망이 되지 않을까 집중, 또 집중한다. 그리고 자신이 해냈다는 결과물에 만족해 하며 얼굴에서 웃음이 떠나지 않는다. 처음으로 접해 본 물레 작업에 정말 신기해한다. "선생님 집에 정말 가마 있어요? 코로나19가 없어지면 가도 돼요? 언제 도자기가 도착해요?" 계속 질문하고 궁금해 한다. 아이들의 놀이 흐름이 반영된 체험학습은 너무도 의미가 크다. 체험을 통해 흙(점토)과 도자기에 대한 궁금증이 더 폭발할 것으로 기대된다.

📑 6일째 도자기 만드는 공방이 되었어요

도자기 체험학습 후 흙(점토) 놀이는 더욱더 왕성해졌다. 모든 아이들은 흙(점토)을 여러 가지 방법으로 탐색하고 놀이하며, 코로나19로 인해 공방에 직접 찾아가지 못한 아쉬움이 컸는지 도자기 만드는 공방 놀이를 펼치기 시작했다.

밀대랑 칼도 사용해 봐~

가래떡처럼 길게 말아서 차곡차곡 올리면 그릇이 완성.

선생님이랑 힘을 합쳐서 발로 쿵쿵!!

손으로 펴고 발로 누르면 피자 판이 돼~

발로 물레를 빙글빙글 돌리면서 손으로 그릇을 다듬으면 멋진 그릇이 완성되지! 친구야~ 내가 그릇을 다듬을게. 네가 돌려 줘!

수아: 우리가 가마 만들어 볼게! 블록으로 만들자
태주: 이쪽은 다윤이랑 내가 튼튼하게 만들어 본다!
수아: 블록이 여러 개 필요해. 길게 만들어서 위에 덮어!
정수: 테이프가 많이 필요하네~ 서로 연결해야 가마가 되지~

도자기 가마 완성! 가마에 불도 붙이고 불쏘시개로 불 지펴서 가마를 뜨겁게 만들어야지! 이제 내가 만든 도자기를 가마 속에 넣으면 끝!

도자기 공방 옆에는 도자기 박물관이 생겼어요. 우리 공방에 놀러 와서 구경하세요.

박물관에는 가마에서 막 구운 우리가 만든 도자기 작품이 많아요. 싸게 팔아요!!

	교사의 놀이 지원
	흙(점토)을 탐색하는 과정을 자세히 관찰하고 흙(점토)의 변화 과정에 반응하기, 흙(점토)과 함께 놀이하며 놀이 과정 지지함.
	마음껏 탐색할 수 있는 양의 흙(점토)을 제공함(도자기 흙). 흙(점토) 놀이가 가능한 매트를 바닥에 깔아 줌. 흙(점토) 놀이에 필요한 도구(찍기 틀, 자름 줄, 밀대, 나무판, 수동 물레, 케이크 만드는 돌림판, 점토 칼 등)를 제공함.

> 💡 **놀이 과정 들여다보기**
>
> 유아들의 유능함은 끝이 없다. 그제보다 어제, 어제보다 오늘 유아들은 흙을 자유자재로 만진다. 다양한 도구를 필요에 따라 마음대로 사용할 수 있다. 교사가 가마의 모양을 말해 주지 않아도, 수동 물레의 사용 방법을 가르쳐 주지 않아도 이전에 보았던 동영상 정보나 전문가 선생님과의 경험을 살려 놀이를 확장해 나간다. 캠핑 놀이에서 사용했던 바비큐 그릴을 가져와 가마로 사용하고 유니트 블록과 나무젓가락을 불을 지필 수 있는 불쏘시개로 활용한다.

🔖 8일째 붕어빵 가게와 떡집이 생겼어요

날이 갈수록 유아들은 도자기 공방 놀이에 빠져든다. 교사가 제공해 놓은 떡살과 붕어빵 틀에 흙(점토)을 찍어 보던 유아들은 붕이빵 가게와 떡 가게를 만들어 놀이한다.

지수: 떡 사세요~ 맛있는 꿀떡이 있어요.

지민·수아: 이거 맛있어요? 얼마예요?

지수: 송편도 있고 절편도 있어요. 많이 사면 더 줄게요.

수아: 송편 3개 주세요.

지수: 따뜻한 송편이 300원이에요. 여기 있어요.

여울: 떡 사세요. 떡 사면 서비스로 피자도 드려요.

지율: 붕어빵 사세요. 따뜻한 붕어빵이에요.

수찬: 모양도 예뻐요.

수아: 앗~ 뜨거워! 장갑이 필요하네!

수찬: 붕어빵이 뜨거우니까 봉투에 담아 드려요.

재민: 얼마예요?

지율: 3개에 2,000원이에요.

	교사의 놀이 지원
	떡 가게와 붕어빵 가게에 손님으로 참여함. 붕어빵을 담을 봉투를 만들 수 있는 방법에 대해 함께 이야기 나누고 같이 만듦. 붕어빵 가게와 떡 가게 이름을 정하기 위해 이야기를 나눔.
	붕어빵 가게 놀이: 붕어빵 틀, 점토 칼, 붕어빵 봉투 떡가게 놀이: 떡살, 찜기, 떡 바구니, 엽전

💡 **놀이 과정 들여다보기**

어떻게 흙(점토)으로 붕어빵과 떡을 만들어요? 하지만 유아들은 진짜 붕어빵과 떡으로 상징화하여 가게 놀이를 활성화한다. 붕어빵을 사 보았던 경험을 살려 가게 주인과 손님의 역할을 하고 떡 가게에서 살 수 있는 떡 이름을 자유자재로 붙여 가며 흙으로 떡을 만들고 팔기도 한다. 흙으로 도자기만 만들 수 있는 것이 아니었다. 유아들의 놀이 세계는 무궁무진하다.

흙(점토)으로 떡 가게 놀이를 하다 떡이 마른 것을 발견하였다. "이거 다 말랐어.", "딱딱해~ 둥글둥글 공이 되었네~", 마른 흙(점토)을 만져 보던 유아들은 바닥에 굴리며 새로운 놀이를 창안한다.

♥ **점토 공놀이** ♥

색 테이프로 점수판을 만들어요. 3점, 2점, 1점!!
딱딱해진 점토 구슬을 굴려서 게임을 할 수 있어요.

딱딱한 공이 되었어요. 점토 공을 굴렸더니 데굴데굴.
누구 것이 더 멀리 가나 시합해요.

유아들은 말랑말랑하던 점토가 마르면 또 다른 특성을 가진다는 것을 발견하고 마른 점토를 이용한 놀이를 계속 찾아본다. 점토를 길게 빚어 색연필 크기로 만든 후 말려 놓는다.

검정 도화지에 점토 색연필로 그림을 그려요.
쓱쓱 싹싹! 색연필보다 더 잘 그려져요.

점토가 색연필이 되었어요. 바닥에 그림을 그렸더니
색연필처럼 점토가 작아져요.

점토 과녁 놀이

점토를 바닥에 던지던 중 바닥에 붙어 떨어지지 않는 점토의 특성을 발견한 유아들은 책상을 세워 던지기 놀이를 시작하였다.

책상 2개를 세워서 던지기.
판을 만들자! 점토가 붙었어!
그런데 책상이 너무 낮아요.

와~ 나무판자가 생겼어요. 책
상보다 더 높아서 좋아요. 더 멀
리서 던져도 착착 달라붙어요.

여기에 과녁을 만들어서 시합
하자. 1점, 2점, 3점. 누가누가
높은 점수를 얻나 볼까?

교사의 놀이 지원	
📢	흙(점토)이 말랐을 때의 변화에 대해 함께 이야기 나눔. 마른 흙(점토)으로 할 수 있는 놀이를 함께 생각하고 아이디어를 공유함.
🏫	마른 흙 공을 마음껏 굴리거나 마른 흙 색연필로 마음껏 그릴 수 있도록 바깥 놀이 장소에서 놀이함. 점토를 던져 놀이할 수 있도록 비닐을 덮은 벽을 허용함.
🏠	마음껏 탐색할 수 있는 양의 흙(점토)을 제공함(도자기 흙). 점토 색연필로 그릴 수 있는 검정 도화지, 흙(점토) 과녁 놀이에 필요한 합판 제공함.
🧰	딱딱해진 마른 흙(점토)으로 게임을 하거나 굴릴 때, 점토 과녁 놀이를 할 때 지켜야 할 안전에 대해 이야기를 나눔.

💡 **놀이 과정 들여다보기**

말랑말랑한 흙(점토) 상태로만 놀이가 가능할까? 아이들은 그렇지 않았다. 마른 흙(점토)으로도 다양하게 놀이할 수 있는 방법을 발견했다. 이전의 구슬 놀이 경험을 살려(구슬 놀이에서 굴리기, 과녁 맞히기 등) 흙 공을 굴릴 때 경사로 길을 찾았고 흙 색연필의 특성을 파악하며 까만 종이에 잘 그려진다는 것도 발견한다. 이제까지 흙(점토)은 만지는 게 두렵고 뻔한 일회성 자료였으나 이젠 일상의 놀잇감이 되었고, 어떤 형태로도 변화가 가능한 비구조화된 놀잇감이 되었다.

📑 **12일째** 황토로 놀아요

흙(점토)으로 놀이를 하던 중 "선생님! 이 흙(점토)은 처음부터 끈적거렸어요?" 하고 한 유아가 질문을 던졌다. 대답보다는 실제 흙이 필요할 것 같아 준비해 두었던 황토를 주었다. 그러자 점토로 만든다며 황토에 물을 섞어 본다.

지율: 물을 부어 섞으니까 흙물이 되네.

주아: 손으로 만지면 끈적끈적할 것 같은데.

윤재: 얘들아, 이거 물감 같지?

주아: 우리 그림 그릴까?

지율: 종이에 그리면 종이가 젖을 건데.

주아: 전에 우리 구슬 물감도 천에다 그렸잖아. 흙 그림도 천에다 그리자.

지율: 물이 너무 많아! 흙을 더 넣어야겠다.

흙 그림이 멋지게 완성되고 있지?
산속 동굴이야!

물이 너무 많아! 흙을 더 넣어야겠어.

"선생님~ 전에 황토로 만든 집에 가 본 적 있어요." 아이들이 박스를 모아 황토방을 만들자 교사는 유아들이 만든 황토 흙그림을 지붕처럼 씌워 주었다. 그러자 유아들은 황토방 담을 흙벽처럼 만들었다.

황토로 흙담을 만들어요.

우리가 만든 황토 그림이 지붕이 되었어요.

교사의 놀이 지원	
	황토와 물을 섞으며 농도에 따른 변화에 상호작용 하며 다양한 표현을 촉진함. 황토로 그린 광목천 작품을 유아들이 만든 황토방 지붕에 씌움.
	유아들이 마음껏 놀이할 수 있는 황토 흙(가루형), 그림 붓, 물, 황토 방을 만들 수 있는 박스, 물주전자 지원.

놀이 과정 들여다보기

흙에 물을 섞었더니 흙들이 뭉쳐지며 반죽 형태로 변한다. 아이들은 이 반죽 형태에 또 물을 부어 보고 다시 흙을 섞어 보며 그림을 그릴 수 있는 적절한 배합 비율을 찾아낸다. 붓으로 섞으며 너무 묽지도 않고 되직하지도 않은 정도로 만든 후 광목천에 붓으로 마음껏 그림을 그린다. 자신들이 그린 작품이 집의 지붕이 된 것을 보고 정말 기뻐한다. 옛날 사람들은 흙으로 만든 집에서 살았다며 벽에 흙을 바르며 자신들이 알고 있는 지식도 꺼내 본다. 아이들의 놀이가 교사가 상상한 것 이상으로 펼쳐진다.

교사의 배움

아이들이 주춤한 것은 아이들 문제가 아닌 교사의 문제
흙(점토)은 말랑말랑한 질감과 어떤 것으로든 변화 가능한 가소성과 유연함이 특징이다. 그래서 잘못 만들었을 때도 다시 부수고 재도전할 수 있고, 시간이 흘러 굳었을 때도 다양한 놀이를 시도해 볼 수 있는 상상력을 끌어내기에 충분한 장점이 있는 재료임을 알게 되었다. 이전까지 흙(점토)은 뒤처리에 대한 감당이 두려워 하루 이틀 가지고 놀거나 그릇 만들기와 같은 일회성 체험에서만 사용하고 아이들의 놀이를 지지해 주지 못했던 게 사실이다. 아이들은 손에 묻지도 않고 색이 예쁜 클레이에 익숙해 흙(점토)을 처음 대했을 때 두려움을 느꼈을 것이라 생각된다. 그러나 아이들의 감각을 일깨워 주는 탐색 과정이 지나면 두려움에서 벗어나 일상의 자연스러운 놀잇감이 됨을 경험하였다. 아이들이 주춤한 것은 아이들의 문제가 아닌 교사의 문제임을 알게 되었다.

🎯 놀이를 통해 평가하기

■ 월간 교육 계획안으로 교육과정 운영 평가하기

〈추석 명절과 체험학습을 반영한 교육과정 운영 평가하기〉

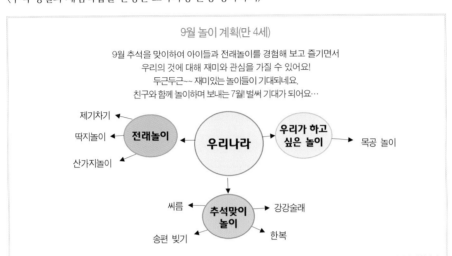

9월 놀이 계획(만 4세)

9월 추석을 맞이하여 아이들과 전래놀이를 경험해 보고 즐기면서
우리의 것에 대해 재미와 관심을 가질 수 있어요!
두근두근~~ 재미있는 놀이들이 기대되네요.
친구와 함께 놀이하며 보내는 7월! 벌써 기대가 되어요…

제기차기 ← 전래놀이 ← 우리나라 → 우리가 하고 싶은 놀이 → 목공 놀이
딱지놀이
산가지놀이

↓

씨름 ← 추석맞이 놀이 → 강강술래
송편 빚기 → 한복

※ 하루 일과는 유아의 상태, 흥미, 요구, 유치원 실정에 따라 융통성 있게 운영합니다.

9월의 행사	안전교육	
▸ 9월 14일(월) 재난 대피 훈련 ▸ 9월 22일(화) 장애 이해 교육 ▸ 9월 23일(수) 4세 요리 체험(송편) ▸ 9월 14일(월)~18일(금) 목공 놀이 주간 ▸ 9월 30일(수) 추석 연휴	생활안전	따라가면 안 돼요("안 돼요.", "싫어요.", "도와주세요.") 건강 밥상 차리기
	성교육	「소중한 몸」 동화 함께 읽기
	약물 및 사이버중독	하얀 연기 속의 비밀 부모님이 주신 약만 먹어요
	재난안전	안전하게 대피해요(9월 3~4주)

가정통신

▸ 코로나19가 확산하며 사회적 거리두기를 실시하고 있습니다. 마스크 쓰기, 손 씻기와 소독, 기침 예절을 철저히 지키고, 감기 증상이나 열이 있을 경우 가정에서 충분한 휴식을 취할 수 있도록 해 주시기 바랍니다. 가정에서 유치원에 가기 전 체온(37.5℃ 이하일 때 등원)을 잰 후 '건강상태 자가진단(교육부)' 앱에 꼭 참여해 주세요.
▸ 9월 30일부터 추석 연휴가 시작됩니다. 가족과 함께 풍성하고 즐거운 시간 보내시길 바랍니다.
▸ 아이들이 건강하고 행복한 원 생활을 이어 나갈 수 있도록 최선을 다하겠습니다. 가정에서도 새롭게 시작되는 학기에 많은 격려와 응원 부탁드립니다.

〈한 달간 놀이 진행 후 교육과정 운영을 평가한 예〉

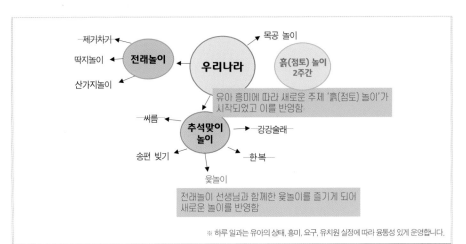

※ 하루 일과는 유아의 상태, 흥미, 요구, 유치원 실정에 따라 융통성 있게 운영합니다.

9월의 행사	안전교육	
▸ 9월 14일(월) 재난 대피 훈련 　호박을 활용한 요리 활동 유아들과 함께 협의한 텃밭 수확물 활용 요리 활동	생활안전	따라가면 안 돼요("안 돼요", "싫어요", "도와주세요.") 건강 밥상 차리기 목공 도구 안전하게 사용하기
▸ 찾아오는 도자기 체험 놀이 과정 중 유아의 의견을 반영한 체험학습을 계획함	성교육	「소중한 몸」 동화 함께 읽기
▸ 9월 22일(화) 장애 이해 교육 ▸ 9월 23일(수) 4세 요리 체험(송편) ▸ 9월 14일(월)~18일(금) 목공 놀이 주간 ▸ 9월 30일(수) 추석 연휴	약물 및 사이버중독	하얀 연기 속의 비밀 부모님이 주신 약만 먹어요
	재난안전	안전하게 대피해요(9월 3~4주)

가정통신

▸ 우리나라 전래놀이인 딱지놀이, 윷놀이, 산가지놀이를 즐길 도구를 내놓아 봤으나 관심이 유지되지 않음 - 전래 놀이를 경험하면서 전통문화에 대해 관심을 갖고 몸이나 도구의 움직임을 다양하게 조절, 눈과 손을 협응하며 소근육 조절, 딱지의 재질, 크기에 따른 힘에 관심을 갖고 시도, 친구들과 어울려 놀이.
▸ 유아의 흥미에 따라 새로운 주제인 흙(점토) 놀이가 시작되어 2주간 진행, 텃밭 수확물 단호박을 이용한 요리 활동 중 요리가 담긴 그릇에 흥미를 갖기 시작하며 놀이 시작.
- 흙을 오감으로 느끼며 다양한 방법으로 탐색. 점토의 특성과 변화를 지속적으로 탐구. 눈과 손의 협응력을 이용, 힘을 조절하고, 우리나라 도자기를 통해 예술에 관심(선, 형태, 질감)을 갖고 미적 감각을 기름. 친구들과 상호작용 하여 놀이, 긍정적인 정서 발현(때리기, 부수기, 완성하기 등).
- 계획되지 않은 찾아오는 도자기 체험을 지원하여 놀이가 더 확장되고 깊어짐.
▸ 추석맞이 송편 빚기는 흙(점토)으로 놀다 보니 수월하게 이루어짐, 떡에 대한 관심이 생기기 시작하여 10월 놀이에 반영할 예정임.
▸ 찾아오는 목공 놀이로 교실에서 목공 도구를 다루는 놀이가 많이 이루어짐.

■ 한 주간 놀이 진행 기록으로 교육과정 운영 평가하기

〈한 주간 교육과정을 실행하여 기록하고 학부모와 공유한 예〉

9월 4주			
기 간	2020. 9. 21.(월)~ 2020. 9. 25.(금)	놀이 주제	말랑말랑 흙(점토) 놀이

이렇게 놀았어요

흙 놀이 도자기 체험을 마치고 우리 반 아이들은 흙(점토) 놀이에 풍덩 빠졌어요. "나는 접시를 더 만들래.", "나는 도자기 그릇 만들래~", "선생님, 물레가 있으면 좋겠어요." 전기 물레는 못 가져오지만 손으로 돌리는 물레를 주었더니 제법 멋진 도자기가 완성되네요. "야! 우리 가마도 만들자!" 종이 블록으로 붙이고 완성한 가마에 나무를 넣고 내가 만든 도자기를 구웠더니 멋진 도자기가 완성되었어요

흙으로 할 수 있는 또 다른 놀이가 없을까? 흙으로 붕어빵도 찍고 떡도 만들어 붕어빵 가게와 떡 가게도 차렸답니다. "황금붕어빵 3개에 1,000원이에요~" 흙으로 그림도 그릴 수 있대요. 흙 공을 만들어 밖에서 굴려 보기도 하고 흙(점토)으로 색연필을 만들어 그림도 그렸어요.

말랑말랑 어떤 것으로도 변신 가능한 흙(점토)은 우리 아이들에게 상상력과 탐구력을 기르는 좋은 놀이 자료가 되었고, 마음껏 오감으로 느끼는 즐거운 놀이 경험이었답니다.

지진이 발생했을 때 어떻게 해야 할까요? 동영상으로 대피 요령을 익힌 후 실제 훈련을 실시했어요. 몸을 낮춰 책상 밑으로 대피하고, 흔들림이 멈추었을 때 대피 방석을 머리에 쓰고 선생님의 안내에 따라 밖으로 대피했답니다.

"추석은 즐거운 명절, 밤 먹고 대추 먹고 송편도 먹고." 추석을 맞이하여 반달처럼 예쁜 송편을 빚었어요. 초록 반죽을 동글동글 굴려 손가락으로 만든 구멍에 고소한 깨를 풍덩! "너무 쫄깃쫄깃하고 고소해요." 더 먹고 싶지만 우리 가족을 위해 참았어요. "엄마, 아빠 송편 맛있게 드세요." 예쁘게 포장한 송편을 우리 가족에게 선물했답니다.

놀이 사진

안전교육	▶ 재난 안전 - 화재(안전하게 대피해요), 지진(땅이 흔들려요) ▶ 교통 안전 - 자동차를 안전하게 타요

■ 5개 영역으로 교육과정 운영 평가하기

신체운동 · 건강	▶ 신체활동 즐기기 신체를 인식하고 움직인다. 손가락이나 손을 이용하여 흙(점토)을 때리고, 치고, 굴리는 등 다양하게 탐색함. 신체 움직임을 조절한다. 손가락이나 팔의 힘을 조절하여 흙(점토)을 세밀하게 다듬거나 주무르기를 함. ▶ 안전하게 생활하기 일상에서 안전하게 놀이하고 생활한다. 흙(점토)이나 도구를 활용하면서 안전하게 놀이하는 방법을 경험하고 인식함.
의사 소통	▶ 듣기와 말하기 말이나 이야기를 관심 있게 듣는다. 흙(점토) 놀이에서 다른 사람의 의견이나 이야기를 관심 있게 듣는 태도를 가짐. 자신의 경험, 느낌, 생각을 말한다. 점토를 만지는 방법, 도자기를 만드는 과정, 흙(점토) 놀이 규칙 만들기에 대한 생각을 말하고 흙 놀이 과정에서의 느낌을 말로 표현함.
사회 관계	▶ 나를 알고 존중하기 내가 할 수 있는 것을 스스로 한다. 흙(점토) 놀이에서 내가 할 수 있는 놀이를 선택하고 자신감을 가지며 자율적으로 놀이함. ▶ 더불어 생활하기 친구와 서로 도우며 사이좋게 지낸다. 흙(점토) 놀이 과정 중 생기는 문제상황에 대해 함께 소통하고 협력하여 문제를 해결함. 서로 다른 감정, 생각, 행동을 존중한다. 흙(점토) 놀이 규칙을 함께 만들고 놀이하는 상황에서 친구의 서로 다른 감정과 행동을 존중함.
예술 경험	▶ 아름다움 찾아보기 예술적 요소에 관심을 갖고 찾아본다. 도자기에서 보이는 선, 형태, 질감과 같은 미술적 요소에 관심을 가지고 발견하고 흙 그림에서 보이는 흙의 질감, 선에 관심을 가지고 예술을 즐김. ▶ 창의적으로 표현하기 다양한 미술 재료와 도구로 자신의 생각과 느낌을 표현한다. 흙(점토)과 다양한 미술 도구를 사용하여 자신만의 독특한 작품을 만들며 놀이함. ▶ 예술 감상하기 다양한 예술을 감상하며 상상하기를 즐긴다. 자신과 다른 사람의 작품을 감상하여 서로 다른 점을 비교하며 활용함.
자연 탐구	▶ 탐구과정 즐기기 궁금한 것을 탐구하는 과정에 즐겁게 참여한다. 흙(점토)의 질감을 오감으로 마음껏 느끼고 여러 가지 방법으로 탐색함. 흙과 물이 만났을 때 변화하는 정도를 적극적으로 탐색하며 즐김. ▶ 생활 속에서 탐구하기 물체의 특성과 변화를 여러 가지 방법으로 탐색한다. 흙(점토)을 다양하게 탐색하며 특성을 알아 가고, 시간이 지남에 따라 변화하는 특성을 이용한 놀이를 즐김.

현장체험학습과 놀이가 연결된다고?

4세

- 놀이가 이루어진 기간: 2020년 6월 17일(수)~6월 30일(화)

#유아의 제안으로 시작된 놀이 #놀이 상황에 따라 지원한 현장체험학습
#현장체험학습과 놀이가 연결된다고? #책상과 의자도 놀잇감

놀이의 시작

마트 놀이를 재미있게 하던 중, 선호가 의자와 책상을 옮겨 자동차를 만들며 "마트에 있는 물건을 배달해야지! 배달할 물건을 옮겨 줘!"라고 말하며 배달 놀이를 시작하였다. 이후 교실에서는 마트 놀이뿐 아니라 음식점 놀이도 배달 놀이로 연결되었다. 배달 놀이는 택배 배달 놀이로 이어졌다. 종이 블록을 이용해 "택배 배달입니다."라며 원하는 친구에게 택배를 배달해 주고, 물건을 배달하기 위해 자동차를 만드는 등 점차 확장된 배달 놀이가 진행되었다. 택배에 대해 관심이 많은 아이들을 위해 교사는 우체국으로 현장체험학습을 계획하였고, 이 후 택배 놀이는 우체국 놀이로 연결되었다.

놀이의 흐름

1 음식점, 마트 배달 놀이 시작

2 택배 배달 놀이

3 우체국 놀이

4 우체국 현장체험학습

5 심화 확장된 우체국 놀이

교육적 놀이 지원

공간

- 모든 영역을 통합하여 교실 공간에서 우체국 놀이를 허용함.

자료

- 안전교육 후 필요에 따라 의자와 책상을 놀이에 사용하도록 제공함.
- 크기가 다양한 상자(택배 포장할 상자, 자동차 만들 상자)를 제공함.
- 우체부 의상, 편지지와 편지봉투, 우표, 우편함을 제공함.

일과

- 사전에 계획하지 않았던 현장체험학습이었지만 계획하였던 일과를 변경하여 우체국으로 현장체험학습을 다녀옴.
- 방과 후 과정과 연계하여 우체국 놀이를 지속적으로 진행함.

상호작용

- 놀이에 필요한 것이 무엇인지 유아들과 지속적으로 상호작용 하여 지원함.
- 교사가 놀이 참여자가 되어 함께 놀이를 즐기며 유아가 놀이를 주도하고 놀이가 지속될 수 있도록 적절한 상호작용을 함.

학습 공동체

- 동료 교사들과 함께 놀이 지원에 대한 고민을 나눈 후 아이디어를 얻어 우체국 현장체험학습을 지원함.

안전

- 상자, 의자, 책상을 놀이에 활용해 옮기거나 위에 올라가 놀이할 때 필요한 안전 규칙에 대해 이야기를 나눔.
- 택배 상자를 만들 때 테이프나 가위 사용 시 안전하게 사용하는지 관찰함.

놀이에서의 배움

- 우체국에 관심을 갖고 우체국에서 하는 일에 대해 알게 되었으며 택배가 어떻게 배달이 되는지 직접적으로 경험함.
- 직접 우체국 직원, 집배원, 손님이 되어 역할놀이를 함.
- 친구와 함께 협력하여 교실을 우리 동네로 꾸미며 다양한 재료와 도구로 자신의 생각과 느낌을 표현함.

▷ 1일째 유아의 제안으로 시작된 놀이, 마트 배달 놀이~

우리 동네를 둘러보고 유치원 주변 마트로 체험학습을 다녀온 후 마트를 만들어 마트 주인, 손님이 되어 보는 마트 놀이가 시작되었다.

아이들은 마트에서 사 온 물건으로 마트를 꾸미고, 마트 주인과 손님의 역할을 정하여 마트 놀이를 시작하였다. 마트 놀이가 계획한 대로 잘 진행되던 중 선호가 "마트 물건을 배달해야 돼요!"라며 놀이를 제안하였다.

마트 놀이 중에 유아의 제안으로 갑자기 시작된 배달 놀이였지만 교사는 "물건 배달은 어떻게 하면 좋을까?"라고 질문하며 책상과 의자를 사용하여 배달차를 만들 수 있도록 허용하고, 공간을 확보해 주었다. 이후, 아이들은 마트 배달 놀이에 큰 관심을 보이고 오랜 시간 동안 몰입하여 놀이를 진행하였다.

마트로 현장체험학습을 갔어요!

마트놀이가 시작되었어요.

마트 놀이 중

유아의 제안 ▷

유아의 제안으로 시작된 마트 배달 놀이

계획해서 진행하던 마트 놀이 도중에 한 유아의 제안만으로 마트 놀이를 배달 놀이로 바꿔도 괜찮을까?

마트 체험학습을 다녀온 후 아이들이 관심을 갖는 마트 놀이를 하기 위하여 마트 간판을 만들고 마트에서 사 온 물건들을 전시하는 등 마트 꾸미기 놀이가 일어났다. 또 돈을 주고 물건을 사야 함을 경험하기 위해 다양한 자료(지폐, 동전, 카드, 계산기)를 지원하였지만, 한 유아의 제안으로 배달 놀이로 흥미가 변화되었다.

교사가 지원했던 자료와 유아들이 계획했던 놀이를 과감하게 포기하고 유아의 제안에 따라 놀이를 바꿔도 괜찮을까?

의자랑 책상이 필요해요!

물건 필요하신 분!! 배달합니다!

자동차를 타고 배달할 거예요!

민정: 나는 운전을 할게. 배달할 것 있으면 뒤에 담아~

혜영: (인형들을 안고) 뒤에 같이 타고 배달 가도 돼?

지태: (마트에서 물건을 가져와 자동차에 실으며) 이거 우리 집으로 배달해 주세요!

민정: 걱정 마세요! 안전하게 배달해 드릴게요.

교사의 놀이 지원	
🏫	책상과 의자를 옮길 수 있도록 공간을 허용함.
📢	계획한 놀이 이외의 놀이를 제안했을 때 이를 허용해 주고, 놀이가 활성화되도록 상호작용 함.
🕐	놀이 시간을 더 제공해 흥미를 갖게 된 마트 배달 놀이를 진행함.

> 💡 **놀이 과정 들여다보기**
>
> 마트 놀이를 하던 많은 아이들은 자연스럽게 마트 배달 놀이에 관심을 갖고 함께 놀이하자며 모여들었다. 이후, 아이들은 자신이 제안한 놀이들에 매우 흥미를 갖고 놀이 방법을 제시하며 운전사, 물건을 나르는 사람, 주문하는 사람, 배달 자동차에 타는 사람 등 스스로 역할을 정하여 마트 배달 놀이를 오랜 시간 동안 진행하였다.

🔖 2일째 이번엔 택배를 배달할래요~

계속해서 마트 물건 배달 놀이가 진행되던 중 준형이가 종이 블록을 친구들에게 주면서 "택배 배달이요!"라고 말하며 택배 배달 놀이를 시작하였다.

그 모습을 재미있게 보던 민혁이가 책상을 뒤집더니 "자, 이거 타고 택배 배달 가자!"라고 말하며 택배 배달 놀이가 점차 확장되었다. 같이 놀이를 하고 싶다는 아이들이 늘어나자, 교사는 자동차를 만들 수 있는 다양한 자료(상자, 재활용품, 테이프)를 제공해 주었다.

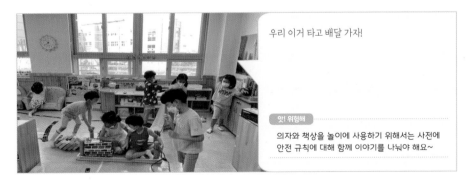

우리 이거 타고 배달 가자!

앗! 위험해
의자와 책상을 놀이에 사용하기 위해서는 사전에 안전 규칙에 대해 함께 이야기를 나눠야 해요~

"택배 배달차를 만들래요" 아이들의 택배 배달차는 단순히 운전을 하는 자동차에서 다양하고 구체적인 자동차로 발전을 하였다. 상자로 운전석을 만들고, 페트병을 이용해 자동차를 조절할 수 있는 핸들을 만들고, 택배를 싣고 갈 수 있는 짐칸도 추가하여 만들기 시작하였다. 이후 의자를 연결하여 더 길게, 많은 사람들과 짐을 싣는 택배 배달차가 완성되었다.

상자로 택배 배달차를 만들자!

짐을 싣는 칸도 필요해!

택배 배달 갑니다~

교사의 놀이 지원	
	방과 후 과정과 연계하여 놀이가 지속될 수 있도록 함.
	교사가 놀이 참여자가 되어 함께 놀이를 즐기며, 유아의 주도로 놀이가 지속될 수 있도록 적절한 상호작용을 함.
	우편집배원 의상, 편지지와 편지봉투, 우표, 우편함을 제공하여 우체국 놀이로 확장되도록 지원함, 의자와 책상을 놀이에 사용하도록 허용함.

교사의 고민

놀이가 확장되고 정교화되기 위해서 교사는 어떤 지원을 해야 할까?
놀이중심 교육과정이 이루어지면서 가장 걱정이 되었던 것은 '교사는 무엇을 해야 할까?', '어떻게 하면 놀이 확장이 이루어질까?'이다.
아이들이 택배 배달 놀이에 큰 흥미를 갖게 되었고, 놀이 또한 오랜 기간 몰입하여 재미있게 이루어졌다. 교사는 이러한 놀이가 확장되고 놀이 속에서 아이들에게 배움이 일어날 수 있도록 무엇을 해야 할까? 어떤 지원을 해야 할까?

우편집배원 의상과 우체통을 제공하여 택배 배달 놀이가 우체국 놀이와 연결되어 활성화될 수 있도록 도왔지만, 우체국에 대한 사전 지식이 많지 않아 놀이가 확장되지 않았고, 단순 택배 배달 놀이만 진행되었다.

단순한 우체국 놀이, 택배 배달 놀이를 확장하기 위해 교사는 전문적 학습공동체와 고민을 함께 나누고 아이디어를 얻어 우체국 현장체험학습을 지원하였다.

우체국에 대해 궁금한 점이 많아요! 직접 물어 봤어요!

우체국에서는 무슨 일을 해요?

우체국에 왜 저울이 있어요?

여기는 무얼 하는 곳일까? 택배를 포장하는 곳인가 봐!

우리가 택배를 보내면 정말 유치원으로 택배가 올까?

엄마, 아빠에게 편지도 보내 보고 싶어요!

교사의 놀이 지원	
🪀	동료 교사들과 함께 놀이 내용을 공유하고, 놀이 확장과 놀이 지원에 대한 고민을 나눔.
🏛	놀이의 상황, 유아의 관심이나 흥미에 따라 현장체험학습을 계획하고 지원함.
📢	우체국에 대해 궁금한 점과 우체국에서 하고 싶은 것에 대해 아이들과 충분히 이야기를 나누고 이를 현장체험학습 중에 실행함.

⬜ 7일째 현장체험학습으로 확장된 우체국 놀이!

현장체험학습을 다녀온 후 함께 하고 싶은 놀이에 대해 이야기를 나누었다.
아이들은 우리가 다녀온 우체국을 더 크게 만들어 보고 싶다고 이야기하였고,
우체국 직원과 우편집배원이 되어 보고 싶다고도 하였다.

간판이 필요해요!

우체국이라고 적으면 어때요?

상자가 필요해요!

자석 블록으로 쓰러지지 않게 세울 거예요.

여기로 택배를 보내 줘!

여기에 담을게!!

택배가 많아서 큰 자가 필요해

곧 출발합니다! 택배를 실어 주세요!

🔅 놀이 과정 들여다보기

현장체험학습을 다녀온 후 아이들의 놀이는 확장되었을까?

그전에 진행했던 우체국 놀이에서는 단순히 택배를 배달하고 편지를 쓰는 놀이만 진행되었다. 현장체험학습 이후 다양한 자료를 제공하고 놀이를 관찰해 보니 우체국의 택배 상자를 만드는 곳, 저울, 창구 등을 구성하는 등 우체국의 구성이 정교화되었고, 창구 직원의 역할, 손님의 역할(보내는 사람과 받는 사람의 이름을 적고, 직원에게 보내 달라고 접수하는) 등 놀이 속 상호작용이 확장되었고, 전문적 용어의 사용이 늘어나는 변화를 보였다.

민지: 어서 오세요. 택배 보내실 건가요?

지은: 네.

민지: 택배 박스에 포장해 주세요.

교사: 여기서 포장하면 됩니다. 어디로 보내실 건가요?

지은: (테이프를 붙이고 상자를 조립하며) 우리 엄마한테 선물을 보낼 거예요.

선호: 박스를 이쪽으로 주세요. 배달차에 실어서 배달 갑니다.

윤지: 미용실로 택배 보내 주세요.

민지: (저울에 무게를 재는 척하며) 음… 조금 무겁네요! (칭찬 도장을 박스에 찍으며) 도장 찍어 드릴게요.

택배 하나 더 있습니다!

선호: 자, 배달 갑니다.

민주: 이것도 배달해 주세요! 저도 타도 돼요?

서희: 저도 탈게요. 빨리 출발해 주세요.

💡 교사의 배움

놀이와 연결하여 현장체험학습이 이루어지니 아이들은 적극적으로 관심을 갖고 집중하였고, 계획된 현장체험학습이 아닌데도 놀이와 연계된 유의미한 배움이 이루어졌다.

또한 이러한 현장체험학습의 경험이 자연스럽게 놀이 속에서 나타나면서 놀이가 확장되고 정교화되는 모습을 볼 수 있었다.

교사가 놀이 관찰을 통해 유아의 흥미와 관심을 파악하고 놀이가 확장될 수 있도록 지원하는 것이 매우 중요하다는 것을 느꼈다.

놀이를 통해 평가하기

■ 월간 교육 계획안으로 교육과정 운영 평가하기

〈6월 우리 동네 주제가 반영된 월간 교육 계획안〉

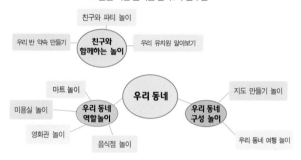

5 · 6월 놀이 계획(만 4세)

많은 어려움 끝에 만나게 되어 더욱 기대됩니다~
새롭게 만나게 된 친구들과 즐겁게 놀이하고, 내가 사는 우리 동네도 함께 알아보아요!
오늘은 어떤 놀이를 할까? 두근두근~

친구와 파티 놀이

우리 반 약속 만들기 — **친구와 함께하는 놀이** — 우리 유치원 알아보기

마트 놀이

미용실 놀이 — **우리 동네 역할놀이** — **우리 동네** — **우리 동네 구성 놀이** — 지도 만들기 놀이

영화관 놀이

음식점 놀이 — 우리 동네 여행 놀이

※ 하루 일과는 유아의 상태, 흥미, 요구, 유치원 실정에 따라 융통성 있게 운영합니다.

5 · 6월의 행사	안전교육	
▸ 5월 27일(수) 개학 ▸ 5월 29일(금) 장애 이해 교육(유아) ▸ 6월 5일(금) 마트 체험 ▸ 6월 8일(월)~15일(월) 학부모 상담 주간 ▸ 6월 12일(금) 소방 합동 훈련 ▸ 6월 17일(수) 체격 검사 ▸ 6월 26일(금) 찾아오는 체험	생활안전	- 교실에서 안전하게 생활해요 - 유치원에서 위험한 곳은 어디일까요? - 놀잇감을 안전하게 사용해요
	성교육	- 소중한 내 몸, 화장실 예절을 지켜요 - 친구 몸도 소중해요 - 소중한 내 몸과 친구 몸 OX퀴즈 - 여자도 남자도 똑같아요(성 차별 없는 직업 의식)
	교통안전	- 통학버스를 안전하게 타요 - 횡단보도를 안전하게 건너요 - 유치원 주변 교통 표지판을 살펴요
	폭력 및 신변안전	- 친구하고 마주 보고 - 실수야 실수/ 내 몸을 지켜요
	약물 및 사이버중독	- 몸에 해로운 음료수가 있어요 - 재미있는 텔레비전
가정통신		

▸ 코로나19가 확산하며 생활 속 거리두기를 실시하고 있습니다. 마스크 쓰기, 손 씻기와 소독, 기침 예절을 지켜 주세요. 가정에서도 유치원에 가기 전에 체온(37.5℃ 이하일 때 등원)을 꼭 확인토록 해 주세요.
▸ '책 보며 크는 마음' 책보기통장 첫 페이지의 활용 방법을 숙지하시고 적극 활용하여 매일 가방에 가지고 다닐 수 있도록 협조해 주시기 바랍니다.
▸ 유치원에서 먹일 약을 보내실 경우 원아수첩의 투약 의뢰서를 작성한 후 약병(한 번 먹을 양만 약병에 꼭 이름을 써서)에 담아 보내 주시기 바랍니다.

〈우체국 놀이 진행 후 교육과정 운영 평가한 예〉

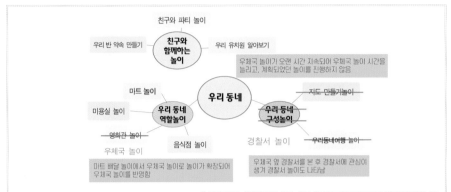

※ 하루 일과는 유아의 상태, 흥미, 요구, 유치원 실정에 따라 융통성 있게 운영합니다.

5 · 6월의 행사	안전교육	
▸ 5월 27일(수) 개학 ▸ 5월 29일(금) 장애 이해 교육(유아) ▸ 6월 5일(금) 마트 체험 ▸ 6월 8일(월)~15일(월) 학부모 상담 주간 ▸ 6월 12일(금) 소방 합동 훈련 ▸ 6월 17일(수) 체격 검사 '우체국'에 대한 관심과 흥미로 인해 체험학습 추가 ▸ 6월 19일(금) 우체국 체험학습 ▸ 6월 26일(금) 찾아오는 체험	생활안전	- 교실에서 안전하게 생활해요 - 유치원 위험한 곳은 어디일까요? - 공공기관에서 약속을 지켜요 - 놀잇감을 안전하게 사용해요
	성교육	- 소중한 내 몸, 화장실 예절을 지켜요 - 친구 몸도 소중해요 - 소중한 내 몸과 친구 몸 OX퀴즈 - 여자도 남자도 똑같아요(성 차별 없는 직업 의식)
	교통안전	- 통학버스를 안전하게 타요 　(우체국 체험학습 가기 전 안전교육 실시) - 횡단보도를 안전하게 건너요 - 유치원 주변 교통 표지판을 살펴요
	폭력 및 신변안전	- 친구하고 마주 보고 - 실수야 실수 - 내 몸을 지켜요
	약물 및 사이버중독	- 몸에 해로운 음료수가 있어요 - 재미있는 텔레비전

월간 교육과정 운영 평가

▸ 마트 놀이에서 시작되었던 배달 놀이가 우체부 택배 배달로 연결되면서 아이들이 우체국에 관심과 흥미가 생김. 택배를 배달하기 위해 자동차를 만들어 타거나 밀어 보고, 더 큰 자동차를 만드는 과정에서 함께 안전 규칙을 정하고, 안전하게 놀이함. 또한 체험학습 가기 전 안전교육을 실시함으로써 교통안전 규칙을 익힘.

▸ 유아의 흥미와 관심을 반영하여 체험학습을 계획하였고, 유아들이 궁금해 하던 우체국을 다녀온 후, 직접 편지와 택배를 보내는 체험을 해 봄으로써 우체국의 역할과 편지·택배 배송 과정을 알게 됨. 택배를 보내는 사람, 창구 직원, 배달하는 사람 등 역할을 맡아 자신이 하고 싶은 역할을 스스로 수행하고, 체험학습으로 경험한 것들을 가상놀이로 표현함. 또한 우체국을 포함한 그 주변 공공기관까지 관심을 가지며, 내가 살고 있는 곳에 관심을 갖게 됨.

▸ 우체국 옆 경찰서를 보고 경찰서에 아이들이 관심을 가짐. 잠깐 들른 경찰서에 궁금증이 생기고 관심이 생겨 교실로 돌아와 '경찰'에 대해 이야기를 나누고, 자연스럽게 놀이에서 나타남.

■ 교사 저널 기록으로 교육과정 운영 평가하기

첫째 날: 마트 놀이가 마트 배달 놀이로~

교사의 계획은 마트 놀이였지만 아이들의 제안으로 의자와 책상을 이용해 자동차를 만들고, 물건을 싣고 배달하는 놀이가 진행되었다.

처음에는 두세 명의 아이들이 진행한 놀이였지만, 점차 많은 아이들이 관심을 보여 자동차가 점점 길어지고 역할이 늘어나며 놀이가 지속되는 등, 배달 놀이에 많은 흥미를 보이기 시작했다.

아이들에게 배달 놀이에 대한 교사의 지원과 놀이 확장의 기회가 필요할 것 같다.

둘째 날: 배달할 자동차를 만들자!

배달할 자동차를 만든 아이들은 택배 배달에도 재미를 느꼈다. 아이들이 갖게 된 '택배 배달'을 '우체국, 우편집배원'과 연결하기 위해 교사는 우편집배원 의상과 관련 그림책, 그림 자료를 지원하였다.

택배 배달에 흥미를 느끼던 아이들은 우체국에도 큰 관심과 흥미를 느꼈고, 자연스럽게 놀이에서 나타나기 시작하였다. 그러나 우체국에 대한 사전 경험이 많지 않아 '어떻게 하면 우체국 놀이가 확장될 수 있을까?' 고민이 되었다.

일곱째 날: 체험학습을 다녀온 후 확장된 우체국 놀이

함께 우체국을 만들고, 우체국 놀이에 필요한 것들에 대해 이야기를 나눈 후 필요한 자료(박스, 큰 종이, 우체통, 택배 박스 등)를 지원하였다.

'우체국'은 공동의 관심사인 데다 자신들이 낸 아이디어로 우체국 놀이가 진행되는 것에 너무 즐거워하였다.

아이들은 자신이 흥미를 갖고 관심 있는 놀이에는 주도적이며 적극적으로 임해서 매우 놀라웠다. 유아 주도적 놀이에서는 교사가 가르쳐 주지 않아도 배움이 저절로 일어났다.

■ 5개 영역으로 교육과정 운영 평가하기

**신체운동 ·
건강**

▸ 신체활동 즐기기
일상에서 안전하게 놀이하고 생활한다. 놀이를 시작하기 전 놀이 시 발생할 수 있는 안전규칙에 대해
이야기하고 이를 실천함.

**의사
소통**

▸ 듣기와 말하기
말이나 이야기를 관심 있게 듣는다. 현장체험학습 시 궁금한 것에 대해 질문하고, 우체국 직원의
이야기를 관심 있게 들음.
▸ 읽기와 쓰기에 관심 가지기
자신의 생각을 글자와 비슷한 형태로 표현한다. 택배에 적을 주소나 친구의 이름을 글자와 비슷한
형태나 글자로 표현하고, 편지지에 자신의 생각을 표현하기 위해 교사에게 글씨를 써 달라고 함.

**사회
관계**

▸ 나를 알고 존중하기
내가 할 수 있는 것을 스스로 한다. 우체국 놀이에서 자신이 하고 싶은 역할을 스스로 정하고 이를
수행함.
▸ 더불어 생활하기
친구와 서로 도우며 사이좋게 지낸다. 친구와 협력하여 우체국을 만들고 우체국 놀이를 즐겨함.
▸ 사회에 관심 가지기
내가 살고 있는 곳에 대해 궁금한 것을 알아본다. 지역 사회의 우체국으로 체험학습을 가기 전 궁금한
점에 대해 이야기를 나누고, 이를 직접 질문해 봄.

**예술
경험**

▸ 아름다움 찾아보기
다양한 미술 재료와 도구로 자신의 생각과 느낌을 표현한다. 다양한 미술 재료와 도구로 우체국 간판,
우체국을 만듦.
▸ 창의적으로 표현하기
극놀이로 경험이나 이야기를 표현한다. 우편집배원, 우체국 직원, 손님 역할을 맡아 다양한 경험이나
이야기를 극놀이로 표현함.

**자연
탐구**

▸ 자연과 더불어 살기
도구와 기계에 관심을 가진다. 현장체험학습 중 우체국에서 본 택배 무게를 재는 저울을 만들어서
놀이할 때 저울 사용하는 흉내를 냄.

〈학급 전체 놀이 맥락 기록으로 유아들의 놀이 들여다보기〉

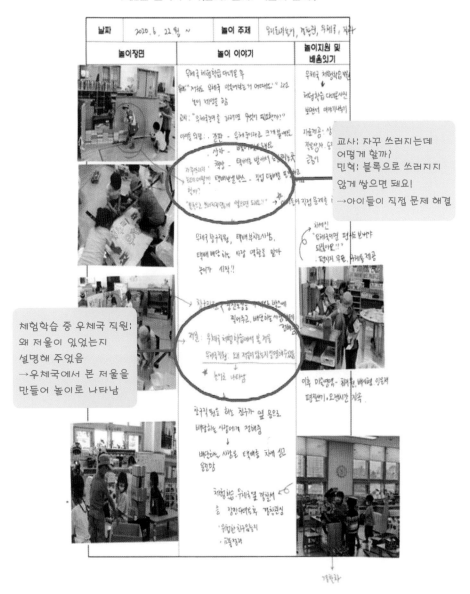

4세2반 놀이이야기(놀자! 놀자! 어울려 놀자!)

〈그룹별로 놀이 기록하여 평가하기〉

날짜	이름	놀이 장면	놀이 이야기
6월 19일 금요일	박민지 김정수 송민혁		민혁이가 빈 상자에 들어가 운전하는 흉내를 내다가 종이 블록을 가져와 '택배 배달 가야지!'라고 말하며 가작화하여 놀이에 몰입한다. 민지와 정수가 관심을 보이고 다가가자 민혁이는 같이 놀자면서 놀이를 제안한다. 민지가 미술 영역에 있는 테이프와 페트병을 가져오더니 "손잡이 만들까?"라고 말하며 자신의 창의적인 아이디어를 친구와 공유하고 이를 표현한다.
6월 22일 월요일	최가희 김지은 박준형 정준오 김민주		준형이와 준오가 여러 개의 종이 블록을 들고 택배 배달차 뒤쪽에 싣고, 앞쪽에 앉는다. 준형이가 우편집배원 흉내를 내며 "오늘 진짜 택배 많다."라고 행동과 상황을 가작화한다. 가희가 "이거 선생님한테 배달해 주세요."라고 말하고, 지은이와 민지는 블록을 자동차에 올려 담는 것을 함께 도와주며 자동차에 타는 흉내를 하며 상상 놀이를 즐긴다.

〈개인 유아 놀이 기록하여 평가하기〉

이름: 김선호

마트 놀이를 하던 중 선호가 책상을 민혁이와 함께 옮기며 택배 배달 자동차를 만든다고 함.

이후 친구들에게 필요한 것을 물어 보고 배달해 주며 상대방이 하는 이야기를 듣고 이에 적절한 대답을 함.

또한 상황에 맞는 단어와 문장을 사용하여 말함.

택배 배달 자동차를 만든다면서 상자를 이용해 운전석을 만들고, 친구와 함께 도우며 의자를 옮김.

준형이가 책상 앞에 있던 상자를 책상 위로 올려야 한다고 이야기하자 자신과 다른 생각을 존중해 주며 상자를 책상 위로 올려 운전석을 만듦.

체험학습 시 보았던 택배의 무게를 재는 저울에 호기심과 궁금증을 갖고 알고자 함. 우체국 직원이 설명해 준 후 자세히 보고 눌러 보며 탐구하는 과정을 즐김.

저울의 기능을 알고 이를 직접 만들어서 놀이에 활용함.

4세 초임 교사가 만드는 대하드라마, 「난중일기」

■ 놀이가 이루어진 기간: 2020년 10월 5일(월)~10월 16일(금)

#관심이 놀이로 #이순신이 좋아요 #복도의 활용 #초임 교사의 고민 맛집
#책상과 의자도 놀잇감 #과격한 놀이 허용해야 할까?

💡 놀이의 시작

정리 시간이나 전이 시간에 유아들은 '한국을 빛낸 100명의 위인들'이라는 노래를 즐겨 듣고 부르는 것에 큰 관심을 가졌다. 이러한 관심을 확장하기 위해 교사는 노래를 자주 틀어 주고 다양한 방법으로 불러 보며 위인들에 대해 이야기도 나누었다. 노래에 나오는 위인들 중 아이들에게 가장 멋지고 인기 있는 위인은 '이순신'이었다.

이후, 아이들은 집에서 이순신 관련 그림책을 가져오고, 친구와 함께 읽어 보면서 이순신 장군과 거북선에 대해 궁금해 했는데, 아이들의 관심과 흥미가 놀이 속에서 자연스럽게 나타나기 시작했다.

🕐 놀이의 흐름

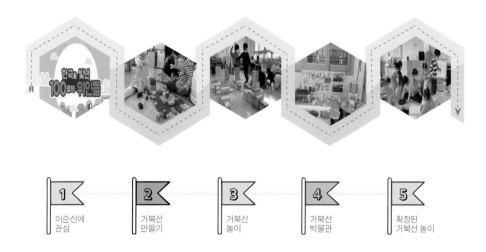

1	2	3	4	5
이순신에 관심	거북선 만들기	거북선 놀이	거북선 박물관	확장된 거북선 놀이

놀이 개요 한눈에 보기

<table>
<tr><td rowspan="7">교
육
적

놀
이

지
원</td><td>
공간</td><td>▪ 거북선 놀이를 하기 위해 교구장을 옮기고 매트를 치우며 공간을 확보함.</td></tr>
<tr><td>
자료</td><td>▪ 안전교육 후 필요에 따라 의자와 책상을 놀이에 사용하도록 제공함.
▪ 거북선과 관련한 그림 자료, 동영상 자료를 제공함.
▪ 상자와 다양한 미술 재료, 노, 국기봉을 추가로 제공함.</td></tr>
<tr><td>
일과</td><td>▪ 계획하지 않았던 놀이였지만 아이들의 관심과 흥미에 따라 놀이 계획을 변경하여 놀이함.
▪ 방과 후 과정과 연계하여 거북선 놀이를 지속적으로 진행함.</td></tr>
<tr><td>
상호작용</td><td>▪ 이순신과 거북선의 궁금한 점에 대해 친구들과 이야기를 나누고, 함께 인터넷에서 관련 자료를 찾거나 관련 동영상을 보며 다양하게 상호작용 함.
▪ 교사가 놀이 참여자가 되어 상황과 행동을 가작화하여 상호작용 함.</td></tr>
<tr><td>
학습공동체</td><td>▪ 아이들의 과격해진 놀이에 대해 동료 교사에게 조언을 구하고, 전문적 학습공동체에서 함께 고민을 나눔.
▪ 거북선 놀이를 해 봤던 동료 교사와 놀이 사례를 공유함.</td></tr>
<tr><td>
안전</td><td>▪ 놀이 시 위험한 행동에 대해 안전교육을 실시하고 놀이를 진행함.
▪ 상자, 의자, 책상을 옮기거나 위에 올라갈 때의 규칙을 교실 안전규칙에 추가함.</td></tr>
<tr><td>놀이에서의
배움</td><td>▪ 자신이 구성하고자 하는 거북선 놀이의 전개도를 상상하여 함께 그려 보고 계획한 거북선을 실제로 구성함.
▪ 거북선 안에서 이순신과 군사들이 되어 전쟁을 하는 흉내를 내며 이순신에 대해 알게 됨(가상놀이 속에서 역할을 맡아 놀이를 즐김).
▪ 이순신과 거북선 놀이를 즐기며 우리나라에 대한 자랑스러움과 자긍심을 느낌.</td></tr>
</table>

아이들 모두가 정리 시간이나 전이 시간에 즐겨 듣던 '한국을 빛낸 100명의 위인들' 노래 가사를 다 외우고, 크게 따라 부르며 즐거워한다. 민혁이가 "선생님! 저는 이 중에서 이순신이 가장 좋아요!"라고 말하자 다른 아이들도 "저도요!"라며 이순신에 큰 관심을 보였다.

이후, 이순신 관련 책을 같이 찾아보고 거북선에 대한 다양한 그림 자료를 제공하였다. 아이들과 함께 이순신과 거북선에 대해 이야기를 나누다 보니 점차 관심과 흥미가 확장되었다.

이순신 거북선이 멋지잖아요~

이 중에서 이순신이 제일 좋아요!

민우: '한국을 빛낸 100명의 위인들' 틀어 주세요!

민서: 상훈아, 넌 이 중에 누가 제일 좋아?

상훈: 난 이순신이 제일 좋아.

교사: 정말? 왜 이순신이 좋아?

상훈: 거북선이 멋지잖아요!

선희: 우리 집에 이순신 책 있는데, 이순신은 우리나라를 위해 힘들게 싸웠대요.

아이들의 관심이 어떻게 놀이가 될 수 있을까?
처음 아이들이 '한국을 빛낸 100명의 위인들'이라는 노래를 계속 틀어 달라고 했을 때 아이들에게 관심이 생겼다는 것을 발견하지 못했다. 그러나 긴 가사를 외우고, 아이들이 놀이 시간에도 흥얼거리는 모습을 보고 아이들이 우리나라의 위인들에 대해 관심을 갖게 되었다는 것을 알게 되었다. 이때 교사는 이러한 관심을 어떻게 보아야 할까? 아이들의 관심을 어떻게 놀이로 연결할 수 있을까?

교사의 놀이 지원	
	이순신과 관련한 궁금증을 해결하기 위해 다양한 이순신 동화책을 제공하고 읽음.
	이순신과 거북선에 대한 어떤 점을 궁금해 하고 관심을 갖는지 계속해서 상호작용 함.

🔖 2일째 아이들의 놀이 속에 나타난 거북선!

현진이와 진우가 열심히 블록으로 만들기를 하고 있다. "어떤 걸 만들고 있는 거야?"라고 물으니 현진이가 "거북선이요! 이쪽이 뿔, 이쪽이 입이에요."라고 대답한다.

거북선과 이순신에 대해 관심을 가지고 함께 이야기를 나눈 후 아이들의 놀이 속에서는 이순신과 거북선이 자연스럽게 나타나기 시작했다.

관심을 갖게 된 거북선과 관련한 동화책을 읽거나 인터넷 포털 사이트를 검색 하여 함께 살펴보고, 동영상 자료를 감상하였다. 이 후 레고 블록으로 거북선 을 만들거나 거북선 그림을 그리는 등 거북선을 만들고자 하는 요구가 나타났 다. 교사는 수수깡, 면봉, 점토, 상자, 종이컵, 달걀판 등을 제공해 주어 유아들 이 거북선을 만들 수 있도록 지원하였다.

"이쪽에 대포를 만들자!"
"이렇게 하니까 진짜 거북선 같다!"

자석 블록을 이용해 거북선을 만들었어요.

혼자 또는 친구와 함께 협동하여 만든 거북선은 거북선 박물관을 만들어 복도에 전시를 해 보는 것까지 놀이가 이어졌다.

이처럼 교사는 큰 계획과 요구를 하지 않았어도 유아들의 주도로 놀이가 나타났으며, 곧 다양한 형태로 구체화되었다. 이렇게 아이들의 주된 관심사와 흥미를 교사가 알아차리고 다양한 지원이 이루어지면 아이들의 관심과 흥미는 놀이로 구체화되고 확장된다는 것을 알 수 있었다.

레고 블록으로 거북선을 만들었어요!

이렇게 하면 거북선의 뿔이 돼요!

재활용품을 이용해서 거북선을 만들어요!

"너희 작품을 어떻게 하면 좋을까?"

"다른 반 친구들도 볼 수 있게 복도에 전시해요!"

교사의 놀이 지원	
	복도에 거북선 박물관을 만들어 작품을 전시함.
	자신이 만든 거북선을 친구들에게 소개해 주고, 친구들이 궁금한 것을 질문하면 대답도 해 줄 수 있는 자리를 마련해 작품에 대한 자신감을 가질 수 있도록 상호작용 함.
	다양한 거북선 그림 자료, 동영상 자료 및 동화책을 제공함.

💡 **교사의 고민**

복도 전시의 부담스러움
처음 아이들이 복도에 작품을 전시하자는 이야기를 했을 때 교사는 복도를 활용한다는 것이 조금은 부담스러웠다. 복도에 전시를 하면 다른 사람들이 볼 텐데 화려하고 멋지게 꾸며야 하지 않을까? 있는 그대로 전시를 해도 괜찮을지 고민되었다.
하지만 아이들은 화려하거나 멋지지 않아도 자신들의 아이디어와 작품에 자부심을 가졌고, 다른 반 친구들에게 소개하거나 자랑했다. 이런 모습을 보면서 교사의 입장이 아닌 아이들의 입장에서 접근해야겠다는 생각이 들었다.

⬜ 5일째 이순신이 되어 놀아요!

일본군이 쳐들어온다!
공격하라!

이순신과 거북선에 대한 아이들의 관심과 흥미는 점점 확장되었다. 동화책과 다양한 동영상 자료에서 알게 된 이순신의 모습과 말을 흉내 내고, 일본군이 쳐들어오는 상황을 가작화하며 놀이가 오랜 시간 동안 반복적으로 지속되었다. 점차 다른 놀이를 하던 아이들도 관심을 갖고 참여하여 더 크고 다양한 상황의 이순신 놀이가 진행되었다.

거북선을 많이 만들자!
이순신은 12척의 배를
만들었잖아!

일본군의 배도 만들어야 해~

공격하라!!!
일본군이 쳐들어왔다!

이순신 놀이, 거북선 놀이가 계속해서 진행되던 중 상훈이가 "선생님! 우리 교실에도 큰 거북선이 있었으면 좋겠어요!"라고 말한다.

상훈이의 의견을 다른 친구들과 함께 공유하고, 어떻게 큰 거북선을 만들 수 있을지, 만들기 위해서는 무엇이 필요한지 이야기를 나누고, 그림으로 그려 보며 계획을 세웠다.

아이들은 상자와 노, 깃발이 필요하다고 하였고, 필요한 자료와 시간을 제공해 주고 자신들이 원하는 놀이가 진행되도록 지원하였다.

아이들은 계속해서 놀이 속 아이디어를 생각해 내고 직접 실천해 보며 확장된 놀이에 즐거움을 표시했다.

교사: 지은이는 깃발을 만들고 있구나. 무엇을 그리는 거야?"

지은: 우리나라 태극기요! 거북선이 우리나라 것이니까요!"

유진: 선생님, 거북선 얼굴을 그려 주세요! 거북선을 만들기 위해서는 거북선 얼굴이 필요해요.

선희: 같이 색칠해도 돼?

민혁: 좋아! 눈은 빨간색으로 색칠해야 해!

"책상을 거북선이라고 할래요!"

"노를 젓는 곳에 의자가 필요해요~"

아이들은 제공해 준 자료 이외에 의자와 책상, 교구장 등을 사용하여 놀이하고 싶다고 이야기했다.

아이들은 교실에서 거북선을 만들 수 있는 것을 찾아보고, 친구와 함께 책상과 의자, 교구장, 소파 등을 옮기기 시작했다.

의자와 책상이 놀잇감이 될 수 있을까?

아이들이 책상 위에 올라가 "배~"라고 말하며 거북선 놀이를 하고 싶다고 했을 때 고민이 많이 되었다. '책상과 의자는 용도가 정해져 있는데, 놀이에 활용되었을 때 기본 생활 습관이나 안전에 문제가 되지 않을까'라는 두려움 때문이었다.

그러나 아이들은 스스로 놀이 상황과 놀이 상황이 아닐 때를 구분하여 상황에 알맞게 의자와 책상을 사용하고 있었고, 충분한 안전교육 후 규칙을 지켜 놀이하는 모습을 볼 수 있었다.

교사의 놀이 지원	
	교구장을 옮기고 매트를 치워 거북선을 만들기 위한 공간을 확보함.
	놀이 시간을 충분히 주어 거북선 놀이가 확장되어 이루어지도록 함.
	의자와 책상을 놀이 자료로 사용하도록 함.
	아이들의 놀이 아이디어를 존중하고, 실현할 수 있는 방법을 충분히 상호작용 함.

큰 상자가 필요해요!

얘들아, 너희가 잡아 줘. 내가 테이프로 붙일게!

거북선 용 머리가 필요해요~

이렇게 하니까 진짜 거북선 같다!

앗! 위험해

의자와 책상을 놀이에 사용하기 위해서는 사전에
안전규칙에 대해 함께 이야기를 나눠야 해요~

놀이 속 안전규칙

밧줄과 의자, 책상, 교구장을 이용해 놀이를 하기 전 많은 고민이
되었다. 아이들이 재미있게 놀 수 있는 놀잇감이 될 수 있지만,
놀이 과정에서 위험한 상황 또한 많이 발생할 수 있는 자료들이기
때문이다.
안전하게 놀이하기 위해 사전에 위험한 행동과 일어날 수 있는
안전 사고에 대해 이야기를 나누고 안전규칙을 정한 후 놀이를
진행하였다.

영차! 영차!

파도가 치고 있다!
모두 노를 저어라~

상훈: 나는 일본군이야!

현진: 그럼 일본 배에 타!

민혁: 저기 일본 배가 있다! 모두 노를 저어라!

현진: 밧줄을 묶어서 잡자! 일본 배를 잡았다!

민혁: 승리했다!!! 만세!!

교사의 놀이 지원	
	놀이 시간을 충분히 주어 큰 거북선을 만들고, 이순신 놀이까지 놀이가 끊기지 않고 연결되도록 함.
	아이들이 의자나 책상을 옮길 때에는 친구와 협력하여 다치지 않도록 안전에 주의함.
	아이들이 원하는 자료를 함께 이야기 나누고 다양한 자료 (상자, 테이프, 밧줄, 국기봉, 노)를 제공해 줌.

💡 놀이 과정 들여다보기

아이들은 책상, 의자, 교구장, 소파, 상자 등을 이용해 자신들이 원하는 큰 거북선을 만들기 시작했다. "여기에 깃발을 붙이면 어때?", "여기에 밧줄을 묶자."라고 말하며 자신의 의견을 친구들과 공유하고 이를 실천하기 위해 서로 도우며 협력하였다.

다른 놀이를 하던 아이들도 흥미를 갖고 한 명, 두 명 다가와 자연스럽게 반 아이들이 모두 참여하는 큰 놀이가 진행되었고, 그 속에서 아이들은 이순신 장군, 일본군, 노를 젓는 사람, 배를 모는 사람, 밧줄을 묶는 사람 등 자신이 할 수 있는 역할을 맡아 즐겁게 놀이하였다.

10일째 과격한 놀이를 허용해도 될까?

거북선 놀이는 교육과정과 방과 후 과정을 연계하여 며칠 동안 이루어졌다. 그러나 놀이가 계속될수록 아이들의 행동이 점점 과격해졌다. 일본군이라며 뛰어가는 친구, 블록으로 총이나 칼을 만들어 일본군을 공격하는 친구 등, 과격한 행동으로 안전상의 문제가 생길 것 같아 모두 모여 이야기를 나누었다.

 다치지 않고 안전하게 놀이하는 방법은 없을까?

신문지는 푹신해서 안 다칠 것 같아요!

교사는 아이들과 함께 선생님으로서 걱정이 되는 부분과 아이들의 위험한 행동에 대해서 솔직하게 이야기를 나눠 보기로 하였다. "장난감을 던지거나 교실에서 달려 다니며 놀이할 때 부딪히거나 넘어져 사고가 날까 봐 걱정이 돼."라는 교사의 말에 아이들은 저마다 새로운 놀이 방법을 이야기하기 시작했다. "바깥 놀이터에 나가서 이순신 놀이를 해요.", "가벼운 신문지를 대포로 만들어서 놀아요." 등 교사가 미처 생각하지 못한 다양한 대체 놀이 방법들을 내놓은 것이다.

	교사의 놀이 지원
🕐	방과 후 과정과 연계하여 놀이가 지속될 수 있도록 함.
🔑	전문적 학습공동체에서 동료 선생님들과 아이들의 과격해진 놀이에 대해 함께 고민을 나누고, 조언을 구함.
🧰	실제 위험한 상황에 대해 함께 이야기를 나누어 보고, 안전하게 놀이하는 방법을 아이들이 정할 수 있도록 함(신문지 놀이로 대체함).

💡 **교사의 고민**

과격한 놀이를 허용해야 할까?

아이들이 주도하며 몰입하는 놀이 속에 과격한 행동이나 언어가 나오는데도 이를 놀이로서 존중하고 허용해야 할까? 아니면 제재해야 하는 걸까?

이러한 교사의 행동이 유아의 놀이를 방해하는 것은 아닐까?

교사는 이런 고민들을 아이들에게 솔직하게 털어 놓고 함께 이야기를 나누어 보기로 하였다. 그리하여 교실에서는 뛰지 않고 놀잇감을 던지지 않겠다는 약속을 정했다. 또 총과 칼 놀이는 바깥 놀이터에서 하기로 약속하였다.

아이들 역시 자신들만의 안전한 놀이(다치지 않는 신문지를 사용)를 만들어 교사와 친구들에게 제안하기도 하였다.

💡 **교사의 배움**

가볍게 접근했던 노래 한 곡이 모든 아이들이 함께 몰입하는 놀이로 확장되었다. 아이들이 흥미와 관심을 가졌던 '이순신'과 '거북선'에 대해 교사가 다양한 지원을 해 주고 궁금증을 함께 해결하자 놀이가 자연스럽게 확장되었다. 유아들이 관심을 갖고 주도적으로 시작한 놀이인 만큼 놀이의 몰입도가 높고 지속 시간도 길었다.

교사가 아이들의 관심과 흥미가 무엇인지 꾸준히 관찰하고, 이를 놀이로 연결하도록 지원하는 것이 정말 중요하다는 것을 느꼈다.

놀이를 통해 평가하기

■ 월간 교육 계획안으로 교육과정 운영 평가하기

〈생활 주제가 반영된 월간 교육 계획안〉

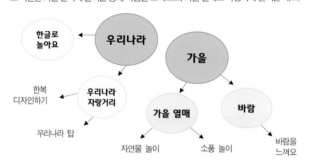

10월 놀이 계획(만 4세)

10월 9일 한글날을 맞이하여 한글에 관심을 갖고 놀이해 보고,
자랑스러운 우리나라를 생각하며 놀이해요!!
또 시원한 가을 날씨에 놀이를 통해 바람을 느껴보고, 가을 열매로 다양하게 놀이를 해요.

※ 하루 일과는 유아의 상태, 흥미, 요구, 유치원 실정에 따라 융통성 있게 운영합니다.

10월의 행사	안전교육	
▸ 10월 1일(목) 추석 ▸ 10월 2일(금) 추석 연휴 ▸ 10월 3일(토) 개천절	생활안전	- 가을철을 건강하게 지내려면(기침 예절을 지켜요)
▸ 10월 7일(수) 목공 놀이 (4세) ▸ 10월 9일(금) 한글날 ▸ 10월 12일(월) 재난 대피 훈련	교통안전	- 엄마, 아빠와 안전하게 다니기
▸ 10월 12일(월) 찾아오는 장애 이해 교육 　(4세) ▸ 10월 15일(목) 찾아오는 요리 체험 　(떡메치기)	폭력 및 신변안전	- 상처 주는 말도 폭력이 될 수 있어요 - 너의 잘못이 아니야 - 성교육 동화 함께 읽기
▸ 10월 22일(목) 홍련마을 수확 체험(4세) ▸ 10월 27일(화) 독도 사랑 교육	약물 및 사이버중독	- 엄마, 아빠 술은 안 돼요

가정통신
▸ 코로나19가 확산하며 사회적 거리두기를 실시하고 있습니다. 마스크 쓰기, 손 씻기와 소독, 기침 예절을 철저히 지키고, 감기 증상이나 열이 있을 경우 가정에서 충분한 휴식을 취할 수 있도록 해 주시기 바랍니다. 가정에서 유치원에 가기 전 체온(37.5℃ 이하일 때 등원)을 잰 후 '건강상태 자가진단(교육부)' 앱에 꼭 참여해주세요. ▸ 10월 1일은 추석입니다. 가족과 함께 풍성하고 즐거운 시간 보내시길 바랍니다. ▸ 영유아 건강검진 시기를 확인하시고 검진 후 유치원으로 결과표를 제출해 주시기 바랍니다.

〈유아의 흥미가 반영된 월간 교육 계획안〉

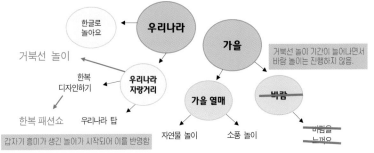

10월 놀이 계획(만 4세)

10월 9일 한글날을 맞이하여 한글에 관심을 갖고 놀이해 보고,
자랑스러운 우리나라를 생각하며 놀이해요!!
또 시원한 가을 날씨에 놀이를 통해 바람을 느껴보고, 가을 열매로 다양하게 놀이를 해요.

거북선 놀이

한글로
놀아요

우리나라

가을

거북선 놀이 기간이 늘어나면서
바람 놀이는 진행하지 않음.

한복
디자인하기

**우리나라
자랑거리**

가을 열매

~~바람~~

한복 패션쇼   우리나라 탑

갑자기 흥미가 생긴 놀이가 시작되어 이를 반영함

자연물 놀이   소풍 놀이

~~바람을
느껴요~~

※ 하루 일과는 유아의 상태, 흥미, 요구, 유치원 실정에 따라 융통성 있게 운영합니다.

10월의 행사	안전교육	
▶ 10월 1일(목) 추석 ▶ 10월 2일(금) 추석 연휴 ▶ 10월 3일(토) 개천절 ▶ 10월 7일(수) 목공 놀이 (4세) ▶ 10월 9일(금) 한글날 ▶ 10월 12일(월) 재난 대피 훈련	생활안전	- 가을철을 건강하게 지내려면(기침 예절을 지켜요) - 교실에서 안전하게 생활해요
	교통안전	- 엄마, 아빠와 안전하게 다니기

코로나19로 인해 찾아오는 체험학습으로 대체
 	
▶ 10월 12일(월) 찾아오는 장애 이해 교육
  (4세)
▶ 10월 15일(목) 찾아오는 요리 체험
  (떡메치기)
▶ ~~10월 22일(목) 흥련마을 수확 체험(4세)~~
▶ 10월 27일(화) 독도 사랑 교육
	폭력 및
	신변안전
		- 상처 주는 말도 폭력이 될 수 있어요
		- 너의 잘못이 아니야
		- 성교육 동화 함께 읽기

	약물 및 사이버중독	- 엄마, 아빠 술은 안 돼요

월간 교육과정 운영평가

▶ 유아들과 함께 계획했던 놀이는 아니지만 아이들의 흥미가 이순신과 거북선으로 옮겨 가 2주간 거북선 놀이가 진행되면서
바람 놀이를 진행하지 않음. 이순신과 거북선에 대한 동화책을 함께 읽은 뒤 블록, 재활용품 등 다양한 재료를 활용하여
거북선을 만들고, 이순신과 일본군의 역할을 맡아 놀이하며 점차 확장된 거북선 놀이를 진행함.
▶ 한복 디자인하기 놀이를 계획하던 중 아이들의 아이디어와 관심에 따라 한복 패션쇼를 진행하고, 오랜 시간 지속해서
놀이함으로써 한복의 아름다움과 우리나라 전통문화에 자랑스러움을 느낌.
▶ 교실 공간을 확보해 주고 책상, 교구장, 칠판, 의자, 밧줄 등을 놀이에 활용할 수 있도록 하였고, 놀이에서 나타날 수 있는
위험한 행동과 놀이 규칙에 대한 안전교육을 진행함. 상황에 따른 안전교육을 통해 교실에서의 안전규칙을 자연스럽게
습득함.

■ **교사 저널 기록으로 교육과정 운영 평가하기**

첫째 날: 놀이 속에서 자연스럽게 거북선이 나타나다

'한국을 빛낸 100명의 위인들' 노래에 나오는 이순신에 관심을 가진 아이들과 함께 이순신과 거북선에 대해 이야기를 많이 나누고, 다양한 동화책을 지원해 주었다. 이후 아이들은 다양한 미술 재료(수수깡, 점토, 면봉, 상자, 종이컵, 테이프)와 블록을 이용해 개별적으로 거북선을 만들기 시작하였다. 교사가 직접 놀이를 제안하거나 소개한 것이 아니었는데 아이들의 관심과 흥미가 자연스럽게 놀이로 연결되었다. 이제 놀이가 지속되고 확장되기 위해 교사는 무엇을 지원하면 좋을까?

다섯째 날: 이순신이 되어 보는 아이들!

민혁, 진우, 민우가 모여 자석 블록을 이용해 거북선을 만들기 시작한다. 이때 민혁이가 "거북선이 하나만 있으면 안 돼! 12척이 필요해."라고 말한다. 이후 일본군의 배와 거북선을 더 만들기 시작하고, 이순신 역할을 맡아 대포를 쏘고 놀이를 계속 진행한다.
아이들은 이야기 나누기와 그림책을 통해 알게 된 이순신에 대한 업적을 자연스럽게 놀이로 표현하며 이순신 장군에 대한 자랑스러움을 경험하고 있었다.

일곱째 날: 큰 거북선을 만들자고?

진호가 "거북선을 교실에 크게 만드는 건 어때요?"라고 제안하였다. 친구들과 함께 진호의 아이디어를 공유하니 다른 아이들도 모두 좋아하며 관심을 보였다. 교사가 아이들이 필요하다고 한 상자, 밧줄, 의자, 책상 등을 놀이로 사용할 수 있도록 준비해 두자 많은 아이들이 몰입하여 거북선을 만들었다.
이후 노를 젓는 사람, 깃발을 잡는 사람, 일본 배에 밧줄을 묶는 사람, 일본군 등 스스로 역할을 맡아 놀이를 진행하였다.

▪ 5개 영역으로 교육과정 운영 평가하기

신체운동·건강

▸ 신체활동 즐기기
신체를 인식하고 움직인다. 거북선에 올라가 함께 노를 젓고, 밧줄을 끄는 등 자신의 신체를 인식하고 움직임.
▸ 안전하게 생활하기
일상에서 안전하게 놀이하고 생활한다. 놀이에 필요한 책상, 의자, 밧줄, 교구장을 사용하기 위해 필요한 안전규칙을 이야기 나누고 이를 실천함.

의사소통

▸ 듣기와 말하기
자신의 경험, 느낌, 생각을 말한다. 자신이 만든 거북선을 친구들에게 소개하고, 나아가 하고 싶은 놀이 아이디어를 교사나 친구들에게 이야기함.
▸ 읽기와 쓰기에 관심 가지기
책에 관심을 가지고 상상하기를 즐긴다. 이순신과 관련한 동화책을 혼자 또는 다 함께 관심을 갖고 읽어 보며 동화 속 내용을 상상하며 즐긴다.

사회관계

▸ 나를 알고 존중하기
내가 할 수 있는 것을 스스로 한다. 직접 책상과 의자를 옮기고, 놀이 후 놀잇감을 정리하며 할 수 있는 것을 스스로 함.
▸ 더불어 생활하기
친구와 서로 도우며 사이좋게 지낸다. 함께 거북선을 만들고 다양한 역할을 맡아 놀이를 즐겁게 수행하며 사이좋게 지냄.
▸ 사회에 관심 가지기
우리나라에 대해 자부심을 가진다. 관심을 갖던 이순신의 업적과 거북선에 대해 알고, 이를 놀이 속에서 경험하며 우리나라 위인에 대해 자랑스러움과 자부심을 느낌.

예술경험

▸ 창의적으로 표현하기
다양한 미술 재료와 도구로 자신의 생각과 느낌을 표현한다. 지점토, 수수깡, 면봉, 상자, 종이컵 등을 이용하여 자신이 생각하는 거북선을 만듦.
극놀이로 경험이나 이야기를 표현한다. 크게 만든 거북선을 타고 노를 젓는 사람, 밧줄을 묶는 사람, 일본군, 장군의 역할을 맡아 극놀이로 이야기를 표현함.

자연탐구

▸ 자연과 더불어 살기
궁금한 것을 탐구하는 과정에 즐겁게 참여한다. 이순신에 대해 궁금한 점을 함께 나누고, 다양한 사진 자료와 동영상 자료, 책을 이용해 궁금증을 해결하며 탐구하는 과정에 즐겁게 참여함.

〈학급 전체 놀이 맥락 기록으로 유아의 놀이 들여다보기〉

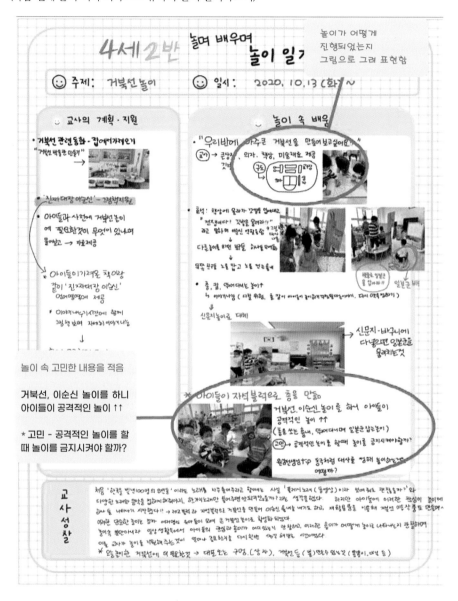

〈그룹별로 놀이 기록하여 평가하기〉

날짜	이름	놀이 장면	놀이 이야기
10월 7일 화요일	김상훈 송민혁 양태연 정혁		상훈이가 책상을 가지고 와서 "이걸 일본 배라고 하자." 라고 말하자 민혁이가 "좋아! 일본 배를 잡아라."라며 빗줄로 책상 다리를 연결하며 오랜 시간 동안 빗줄을 묶고 풀기를 반복한다. 태연이가 놀이하는 친구에게 다가와 "나도 같이해도 돼?'라고 말하며 적극적으로 놀이에 참여하고 혁이는 "좋아! 지금 일본 배를 잡은 거야."라고 말하며 행동과 상황을 가작화한다.
10월 15일 목요일	박선희 최유진 김지호 차현진 변준형		준형이가 상자를 가져와 테이프로 교구장에 고정을 시키려고 하자 지호가 다가와 상자를 잡아 주며 거북선을 만든다. 선희와 유진이 소파를 가져오더니 거북선 뒤쪽으로 붙이고 소파 위에 앉는다. "영차, 영차~"라고 노를 젓는 흉내를 낸다. 책상 위로 올라간 현진이는 굵은 목소리로 "공격하라!"라고 전쟁 상황에 알맞게 말하며 놀이를 즐긴다.

〈개인 유아 놀이 기록하여 평가하기〉

이름: 최유진

다양한 색깔과 모양의 블록을 자신이 생각한 모양대로 만들기 시작함. 이후 친구가 무엇을 만드냐며 관심을 보이자 "같이 만들래?'라고 말하며 친구에게 함께 놀이를 제안함. 교사에게 거북선을 가져와 소개하며 자신의 작품에 자랑스러움을 느낌.	아이들이 거북선의 용같이 생긴 머리가 필요하다고 이야기하자 유진이 "선생님이 그려 주세요."라며 놀이 아이디어를 제안함. 색연필통을 가져와 다양한 색깔로 거북선 머리를 꼼꼼하게 색칠하며 즐거워함.	친구들과 함께 거북선 책을 읽으며 이순신과 거북선에 큰 관심을 보임. 이후 거북선 놀이가 진행되자 놀이에 참여함. 준형이가 "지금 파도가 칠 것 같아!'라고 말하자 유진, 서영, 가현이가 소리를 지르며 노를 빨리 젓는 흉내를 내며 상황과 행동을 상상하며 놀이에 몰입함.

⑤ 상자 100% 활용~ 슬기로운 상자 놀이

■ 놀이가 이루어진 기간: 2020년 6월 5일(금)~6월 30일(화)

\# 상자 놀이 \# 미용실 놀이 \# 왜 놀이보다 탐색이 많이 일어날까?
\# 복도에서 놀이를 해도 될까?#

💡 놀이의 시작

우리 동네 놀이를 시작하면서 블록으로 건물을 만들고 내가 사는 아파트를 그리는 등 자주 했던 놀이가 반복되고 있었다. 그때 "선생님 집을 만드는 데 상자가 필요해요." 하는 아이의 말에 함께 상자를 구하러 1층의 재활용품 모아 놓은 곳으로 내려갔다. 그곳에는 큰 상자, 작은 상자 등 여러 크기의 상자들이 있었고, 아이는 "와~ 상자다~"라고 외치며 마치 보물섬을 본 것처럼 흥분하면서 필요한 상자를 들고 계단을 올라갔다. 큰 상자를 도움도 없이 3층까지 끌고 올라간 후 다른 아이들의 부러움 속에 뚝딱뚝딱~ 무언가를 만들기 시작했다. 그 후에는 우리 동네 놀이를 하는 동안 상자가 필요할 때마다 친구들끼리 상자를 가지러 갔고, 어느 순간 우리 반 한쪽에는 상자 집들이 줄줄이 들어서게 되었다.

🕐 놀이의 흐름

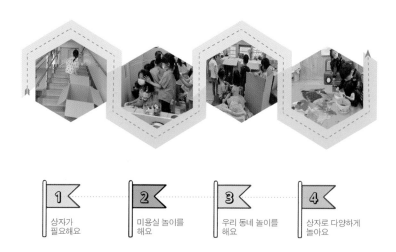

1 상자가 필요해요

2 미용실 놀이를 해요

3 우리 동네 놀이를 해요

4 상자로 다양하게 놀아요

놀이 개요 한눈에 보기

<table>
<tr>
<td rowspan="6" style="writing-mode: vertical-lr;">교
육
적

놀
이

지
원</td>
<td>
공간</td>
<td>▪ 상자를 구하러 1층 재활용품 모아 놓은 곳으로 가서 가지고 옴.
▪ 교실에서 상자 놀이를 할 수 있는 공간이 부족하여 복도에서
　집 놀이를 할 수 있도록 지원함.</td>
</tr>
<tr>
<td>
자료</td>
<td>▪ 집을 만드는 데 필요한 상자를 어디에서 구할 수 있는 알려 주고
　직접 선택할 수 있도록 함.
▪ 큰 상자를 구입하여 집이나 상점 등을 만들 수 있도록 지원함.
▪ 미용실 놀이에 필요한 드라이어, 핀, 고무줄, 헤어캡 등을 지원함.
▪ 헌 상자를 다양한 크기로 잘라서 미술 놀이에 제공함.</td>
</tr>
<tr>
<td>
일과</td>
<td>▪ 교육과정 시간에 미용실을 만드느라 놀이할 시간이 부족하여
　방과 후 선생님과 협의하여 놀이 시간을 연장함.</td>
</tr>
<tr>
<td>
상호작용</td>
<td>▪ 상자를 원하는 아이들은 많은데 상자가 부족해서 모두 모여 상자를
　어떻게 사용할지에 대해 의논함.</td>
</tr>
<tr>
<td>
안전</td>
<td>▪ 상자를 뜯거나 세울 때 손을 다치지 않도록 주의함.
▪ 상자의 창문이나 문를 만드는 등 칼을 사용할 때는 교사가 지원함.</td>
</tr>
<tr>
<td>놀이에서의
배움</td>
<td>▪ 우리 동네에 있는 다양한 건물과 가게를 상자를 이용해서 구성함.
▪ 미장원 놀이, 집 놀이 등 우리 동네 사람들이 하는 일을 극놀이로
　표현할 수 있음.
▪ 다양한 재료와 도구를 이용해서 자신의 생각과 느낌을 표현할 수
　있음.</td>
</tr>
</table>

한 주 동안 우리 동네에 있는 건물들을 만드는 중 한 아이가 "선생님, 집을 만드는 데 상자가 필요해요."라는 말에 상자를 구하러 내려가게 되었다. 옆에 있던 아이들 2명이 "나도 상자가 필요한데…."라고 하여, 함께 1층으로 내려가서 재활용품을 모아 놓은 곳에서 빈 상자를 가지고 올라왔다.

무겁긴 한데 우리가
들고 갈 수 있어요.

상자를 들고 교실에 들어가자 다른 친구들이 "와~ 좋겠다. 나도 상자가 필요한데…."라며 부러워한다. 상자를 가지고 놀아 본 경험이 별로 없었던 아이들은 처음 생각했던 집을 만들지 않고 테이프로 상자를 붙여 보거나 상자 속에 들어가는 등 탐색하는 시간을 갖는다.

상자를 테이프로 붙이자.

상자 집을 만들어야지~

상자에 들어가니 편하네!

왜 놀이보다 탐색이 많이 일어날까?
집을 만드는 놀이에 상자가 필요하다는 아이들의 요구대로 지원했는데 집을 만들지 않고 테이프 놀이를 하거나 상자 속에 들어가서 놀이를 한다. 왜 집이나 건물을 만들지 않고 단순히 탐색 활동만 할까? 상자로 언제쯤 놀이가 활발히 일어날까? 놀이에 사용하지 않는 상자는 언제 정리를 해야 할까?

교사의 놀이 지원

 상자를 구하러 1층 재활용품 모아 놓은 곳으로 가서 가지고 옴.

 집을 만드는 데 필요한 상자를 어디에서 구할 수 있는지 알려 주고 직접 선택할 수 있도록 함.

🔖 **7일째 미용실 놀이를 해요**

소라의 머리를 땋아 주고 있는데
지혜가 "선생님 머리 묶어도 돼요?" 한다.
"그럼, 예쁘게 묶어 줘~" 했는데 어느 새 옆에 있던
아이들이 머리를 빗고 꾸미는 데 관심을 갖기 시작했다.

교실 한쪽에 치워 두었던 상자로 미용실을 만들기 시작하지만 크기가 작아 1층에서 새로운 상자를 가지고 왔다. 그랬더니 갑자기 상자가 필요하다는 아이들이 늘어났고, "혹시 놀이하는 데 상자가 필요한 사람 있니?"라고 했더니 많은 아이들이 손을 들었다. 아이들과 함께 1층으로 내려가서 무거운 상자를 끙끙~거리며 옮겨 왔다. 무거웠지만 힘을 합쳐서 옮기는데 아이들이 재미있어 한다. 탐색을 하는 동안 상자의 특성에 대해 잘 이해하게 게 된 아이들이 필요한 부분을 뜯어 내거나 테이프로 연결해서 다양한 모양의 건물을 만들면서 놀이를 시작했다.

함께 상자를 옮기자~

상자를 뜯고 테이프를 붙여서 미용실을 만들어요.

앗! 위험해

상자를 옮길 때나 상자로 집을 만들 때
손을 다치지 않도록 조심해요~

저는 예쁘게
땋아 주세요.

손님, 머리를
어떻게 해 드릴까요?

	교사의 놀이 지원
	교육과정 시간에 미용실을 만드느라 놀이할 시간이 부족하여 방과 후 선생님과 협의하여 놀이 시간을 연장함.
	큰 상자를 구입하여 집이나 상점 등을 만들 수 있도록 지원함.

☐ 8일째 우리 동네 놀이를 해요

상자로 집을 만드는 중에도 계속해서 놀이가 일어난다. 우리 동네에서 볼 수 있는 아이스크림 가게, 미용실 등 여러 가게가 상자를 이용해서 만들어졌다.

상자를 펼쳐서 가게를 만든 후 물건을 전시했다.
"여기는 아이스크림 가게예요. 그런데 아이스크림을 사면 액세서리를 줘요."
"그럼 목걸이랑 팔찌 중에 고르면 되는 거야?"
"먼저 아이스크림을 고르고 계산해야 돼요."

상자를 세워서 울타리처럼 만든 집에 헬멧을 쓴 예림이가 자장면을 배달한다.

"여기 자장면 배달 왔어요."

"왜 이렇게 늦었어요."

"빨리 계산해 주세요."

"카드 여기 있어요."

상자에 거울 하나만 붙어 있던 어제에 비해 거울도 더 많아지고 헤어 모델 사진들도 붙어 있어 미용실 분위기가 난다.

"다른 것은 괜찮은데 드라이어가 없어서 불편해요."

"미용실 세트에 드라이어가 있잖아."

"물을 뿌려서 하니까 잘 안 마르잖아요."

"그러네~ 선생님이 구해 볼게."

교사의 놀이 지원
큰 상자를 다양한 방법으로 사용할 수 있도록 지원함.
상자를 뜯거나 세울 때 손을 다치지 않도록 주의함.

◻ 9일째 우리 동네 놀이를 해요

상자를 가지고 다양한 방법으로 집과 가게를 만들어 놀다가 필요하지 않을 때는 복도에 정리하기로 했다. 점차 상자 놀이에 익숙해지면서 상자를 그대로 세워 집을 만들던 아이들이 카페도 만들고 미용실도 만들면서 점차 동네 놀이의 모양을 갖추어 간다. 상자의 모양이 변화되어 갈수록 놀이도 더 정교해지고 내용도 풍부해졌다.

각자 집을 만들어 놀다가 놀이에 익숙해지자 집을 연결하고, 그 가운데에 문을 만들면서 비밀 놀이를 함. 손전등, 이불 등을 가지고 집에 들어가서 놀이함.

미용실 바깥쪽에 간판도 붙이고, 아이들이 원하던 드라이어도 더해지면서 미용실 놀이가 활성화됨.

	교사의 놀이 지원
	상자의 창문이나 문를 만드는 등 칼을 사용할 때 교사가 지원함.
	상자를 원하는 아이들은 많은데 상자가 부족해지자 모두 모여 상자를 어떻게 사용할지에 대해 의논함.
	미용실 놀이에 필요한 드라이어, 핀, 고무줄, 헤어캡 등을 지원함.

집을 짓는 데 필요하다는 아이들의 의견에 따라 상자를 지원해 주었지만 처음에는 상자에 테이프를 붙이거나 펼쳐서 들어가 보는 등 단순한 탐색 활동만 일어났다. 하지만 우리 동네 놀이가 점차 활성화되고 '상자'에 대한 탐색이 끝나 익숙해지자 적절한 용도로 상자를 사용하게 되었다. 비구조화된 자료인 상자는 집도 되었다가 미용실도 되더니, 나중에는 벽이 되었다가 지붕도 되는 등 다양하게 변화하였다. 놀이의 내용과 아이들의 필요에 따라 다양하게 변화하는 매력적인 교구로서 놀이의 성장과 함께 상자도 화려하게 변신을 거듭하였다.

🔖 14일째 복도에서 집 놀이를 해요

우리 동네 놀이를 하는 중에 교실에 있는 상자가 많아지고 놀이가 확장되면서 놀이 공간도 연장되었다. 작은 상자에 미니어처 집을 만들거나 복도에 나가서 상자로 집을 만들면서 논다. 상자로 놀이하는 공간이 점차 확장되어 가며 공간에 맞게 상자 놀이도 변화한다.

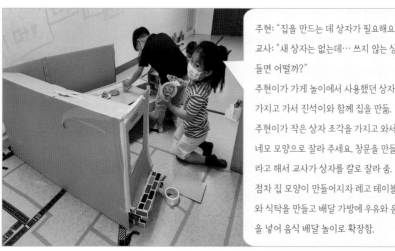

주현: "집을 만드는 데 상자가 필요해요."
교사: "새 상자는 없는데… 쓰지 않는 상자로 만들면 어떨까?"
주현이가 가게 놀이에서 사용했던 상자를 복도로 가지고 가서 진석이와 함께 집을 만듦.
주현이가 작은 상자 조각을 가지고 와서 "여기를 네모 모양으로 잘라 주세요. 창문을 만들 거예요." 라고 해서 교사가 상자를 칼로 잘라 줌.
점차 집 모양이 만들어지자 레고 테이블을 옮겨와 식탁을 만들고 배달 가방에 우유와 음식 모형을 넣어 음식 배달 놀이로 확장함.

복도에서 놀이를 해도 될까?
교실이 상자 집으로 가득 차서 공간이 부족해지자 아이들이 복도에서 놀고 싶어 한다. 복도에서 놀이를 하면 통행하는 데 불편하지 않을까? 놀이의 확장을 위해 복도 공간을 허용해 주어야 할까?

💡 **놀이 과정 들여다보기**

평소에는 복잡한 교실에서 하기 어려운 전래놀이나 신체 놀이를 할 때 복도를 사용했다. 하지만 교실에서 우리 동네 놀이를 하다가 공간이 부족해지자 복도에서 놀이를 하고 싶다는 아이들의 생각에 고민을 하게 되었다. 복도에 상자로 집을 지으면 통행하는 데 불편하지 않을까? 교실에서 이루어지는 놀이와 연계가 될까? 고민이 되었으나 일단 아이들의 의견을 지지해 주었다.
상자 집들이 늘어나면서 복도 공간을 차지하기 시작했지만 아이들은 불편을 느끼지 않는 듯 자연스럽게 집이 부서지지 않도록 조심하면서 지나갔다. 교실에서처럼 서로 배려하는 모습으로 놀이가 마무리될 때까지 허름한 상자들은 훌륭한 집이 되어 주었다. '문제가 생길지 모른다'는 앞선 고민보다는 아이들을 믿고 놀이를 지지해 주는 것이 필요했던 순간이었다. 아이들은 놀이 속에서 지혜롭게 자라는 것 같다.

교사의 놀이 지원	
	상자의 창문을 만들 때 안전 때문에 선생님이 칼로 잘라 줌.
	교실에서 상자 놀이를 할 수 있는 공간이 부족해지자 복도에서 집 놀이를 할 수 있도록 지원함.
	쓰지 않고 모아 놓은 상자를 다시 사용할 수 있도록 도움.

📑 18일째 상자로 다양하게 놀아요

물감 놀이를 하는데 종이나 도화지가 자꾸 찢어지자 한 유아가 헌 상자에 그림을 그리기 시작했다. 상자에 물감 그림을 그리는 아이들이 하나 둘 늘어나서 헌 상자를 다양한 크기로 잘라서 준비해 주었더니 미술 놀이가 활성화되었다.

상자 조각에 물감으로
그림을 그려요.

헌 상자를 잘라서 물감 놀이를
할 때 사용할 수 있도록 제공함.

상자 그림 전시~!

교사의 놀이 지원

 헌 상자를 다양한 크기로 잘라서 미술 놀이에 제공함.

🔅 교사의 배움

우리 동네 놀이가 한 달 동안 진행되었는데 아마 상자라는 자료가 없었다면 놀이를 더 빨리 끝맺었거나 조금 덜 재미있는 놀이가 됐을지도 모른다. 처음에는 상자에 테이프를 붙이는 단순한 놀이만 하다가 점차 다양한 놀이로 발전시켜 나갔다. 아이들은 비구조화된 자료일수록 자유롭게 탐색하고, 탐색이 끝나면 쓸모를 정해서 가치를 부여하는 것 같다. 헌 상자 조각도 버리지 않고 모아 두고, 무언가 필요할 때 다시 쓸모 있게 사용한다. 은서가 상자 집의 창문을 이용해 이동용 아이스크림 가판대를 만든 것처럼 버려진 상자 조각으로 또 다른 놀이를 시작했다. 찢어지고 못 쓰게 된 상자에 물감으로 그림을 그려서 되살리는 것을 보면서 아이들에게는 새 상자가 필요한 것이 아니라 '상자'가 필요했다는 것을 깨닫게 되었다.

놀이를 통해 평가하기

■ **월간 교육 계획안으로 교육과정 운영 평가하기**

〈5월부터 진행되던 우리 동네 주제가 반영된 월간 교육 계획안〉

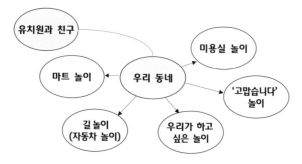

6월 놀이 계획(만 5세)

많은 어려움 끝에 만나게 되는 우리 반 친구들~ 친구 이름도 알아보고, 어디에 살고 있는지도 궁금하고,
6월에는 어떤 놀이를 할지도 이야기해 봐요~

유치원과 친구
미용실 놀이
마트 놀이
우리 동네
'고맙습니다' 놀이
길 놀이 (자동차 놀이)
우리가 하고 싶은 놀이

※ 하루 일과는 유아의 상태, 흥미, 요구, 유치원 실정에 따라 융통성 있게 운영합니다.

6월의 행사	안전교육	
▸ 5월 27일(수) 개학 ▸ 5월 29일(금) 장애 이해 교육(유아) ▸ 6월 8일(월)~15일(월) 학부모 상담 주간 ▸ 6월 12일(금) 소방 합동 훈련 ▸ 6월 16일(화) 박물관 체험(5세 1반) ▸ 6월 17일(수) 박물관 체험(5세 2반) ▸ 6월 17일(수) 체격 검사 ▸ 6월 24일(수) 박물관 체험(5세 3반) ▸ 6월 25일(목) 5씨앗놀이사랑발표회 ▸ 6월 26일(금) 찾아오는 체험	생활안전	- 교실에서 안전하게 생활해요 - 유치원에서 위험한 곳은 어디일까요?
	성교육	- 소중한 내 몸, 화장실 예절을 지켜요 - 친구 몸도 소중해요
	교통안전	- 통학버스를 안전하게 타요 - 횡단보도를 안전하게 건너요 - 유치원 주변 교통 표지판을 살펴요
	폭력 및 신변안전	- 친구하고 마주 보고 - 실수야 실수 - 내 몸을 지켜요
	약물 및 사이버중독	- 몸에 해로운 음료수가 있어요 - 재미있는 텔레비전
	직업안전	- 안전한 유치원을 만들어요

가정통신
▸ 코로나19가 확산하며 생활 속 거리두기로 마스크 쓰기, 손 씻기와 소독, 기침 예절 지키기를 하고 있습니다. 가정에서도 유치원에 가기 전에 체온(37.5℃ 이하)일 때 등원을 꼭 확인토록 해주세요. ▸ '책 보며 크는 마음' 책보기통장 첫 페이지의 활용 방법을 숙지하시고 적극 활용하여 매일 가방에 가지고 다닐 수 있도록 협조해 주시기 바랍니다. ▸ 유치원에서 먹일 약을 보내실 경우 원아수첩의 투약 의뢰서를 작성한 후 약병(한 번 먹을 양만 약병에 꼭 이름을 써서)에 담아 보내 주시기 바랍니다.

〈한 달간 놀이 진행 후 교육과정 운영을 평가한 예〉

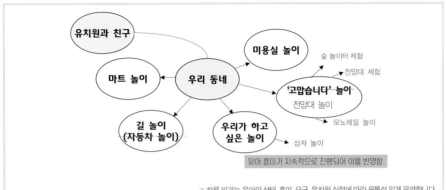

※ 하루 일과는 유아의 상태, 흥미, 요구, 유치원 실정에 따라 융통성 있게 운영합니다.

6월의 행사	안전교육	
▸ 6월 8일(월)~15일(월) 학부모 상담 주간 (전화 상담으로 대체) ▸ 6월 12일(금) 소방 합동 훈련 (학급별로 대피 훈련) ▸ 6월 16일(화) 박물관 체험(5세 1반) ▸ 6월 17일(수) 체격 검사 ▸ 6월 23일(화) 전망대, 숲 놀이터 체험 ▸ 6월 25일(목) 5씨앗놀이사랑발표회 ▸ 6월 26일(금) 찾아오는 체험	생활안전	- 교실에서 안전하게 생활해요 - 유치원에서 위험한 곳은 어디일까요?
	성교육	- 소중한 내 몸, 화장실 예절을 지켜요 - 친구 몸도 소중해요
	교통안전	- 통학버스를 안전하게 타요 - 횡단보도를 안전하게 건너요(마트 체험할 때) - 유치원 주변 교통 표지판을 살펴요
	폭력 및 신변안전	- 친구하고 마주 보고 - 실수야 실수 - 내 몸을 지켜요
	약물 및 사이버중독	- 몸에 해로운 음료수가 있어요 - 재미있는 텔레비전
	직업안전	- 안전한 유치원을 만들어요

가정통신
▸ 5월 27일 개학을 하면서 6월의 놀이를 시작하기 전에 하고 싶은 놀이에 대해 이야기를 나눔. 우리 동네와 관련해 3세, 4세에서 했던 경험을 토대로 미용실 놀이, 마트 놀이, 길 놀이 등을 제안했고, '우리가 하고 싶은 놀이'를 더하여 교사가 제안하는 '고맙습니다' 놀이를 계획하게 되었음. ▸ 우리 동네에 있는 건물에 관심을 가지고 우리 동네를 구성하는 놀이가 시작되자 상자가 많이 필요해졌고, 점차 상자 놀이를 통해 미용실 놀이와 마트 놀이 등이 연계되었다. 하지만 마트 놀이뿐 아니라 높은 건물을 쌓거나 교실에서 이루어지는 많은 놀이들이 상자를 통해 이루어졌고, 크고 넓은 상자뿐 아니라 작은 상자로 미니어처를 만들거나 상자에 물감으로 그림 그리기 등 다양한 놀이를 하면서 상자를 사용하게 됨. ▸ 우리 동네를 높은 곳에서 보고 싶어 하는 아이들의 의견을 반영하여 전망대와 전망대 옆의 숲 놀이터에 갈 수 있도록 체험학습을 실시함. 전망대를 올라갈 때 레인이 하나인 모노레일을 이용해서 올라갔는데 아이들이 많은 관심을 보임. 전망대에서 보이는 높은 건물, 아빠 회사, 유치원, 아파트 등을 둘러본 후 멀리 보이는 다양한 우리 동네의 모습에 대해 친구들과 이야기 나눔. 유치원으로 돌아온 후 벽돌 블록과 경사로를 이용해서 모노레일을 구성하였고, 그 후 광목천이나 나무 등을 이용해 다양한 형태의 모노레일 놀이가 일어남. 놀이를 지원하기 위해 찌통(투명 통)과 테이프 등을 제공했고, 경사로를 만들어 다양한 형태의 공, 구슬 등을 굴리는 놀이를 하게 됨.

■ **한 주간 놀이 진행 기록으로 교육과정 운영 평가하기**

〈한 주간 교육과정을 실행하여 기록하고 학부모와 공유한 예〉

6월 3주			
기　간	2020. 6. 15.(월)~ 2020. 6. 19.(금)	놀이 주제	우리 동네 놀이

이렇게 놀았어요

국립나주박물관에는 옛날 나주 지역에 살았던 임금님이 사용한 왕관과 황금 신발, 청동검이 있었습니다. 박물관에 전시된 여러 유물을 관람하고, 금관을 만들어 우리 모두 임금님이 되어 보았습니다.

> 아이들이 서로 친구들의 머리를 빗겨 주고 고무줄로 묶는 놀이를 하다가 점차 미용실에 관심을 가지게 되었습니다. 가족과 함께 미용실에 갔던 경험을 이야기 나눈 후 큰 상자를 이용해서 미용실을 꾸미기 시작하였습니다. 상자 벽에 거울과 헤어 모델 사진을 붙이고, 바구니에 줄과 집게를 연결해서 세팅 기계를 만든 후 "손님, 머리를 어떻게 해 드릴까요?", "자르지 말고 파마해 주세요.", "이쪽으로 와서 머리부터 감을게요." 등 미용실에서 이루어지는 대화들이 자연스럽게 나왔습니다.
> 미용실 놀이를 하는 중에도 다른 쪽에서는 상자로 집도 만들고 음식 배달 놀이와 자동차(인형) 놀이 등이 계속 이어지고 있습니다.
>
> 일주일간 이루어진 상자 놀이 내용 및 배움 반영

다음 주에 우리 동네가 내려다보이는 전망대 체험을 가는데 또 어떤 놀이들이 펼쳐질지 기대가 됩니다.

놀이 사진

안전교육	▶ 성교육- 여자도 남자도 똑같아요 ▶ 생활안전- 몸에 좋은 음식을 먹어요 ▶ 생활안전- 식중독은 무서워요(올바른 손 씻기)

■ 교사 저널 기록으로 교육과정 운영 평가하기

첫째 날: 상자를 탐색해요

상자에 대한 놀이가 바로 일어나지는 않고 탐색하는 시간이 있었으며, 상자에 테이프를 붙여서 무언가를 만들려고 하지만 처음에는 실패를 했다. 충분한 탐색과정을 거치며 상자는 종이로 만들어져서 약하고 가볍다는 특성을 알게 되면서 아이들끼리 다양한 의견을 내고 어떻게 원하는 모양으로 만들어야 하는지 방법을 알아 가게 되었다.

여덟째 날: 상자로 건물을 만들어요

처음에는 단순히 상자를 세워서 집이라고 불렀지만 점차 상자를 펼치거나 테이프로 붙여서 미용실이나 카페 등 다양한 목적을 가진 건물들을 만들었다.
상자를 단순히 큰 블록으로 사용하지 않고, 목적에 맞도록 친구들과 협력해서 건물을 만들며 각자의 역할에 몰입해서 놀이를 이어 나갔다.

열넷째 날: 복도에서 상자로 놀아요

상자를 이용해 아파트, 미용실, 아이스크림 가게 등을 만들어서 놀게 되면서 교실 안이 복잡해지자 공간이 부족한 아이들이 복도에서 상자로 집 만들기 놀이를 하게 되었다. 상자를 사용하는 데 익숙해져서 부서진 상자를 이어 붙여 집을 지은 후 방과 부엌을 꾸미고, 음식상을 차리는 놀이를 하였다.

열여덟째 날: 상자를 재활용해요

상자 놀이가 진행될수록 부서진 상자들이 나오게 되어 처음에는 버려졌으나, 이윽고 아이들의 아이디어로 점차 다른 놀이에 사용하게 되었다. 찢어지거나 창문을 만들고 남은 조각들을 이용해서 물감 놀이를 하거나 미니어처 집을 만드는 등 적극적으로 재활용하며 다른 상자 놀이로 연계하였다.

■ 5개 영역으로 교육과정 운영 평가하기

신체운동 · 건강	▸ 신체활동 즐기기 실내외 신체활동에 자발적으로 참여한다. 상자를 이용해서 다양한 건물을 만드는 데 참여함. ▸ 안전하게 생활하기 일상에서 안전하게 놀이하고 실천한다. 상자를 이용해서 건물이나 집을 만들 때 위험한 부분은 선생님에게 도움을 요청함.
의사 소통	▸ 듣기와 말하기 말이나 이야기를 관심 있게 듣는다. 상자 집을 짓거나 미용실 놀이를 할 때 친구들의 의견을 들어 봄. 자신의 경험, 느낌, 생각을 말한다. 서로의 경험을 공유하면서 건물과 집을 짓고, 극놀이를 함. ▸ 읽기와 쓰기에 관심 가지기 말과 글의 관계에 관심을 가진다. 미용실이나 아이스크림 가게에 간판을 붙이거나 메뉴판을 만들 때 글자와 숫자를 사용함.
사회 관계	▸ 나를 알고 존중하기 내가 할 수 있는 것을 스스로 한다. 상자나 테이프 등이 필요하면 준비된 곳에서 가지고 올 수 있음. ▸ 더불어 생활하기 친구와 서로 도우며 사이좋게 지낸다. 친구들과 함께 집이나 가게를 만든 후 함께 사이좋게 놀이함. ▸ 사회에 관심 가지기 내가 살고 있는 곳에 대해 궁금한 것을 알아본다. 우리가 살고 있는 동네에서 가 봤거나 경험했던 곳을 극놀이로 표현함.
예술 경험	▸ 창의적으로 표현하기 다양한 미술 재료와 도구로 자신의 생각과 느낌을 표현한다. 다양한 재료를 이용하여 집과 가게 등을 만들 수 있음. 극놀이로 경험이나 이야기를 표현한다. 내가 가 봤던 미용실이나 식당 등을 극놀이로 표현할 수 있음.
자연 탐구	▸ 탐구과정 즐기기 물체의 특성과 변화를 여러 가지 방법으로 탐색한다. 친구들과 상자의 겉과 속, 접어지는 방향 등을 여러 가지 방법으로 탐색함. ▸ 생활 속에서 탐구하기 도구와 기계에 대해 관심을 가진다. 헤어 롤, 드라이어 등 미용실 놀이에 사용된 도구와 기계에 대해 관심을 가짐.

〈개인 유아 놀이 기록하여 평가하기〉

이름: 박정은

테이프를 붙여서 상자로 집이나 높은 건물을 안전하게 만들 수 있고, 놀이 후 주변을 깨끗이 정리할 수 있다.	미용실 놀이를 할 때 손님이 하는 말을 듣고 관련해서 말할 수 있으며, 친구와 서로 도우며 상자 놀이를 할 수 있다.	천사점토와 물감을 이용해 다양한 모양과 색으로 아이스크림을 만들고, 상자를 꾸며서 아이스크림 가게 놀이를 한다.

날짜	2020년 ○월 ○○일 ○요일		놀이 주제	집 놀이, 미용실 놀이
놀이 흐름 (놀이의 시작과 확장)	집 놀이	상자로 새집 만들기	두 개의 상자 집 연결하기	집을 미로로 만들기
유아명	놀이 기록(관찰 및 사진)		배움 잇기	
김수호	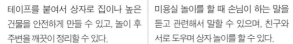		친구들이 전날 완성해 놓은 중국집 놀이를 부서뜨리고, 다른 곳으로 가서 놀이함. 수호를 데리고 와서 친구들이 만들어 놓은 것을 함부로 하면 안 된다고 설명한 후 블록을 정리하도록 함. 정리를 하다가도 집중력이 흐트러지면서 다른 놀이를 하려고 해서 옆에서 계속 정리할 수 있도록 "수호야, 지금은 정리를 먼저 하고 놀아야 돼."라고 이야기해 주고, 같이 블록을 줍는 등 도움을 주었어도 20분 정도가 지나서야 정리가 끝남. (사: 더불어 생활하기-친구(와 어른께) 예의 바르게 행동한다.)	
교사의 저널	친구들의 놀이에 들어가지 못하고 관찰만 하는 아이들에게 새로운 놀이를 제안하고 같이 놀면서 놀이 친구가 되어 주었다. 하지만 수경이나 유진이처럼 혼자 놀더라도 집중하고 몰입하는 아이들의 놀이에는 개입하지 않고 놀이가 끝날 때까지 지켜보고 기다려 주었다. 혼자 놀이하는 모습이 비슷하더라도 놀이 형태가 다를 수 있기 때문에 자세히 관찰할 필요가 있다. 교사의 개입이 놀이를 방해하지 않고 적절한 지원이 될 수 있도록 놀이를 관찰하고 민감하게 반응해 주는 역할이 필요하다.			

이렇게 놀았어요

놀이를 하는 데 새 상자가 필요해서 1층부터 3층까지 친구, 선생님과 함께 상자를 운반해 감.

혜자와 주현이 등은 상자를 이용해 집을 만들기 전에 방해되는 부분을 접거나 테이프로 붙이는 등 사전 놀이를 함. 놀이를 하기 위해 내가 무엇을 해야 하는지 스스로 찾아서 함.

예림이가 상자를 들어 주는 동안 희원이와 선아가 상자의 옆면 이나 아래를 테이프로 붙임.

친구들이 집에서 주문을 하자 예림이가 자장면을 배달해 줌. 각자가 인정하는 방법으로 결제한 후 다 먹은 접시를 예림이에게 돌려줌.

준이가 희원이의 머리를 감겨 주고 있음. 미용실에서 미용사들이 하는 일을 눈여겨본 듯함.

미용실에서도 자신이 좋아하는 부분을 맡아서 함.-드라이어해 주기, 머리 감기기 등.

미용사인 민아에게 손님이 필요하자 지혜가 자신의 머리를 풀고 편하게 앉아서 기다림.

날짜	2020년 ○월 ○○일 ○요일	놀이 주제	집 놀이, 미용실 놀이

<table>
<tr><td colspan="4" align="center">이렇게 놀았어요</td></tr>
</table>

집과 집을 연결하고, 가운데에 문을 만들어서 비밀 놀이(?)를 함. 안에 손전등, 이불 등을 가지고 들어가서 놀이를 함.

집이 좁아서 뒤쪽으로 상자를 덧붙여서 넓힘.

주현: 선생님, 집을 만들고 싶은데 상자가 필요해요.
교사: 새 상자는 없고, 쓰지 않는 상자로 만들면 어떨까?
가게 놀이에 사용했던 상자를 복도로 가지고 가서 진석이와 함께 집을 만듦.
주현이가 작은 상자 조각을 가지고 와서 "여기를 네모 모양으로 잘라 주세요. 창문을 만들 거예요."라고 해서 교사가 오려 줌.
점차 집 모양이 만들어지자 레고 테이블을 옮겨 와서 식탁을 만들고 배달 가방에 우유와 음식 모형을 넣어서 음식 배달 놀이로 확장함.

실뜨기를 하는데 4명이 함께 놀이하기 위해 2명이 1조로 한 손씩만 사용해서 함. 아이들 스스로 함께 놀이할 수 있는 방법을 만들었는데 처음에는 잘되지 않았지만 점차 익숙해지자 즐기면서 함.

놀이의 동상이몽!(모노레일 놀이에 feel이 꽂혔어요)

■ 놀이가 이루어진 기간: 2020년 6월 23일(화)~6월 30일(화)

모노레일 # 경사로 놀이 # 다른 곳에만 관심을 가지는 아이들~ 어떻게 지원해야 할까요?
어디까지 지원해야 할까요?

💡 놀이의 시작

우리 동네 놀이를 하면서 유아들은 '높은 곳에서 보는 우리 동네의 모습은 어떨까?' 궁금해 하였다. 아이들과 함께 전망대에 올라 우리 동네를 보기로 하고 버스를 타고 체험을 갔다. 그곳에서 우리를 처음 맞이한 것은 모노레일이었다. 이미 타 본 아이들도 "와~! 모노레일이다." 하면서 좋아했다. 모두 재미있어 하며 흥분 속에 모노레일을 타고 올라갔다. 전망대에서 우리 동네 모습도 관찰하고, 아빠 회사도 찾고, 내가 사는 아파트도 찾는 등 체험을 끝낸 후 내려가기 위해 다시 모노레일을 탔는데, 올라갈 때 탔어도 아이들은 또 "와~" 하면서 재미있어 했다.

체험을 다녀와서 아이들은 전망대에서 봤던 우리 동네 모습보다 모노레일을 더 많이 회상했고, 어느새 하나 둘 모노레일을 만들기 시작했다.

🕐 놀이의 흐름

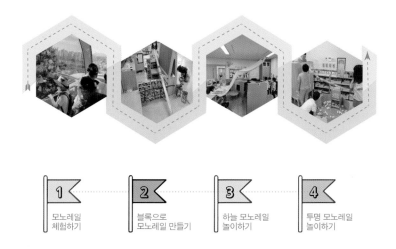

1	2	3	4
모노레일 체험하기	블록으로 모노레일 만들기	하늘 모노레일 놀이하기	투명 모노레일 놀이하기

놀이 개요 한눈에 보기

교육적 놀이 지원

공간

- 우리 동네 모습을 직접 보기 위해서 전망대로 체험학습을 감.

자료

- 모노레일 길을 만들기 위해 테이프와 광목천 등 제공.
- 광목천을 천장에 매달아서 고정함.
- 리본을 천장 고리에 연결하고 컵 도르래를 만듦.
- 모노레일 놀이가 확장되도록 찌통(투명 통)과 테이프를 제공함.

일과

- 모노레일 길을 만들고 친구들과 충분한 놀이를 할 수 있도록 시간을 연장함.
- 찌통(투명 통)을 탐색하고 다양한 놀이를 할 수 있도록 시간을 충분히 제공함.

상호작용

- 유아의 흥미와 관심을 존중하며 놀이가 연속적으로 이루어지도록 상호작용 함.
- 놀이 중에 어려운 점이 생기면 함께 고민하면서 문제를 해결하도록 지원함.

안전

- 안전한 체험을 위해 안전교육을 실시하고, 안전 도우미 선생님과 동행함.
- 의자에 올라가서 탁구공을 넣을 때 위험하지 않도록 안전 행동 지원함.

놀이에서의 배움

- 전망대와 모노레일 체험학습을 통해 우리 동네의 모습과 모노레일에 대해 관심을 갖게 됨.
- 친구들과 함께했던 경험을 놀이로 표상할 수 있으며, 서로의 생각과 경험을 존중해서 놀이함.
- 놀이를 하면서 생기는 문제를 친구들과 협력을 통해 해결함.
- 비구조화된 자료를 이용해 모노레일을 다양하게 만들면서 즐김.

우리 동네 놀이를 하면서 '높은 곳에서 보는 우리 동네의 모습을 어떨까?' 궁금해졌다.

"주말에 전망대에 가 봤는데 우리 동네가 다 보였어요."

"나도 전에 갔었는데 올라갈 때 모노레일을 타고 올라갔어요."

"내려올 때는 미끄럼을 타고 내려올 수 있어요."

"선생님~ 높은 데서 우리 동네를 보고 싶어요."

스카이앱으로 하늘에서 본 우리 동네의 모습을 확인한 후 '우리 동네를 만드는 놀이'를 하다가 주말에 전망대에 다녀온 아이의 이야기를 듣고 전망대에 흥미를 가지게 되었다. 아이들의 의견을 모으고, 전망대에 올라가서 우리 동네가 어떤 모습인지 직접 보기 위해 체험을 가게 되었다.

드디어 전망대에 도착했다~

와! 나는 모노레일 타 봤는데 또 타니까 신나!

전망대에 올라가기 위해 모노레일을 탔는데 다들 처음 타 본 것처럼 흥분하고 즐거워했다. 아이들은 모노레일의 올라가는 길을 관찰하고, 올라갈수록 점점 작아지는 건물들도 신기해 했다.

모노레일 길은 하나네~

와~ 우리 동네다~

아빠 회사는 어디에 있지?

💡 **교사의 고민**

다른 곳에만 관심을 가지는 아이들~ 어떻게 지원해야 할까?
높은 곳에서 우리 동네를 보고 싶어 하는 아이들의 의견을 모아 전망대 체험을 갔는데 아이들은
모노레일에 더 관심을 보인다. 전망대에서 체험을 한 후 내려올 때에도 우리 동네 모습보다는
모노레일에 대해서만 흥미를 갖는다. 놀이를 위해 어떤 지원이 필요할까?

	교사의 놀이 지원
	우리 동네 모습을 직접 보기 위해 전망대로 체험을 감.
	안전한 체험을 위해 안전교육을 실시하고, 안전 도우미 선생님과 동행함.

🔖 **2일째 블록으로 모노레일 만들기**

우리 동네 모습보다 모노레일을 더 좋아하던 정은이가 체험을 다녀온 후 먼저
경사로와 블록을 모아 놀이를 시작했다. 체험의 목적과는 다르지만 놀이를 지
원해 주기 위해 회상하는 것을 돕는다.

정은: 선생님, 저는 모노레일을 만들 거예요.

교사: 모노레일 기차가 어떻게 올라갈 수 있었니?

정은: 아직은 내려가는 길을 만들고 있어요. 길이 가다가 자꾸 구부러져서 끊
어져요."

여기가 모노레일 타는
곳이래~

경사로 길이 자꾸 부서지고 모노레일 기차가 내려가다 옆으로 떨어지자 테이프
로 붙이거나 난간을 만들어 올라가는 길을 완성했다. 모노레일 기차가 튕겨 나
가자 여러 번의 시행착오를 거쳐 전망대까지 올라가는 길을 완성했다.

교사의 놀이 지원	
	모노레일 길을 만들고 친구들과 충분한 놀이를 할 수 있도록 시간을 연장함.
	모노레일 길을 만들기 위해 테이프와 광목천 등을 제공함.

📖 3일째 하늘 모노레일 만들기

역할놀이 중 상자 집 지붕의 한쪽 부분을 천장에 고정해서 전망대를 올라갈 때 탔던 모노레일로 꾸몄다. 직접 모노레일을 타는 놀이는 아니지만 탁구공을 던져서 밑으로 내려가는 것을 하늘 모노레일로 표상하면서 아이들 모두 재미있게 놀이에 참여했다.

지붕 한쪽을 올려서 모노레일을 만들면 좋을 것 같은데… 어때?

나는 집 놀이하는 것도 좋은데…. 음… 그래~

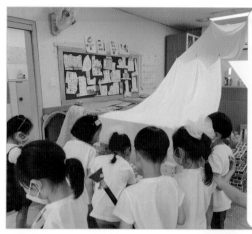

교사가 광목천의 한쪽을 천장에 고정시켜 주었다.

"와~ 하늘 모노레일이 생겼다."

"여기서 공을 던져 보자~"

"조금만 올라가면 모노레일이 안 돼~"

"너무 세게 던지면 공이 다른 곳으로 날아가는 데…."

아이들이 공을 던지고 굴러 내리는 놀이를 반복한다.

"여기서 던지니까 잘 안 되는 것 같아."라고 하면서 반대쪽으로 가서 던진다.

"이쪽에서 던지니까 더 잘되는 것 같아."

"와~ 탁구공이 완전 잘 내려와~"

경사로를 따라 내려오는 탁구공을 보면서 서로 탁구공을 받으려고 한다.

"내가 여기서 공을 던질게. 너는 저기서 내려오는 공을 바구니에 모아 와."

서로 공을 던지거나 받는 역할을 정해서 놀이를 한다.

교사의 놀이 지원
광목천을 천장에 매달아서 고정함.
놀이 중에 어려운 점이 생기면 함께 고민하면서 문제가 해결되도록 지원함.

"선생님, 공을 던지기가 너무 힘이 들어요."

선생님: "그럼 어떻게 하면 공이 쉽게 들어갈까?"

한참 생각을 한 후 "긴 막대가 필요해요."라며 교실에 있는 길쭉한 물건(긴 봉)을 찾아온다.

긴 봉 위에 탁구공을 얹어서 올리지만 계속 굴러 떨어진다.

"이젠 어떻게 하지?"

고민하던 아이들 중 한 명이 바로 아래에 있던 핸드벨을 봉에 끼운다.

"와~ 이제 공을 쉽게 넣을 수 있어."

하지만 긴 봉이 무거운 데다 키가 작은 아이들은 닿지 않아서 다시 고민을 한다.

선생님: "우리 리본이랑 컵을 이용하면 어떨까?"

리본을 천장 고리에 연결한 후 다시 시도한다.

"탁구공이 더 편하게 들어가요. 그런데 안 들어갈 때도 있어요."

> **앗! 위험해**
>
> 높은 곳에 올라갈 때는 항상 조심해야 해요.
> 발밑을 꼭 확인해요~

	교사의 놀이 지원
🏠	리본을 천장 고리에 연결함.
📢	놀이 중에 어려운 점이 생기면 함께 고민하면서 문제가 해결되도록 지원함.
🧰	의자에 올라가서 탁구공을 넣을 때 넘어지거나 바닥의 물건을 밟지 않도록 안전 약속을 지원함.

💡 교사의 고민

어디까지 지원해야 할까?
모노레일을 만들고 싶은데 방법을 잘 모르는 아이들을 어떻게 지원해야 할까? 혼자서 만드는 모노레일은 다른 아이들의 흥미를 끌기 어렵다. 이 놀이를 확장시키고 싶어 하면 어디까지 교사가 지원해 주어야 할까?

💡 놀이과정 들여다보기

전망대 체험을 하면 우리 동네를 살펴보고 높은 건물, 호수, 다리, 도로 등을 만들고 구성하는 놀이가 이루어질 것이라고 생각했다. 그러나 예상과 달리 잠깐 탔던 모노레일에 더 관심을 가지고 모노레일 놀이가 일어났다. 계속해서 경사가 있는 곳에서 공을 굴리는 놀이가 이어졌고, 역할놀이 지붕의 경사 면에도 공을 굴리면서 더 높은 곳에서 굴려 보고 싶어 했다. 아이들의 의견을 모아 높은 모노레일을 만들고, 다양한 방법으로 공을 굴리면서 탁구공과 구슬 등에도 관심을 가지게 되었다. 모노레일을 만드는 주체가 교사가 되지 않도록 주의하며 비구조화된 교구(찌통)와 자료를 지원하여 아이들의 흥미가 계속 이어질 수 있도록 하였다.

역할놀이 중 상자 집 지붕의 한쪽 부분을 천장에 고정해서 전망대를 올라갈 때 탔던 모노레일처럼 꾸몄다. 직접 모노레일을 타는 놀이는 아니지만 탁구공을 던져서 밑으로 내려가는 것을 하늘 모노레일로 표상하면서 아이들이 재미있게 놀이에 참여했다.

아이들은 통에 탁구공을 넣는 놀이도 하고, 입에 대고 소리를 내거나 망원경처럼 눈에 대 보다가 관심이 있었던 모노레일 놀이를 하는 데 사용하기 시작했다.

탁구공을 이렇게 정리할 수 있어요.

여기가 전망대야. 이제 내려간다~

은석: 밑으로 내려가지 않게 내가 막을게.

수민: 그럼 내가 공을 넣을 테니까 잘 잡고 있어.

은석: 누가 좀 잡아 줘~ 자꾸 모노레일이 움직이잖아.

수민: 이제 다 모였어. 출발할게.

은석: 너무 많아서 중간에 걸렸어. 가운데를 움직여 봐.

교사의 놀이 지원
찌통(투명 통)을 탐색하고 다양한 놀이를 할 수 있도록 시간을 충분히 제공함.
모노레일 놀이가 확장되도록 찌통과 테이프를 제공함.
유아의 흥미와 관심을 존중하며 놀이가 연속적으로 이루어지도록 상호작용 함.

놀이 과정 들여다보기

처음에 놀이가 시작되었을 때는 호기심과 재미로 쉽게 확장이 되었지만 점차 반복되면서 흥미가 줄어든 것 같아 새로운 자료인 찌통(투명 통)을 제공했다. 비구조화된 자료이기 때문에 교사의 의도와 상관없이 탐색 활동이 먼저 일어났고, 흥미를 느끼는 아이들이 다양한 방법으로 놀이에 사용했다. 점차 찌통을 테이프로 연결하고, 연결한 통으로 탁구공을 굴리면서 자연스럽게 모노레일 놀이로 확장되었다.

교사의 배움

전망대 체험을 다녀온 뒤 블록으로 경사로를 만들면서 모노레일 놀이가 시작되었다. 전망대를 다녀오면 그와 관련된 놀이가 일어날 것으로 생각했지만 아이들은 자신에게 더 의미가 있는 경험을 놀이로 표상하였고, 놀이가 반복되면서 조금씩 다른 놀이로 변화되어 갔다. 놀이는 아이들이 발견한 작은 재미가 모여 눈덩이처럼 확장되어 갔다. 아이들은 이제 경사로를 만들거나 긴 터널이 기울어지는 놀이를 할 때 '모노레일 놀이'라고 한다. 꼭 모노레일을 표상한 놀이가 아니더라도 이와 비슷한 놀이를 할 때 '모노레일 놀이'라고 명명하게 된 것이다. '그냥 놀이'에서 아이들에게 '의미가 있는 놀이'로 이제 "우리 모노레일 놀이하자~"라고 하면 자연스럽게 경사로를 만들고 구슬이나 공이 굴러갈 수 있는 놀이를 한다.

■ 한 주간 놀이 진행 기록으로 교육과정 운영 평가하기

〈한 주간 교육과정을 실행하여 기록하고 학부모와 공유한 예〉

6월 3주			
기 간	2020. 6. 15.(월)~ 2020. 6. 19.(금)	놀이 주제	전망대 체험 및 모노레일 놀이

이렇게 놀았어요

5세 1반 모두 함께 올라가는 모노레일은 더 신났고, 전망대에서 멀리 보이는 아빠 회사, 내가 사는 아파트, 호수공원의 ○○ 모습 등 우리 동네의 전경을 한눈에 볼 수 있었습니다.

아이들은 자신이 직접 경험(마트, 미용실 등)한 것을 놀이로 연결하는 경우가 많은데 전망대 체험을 다녀온 후 바로 모노레일과 놀이터 만들기를 시작했습니다. 친구들과 함께 생각을 모으고 서로 도와가며 줄, 테이프, 책상, 블록 등 다양한 재료를 이용해 놀이터(미끄럼틀, 줄 놀이, 미로, 징검다리 등)를 만들었습니다. 서로의 생각을 존중하고 함께하면서 서로 배려하고 소통하는 경험을 더해 가고 있습니다.

앵무새랑 강아지, 기니피그, 병아리 등 귀여운 동물들이 우리 유치원에 찾아왔습니다. 아이들이 동물들을 조심스럽게 쓰다듬고 귀여워하는 모습에서 자연과 동물을 함부로 하지 않고 소중하게 생각하는 마음을 느낄 수 있었습니다.

일주일간 이루어진 상자 놀이 내용 및 배움 반영

놀이 사진

안전교육	▸ 성교육- 여자도 남자도 똑같아요 ▸ 생활안전- 몸에 좋은 음식을 먹어요 ▸ 생활안전- 식중독은 무서워요(올바른 손 씻기)

■ 교사 저널 기록으로 교육과정 운영 평가하기

첫째 날: 모노레일을 탔어요

전망대 체험을 갔을 때 모노레일을 타고 올라갔는데 여러 번 타 봤던 아이들도 즐거워했다. 모노레일이 움직이는 것을 자세히 관찰하고 이에 대해 질문도 했다. 전망대를 보고 내려오면서부터 "선생님, 저는 유치원에 가서 모노레일을 만들어 보고 싶어요."라고 하며 모노레일을 직접 표현해 보고자 하였다.

둘째 날: 블록과 경사로 길로 모노레일을 만들어요

정은이가 벽돌 블록을 이용해 여러 번의 시행착오를 거친 후 차 모형이 굴러갈 수 있는 경사로 길을 만들어냈다.
모노레일을 타면서 경험했던 레일을 표현하면서 자동차 모형이 길을 타고 내려가는 모습을 관찰하고 변화를 주는 것에 흥미를 느끼면서 놀이를 반복했다.

넷째 날: 광목천으로 모노레일 놀이를 해요

리본 끈을 천장에 연결하고 컵을 위로 끌어 당긴 후 공이 광목천 위에 굴러떨어지게 하였다. 하지만 방법이 너무 조심스럽고 실패할 확률이 높아서 아이들은 컵에 테이프를 붙이는 등 방법을 달리해서 계속 시도하였다. 긴 봉에 공을 얹어서 올리기, 던지기, 끈으로 당겨 올리기 등 다양한 방법을 사용하여 모노레일 놀이를 했다.

일곱째 날: 찌통(투명 통)으로 모노레일 놀이를 해요

찌통(투명 통)을 이용해 모노레일을 만든 후 여러 아이들이 탁구공을 모아서 긴 통에 놓는 놀이를 했다. 통 하나에 탁구공을 채우고는 통끼리 테이프로 붙이는 방식으로 모든 통을 연결한 후 한꺼번에 탁구공이 흘러 나오게 하면서 모노레일 놀이를 이어 갔다. 모노레일을 똑같이 만들기보다는 긴 통로를 이동하는 놀이에 관심을 가지고 다양하게 시도하는 모습을 보였다.

▪ 5개 영역으로 교육과정 운영 평가하기

신체운동·건강	▸ **신체활동 즐기기** 실내외 신체활동에 자발적으로 참여한다. 모노레일 놀이에 자발적으로 참여해서 탁구공을 굴리고, 받는 놀이를 함. 신체 움직임을 조절한다. 블록을 쌓고 경사로를 이용해 모노레일을 만듦.
의사소통	▸ **듣기와 말하기** 말이나 이야기를 관심 있게 듣는다. 어떻게 모노레일을 만들지 친구들의 의견을 들어 봄. 자신의 경험, 느낌, 생각을 말한다. 체험을 다녀왔던 경험을 서로 공유하면서 모노레일을 만듦. ▸ **읽기와 쓰기에 관심 가지기** 말과 글의 관계에 관심을 가진다. 모노레일을 만든 후 간판을 만들어 붙임.
사회관계	▸ **나를 알고 존중하기** 내가 할 수 있는 것을 스스로 한다. 탁구공을 자유롭게 굴리면서 경사로 놀이를 함. 찌통(투명 통)을 탐색 하면서 놀이를 만들어 감. ▸ **더불어 생활하기** 친구와 서로 도우며 사이좋게 지낸다. 친구들과 서로 모노레일을 만들고 함께 놀이함. ▸ **사회에 관심 가지기** 내가 살고 있는 곳에 대해 궁금한 것을 알아본다. 전망대에 직접 가서 우리 동네의 모습을 살펴보고 내가 살고 있는 집과 아빠 회사 등을 찾아봄.
예술경험	▸ **아름다움 찾아보기** 자연과 생활에서 아름다움을 느끼고 즐긴다. 전망대에서 바라본 우리 동네의 모습을 보고 아름다움을 느낌. ▸ **창의적으로 표현하기** 다양한 미술 재료와 도구로 자신의 생각과 느낌을 표현한다. 다양한 재료를 이용하여 모노레일을 만들 수 있음.
자연탐구	▸ **탐구과정 즐기기** 궁금한 것을 탐구하는 과정에 즐겁게 참여한다. 찌통(투명 통)을 다양한 방법으로 탐색함. 물체의 특성과 변화를 여러 가지 방법으로 탐색한다. 친구들과 다양한 모노레일을 만들고 직접 공이나 기차를 굴려 보면서 움직임을 탐색함. ▸ **생활 속에서 탐구하기** 도구와 기계에 대해 관심을 가진다. 모노레일을 탄 후 직접 만들어 보려고 시도함.

〈개인 유아 놀이 기록하여 평가하기〉

날짜	2020년 ○월 ○○일 ○요일	놀이 주제	모노레일 놀이
놀이 흐름	찌통(투명 통) 탐색하기 - 여러 모양의 모노레일 놀이하기		

이렇게 놀았어요

윤석이가 찌통(투명 통)에 관심을 가지고 놀이에 집중하다가 탁구공 청소기를 만들게 됨. 바닥에 있는 공을 누르면 쏙~ 들어감.

서현이와 연우가 블록으로 상상 놀이를 시작하면서 서로 스토리를 만들어 감. 처음에는 작은 유니트 블록 몇 개였는데 점차 확장되면서 다른 친구들과 함께 활동하게 됨.

윤석이가 찌통(투명 통)을 연결해서 탁구공이 지나가는 길을 만들었는데 여러 친구들이 함께 놀이에 참여하게 됨. 중간에 탁구공이 막히면 왜 막히는지 원인을 찾아서 다시 고치고, 여러 개의 공을 넣어 보거나 블록으로 중간에 다리를 만들어서 보완하는 등 다양한 놀이로 계속 연계시킴.

점심 식사 후에 찌통(투명 통) 놀이가 교실 가운데로 옮겨 옴. 여러 친구들이 탁구공을 모아서 긴 통에 넣는 놀이를 함. 통 하나에 탁구 공을 채워서 통끼리 테이프로 붙이는 방식으로 모든 통을 연결한 후 한꺼번에 탁구공이 흘러 나오게 하는 놀이로 시간이 많이 걸림. 윤석이가 다친 팔로 15분 넘게 통 밑을 막고 있었음.

5세 구슬아, 도대체 어디까지 굴러갈 거야?

■ 놀이가 이루어진 기간: 2020년 6월 2일(화)~6월 30일(화)
\# 아이들이 경험해 본 구슬이 가장 멀리 굴러가는 노하우
\# 구슬이 굴러가는 장소의 끝은 어디일까?

놀이의 시작

진아가 블록으로 집을 짓는다. "1층, 2층, 3층, 4층…." 집의 높이가 계속 높아진
다. "이 집은 특별해~ 집에 창문이 있는데, 창문에서 미끄럼틀을 탈 수도 있어."
진아는 창문에서 미끄럼틀을 길게 만들기 시작했다. 소미는 "창문에서 탈 수
있는 미끄럼틀은 처음 봐. 엘리베이터를 기다리지 않아도 되고, 미끄럼틀을 타
고 내려오면 재미있겠다. 창문으로 나갈 수 있는 길이니까. 나도 길 위를 지나
가야지." 하고 길 위에 자동차를 굴리기 시작한다. 진아가 "자동차도 지나갈 수
있고~ 동그란 모양은 모두 지나갈 수 있어! 나는 바퀴를 굴릴 거야."라며 교실
에 있는 동그란 물건을 굴리기 시작한다. "교실에서 가장 동그란 물건이 뭐지?
찾았다! 나는 구슬을 굴려 봐야지." 소미가 구슬을 가져와서 굴리기 시작한다.
점차 다른 친구들이 모여 함께 구슬을 굴린다.

놀이의 흐름

1 집에서 시작한 구슬 놀이

2 구슬 길이 길어졌어요

3 화장실과 복도로 구슬이 지나가요

4 구슬이 계단으로 내려가요

5 구슬이 밖으로 나갔어요

놀이 개요 한눈에 보기

교 육 적 놀 이 지 원

공간

- 교실, 화장실, 복도, 계단 등 다양한 장소에서 구슬 길을 만들 수 있도록 지원함.
- 놀이가 지속될 수 있도록 다양한 시도를 인정하고 구슬 길을 정리하지 않음.

자료

- 구슬 길을 만들 수 있도록 다양한 종류의 테이프를 제공함(투명 테이프, 종이 테이프, 도로 테이프).
- 구슬이 밖으로 떨어지지 않도록 찌통(투명 통)을 제공함.
- 구부러질 수 있는 길(호스)을 제공함.

일과

- 구슬을 다양한 방법과 장소에서 굴려 볼 수 있도록 일과를 운영함.
- 구슬을 굴릴 때 발생한 문제 상황을 해결하기 위해 이야기 나누기 시간 추가함.

상호작용

- 구슬이 구슬 길 밖으로 떨어지거나 막히는 문제 상황, 계단을 같이 사용하는 다른 반 친구들의 불편함에 대해 이야기를 나누고 해결할 수 있는 방법을 모색함.
- 찌통(투명 통)을 준비하고, 구슬을 굴리는 방법에 대한 학급 약속을 결정함.

학습 공동체

- 동료 교사와 투명하고 긴 구슬 길을 만들기 위해 의논하여 적절한 자료(찌통)를 찾음.
- 구슬 길이 교실 밖으로 나가자 동생과 친구, 선생님이 계단과 복도를 이용할 때 불편하지 않는 방법에 대해 의견을 나누고 도움을 받기로 함.

안전

- 구슬 길을 만들 때 가위와 테이프를 안전하게 사용하도록 지원함.
- 계단을 오르고 내려갈 때 필요한 안전 약속을 지원함.

놀이에서의 배움

- 구슬의 특성과 구슬 길의 기울기에 따라 속도가 바뀜을 이해함.
- 구슬이 떨어지는 장소에 유니트 블록으로 길을 만들면 구슬이 유니트 블록에 부딪혀 굴러가는 방향을 바꿀 수 있음.
- 찌통(투명 통)을 사용하면 구슬이 밖으로 떨어지지 않지만 찌통을 여러 개 이어 붙일 때 테이프가 겹쳐져서 구슬이 막히는 문제점이 생김. 통을 연결할 때 적당량의 테이프를 사용하게 하여 문제를 해결함.
- 구슬 길이 3층에서 밖으로 나갈 수 있도록 서로 소통하고 협력함.

진아가 블록으로 집을 짓는데 창문과 연결되어
길이 만들어진다.

소미: 나도 굴려 볼래~ 나는 자동차로 굴려야지!
레고도 굴려 볼래.

진아: 나는 바퀴로 굴려 볼 거야!

소미: 우와! 진짜 굴러간다!

진아: 동그란 모양은 빨리 굴러가~

소미: 응. 가장 동그란 구슬이 제일 빨리 굴러가!

진아와 소미는 건물의 창문과 연결한 미끄럼틀에 자동차, 레고, 바퀴, 구슬 등
교실에 있는 물건들을 굴려 보며 구슬이 가장 잘 굴러간다는 점을 발견한다. 한
쪽에서는 정국이가 블록을 쌓아 높다랗게 길을 만들고, 다시 그 아래에 길을 만
든다. 1층 길 위에서 자동차를 굴려 보고 2층 길 위에서 다른 자동차를 굴려 본
다. 자동차를 굴려 보면서 다른 방향으로 길을 지나가는 데에 흥미를 보인다.

1층 길은 앞으로 가고~
2층 길은 옆으로
가는 길이야~

나도 그런 길을 본
적 있어! 혹시 고가
도로 아니야?

예슬: 친구야, 구슬을 굴려 볼까?

우영: 길이 짧으니까 시시해~

정국: 그럼 길을 더 길게 만들자! 길을 만들 수 있는 재료를 더 가져올게.

우영: 구슬이 잘 굴러가려면 길을 서로 붙여서 연결해야 해.

소미: 길이 더~ 더~ 길어지고 있어! 교실 가운데로 길이 지나가고 있잖아!

찬성: 내가 구슬을 굴려 볼게! 구슬이 어디까지 굴러가는지 보자~

소미: 구슬이 가운데에서 멈추잖아~ 길이 기울어져야 잘 굴러갈 것 같아~

채연: 구슬이 잘 굴러가려면 점점 길이 밑으로 가도록 만들어야 해~

진아: 구슬이 아까보다 더 빨리 내려간다!

우영: 길 위에 길이 그려진 도로 테이프를 붙여야지. 유치원 올 때 도로가 이렇게 보였어.

💡 **교사의 고민**

교실 중앙에 길을 만든다고? 그럼 아이들과 이야기를 나눌 때 어디에서 모여야 하지?
교사는 그동안 아이들을 효율적으로 모이게 하기 위해 교실 중앙은 비워 두는 자리로 인식하였다.
하지만 놀이에 몰입한 아이들은 교실 중앙에도 길을 만들었고, 교사도 아이들의 놀이와 작품을
인정하게 되었다. 이후 구슬 놀이가 진행되는 기간에는 교사와 아이들은 자연스럽게 교실 빈 공간에
모여 이야기를 나누었다.

📑 **3일째 터널을 만들자! 그런데 터널은 너무 깜깜해~**

"여기는 터널이야. 그래서 길을 지나가려면 터널도 지나가야 하지!"
유니트 블록으로 길 위에 터널을 만든다.

진아: 터널도 이렇게 깜깜할까?

정국: 응. 아빠랑 바다에 갈 때 터널을 지나갔는데 터널 천장에 불빛이 있었어~

정안: 그럼 우리도 터널에 빛을 만들어 주자. 우리 반에 있는 손전등을 가져와야겠어!

하지만 아이들이 굴린 구슬이 터널 밖으로 나오지 않는다. 아이들은 고개를 숙여 터널 입구와 출구를 보며 구슬의 위치를 확인한다. 구슬이 보이지 않자 아이들은 터널을 무너뜨려 구슬을 꺼내고 다시 터널을 만들었다. 아이들은 구슬을 굴리면서 어두운 터널이 불편하다는 것을 느낀다.

터널에 손전등이 있으니까 어디에서 멈췄는지 잘 보인다!

터널에 왜 빛이 필요한지 알겠어!
다시 구슬을 굴려 보자.

아이들은 손전등을 터널 간격에 맞추어 고정한다. 그리고 구슬을 굴리면서 어디에서 구슬이 멈추었는지를 살피고 구슬을 다시 굴리기 시작한다. 아이들의 시선은 구슬에 있었고, 구슬이 멈출 때마다 문제 상황을 서로 이야기 나누며 해결하는 과정에 흥미를 보였다.

교사의 놀이 지원	
🕐	다양한 길을 만들고 시도를 할 수 있도록 시간을 융통성 있게 제공함.
📢	어두운 터널에서 구슬을 굴려 볼 때, 어디에서 구슬이 멈추었는지 보이지 않는 불편한 점을 이야기 나누며 문제를 해결할 수 있도록 도움.
🏠	아이들이 빛이 들어오지 않는 터널의 특성을 파악하고 손전등을 적절하게 사용함.

소혜: 이제 길을 더 길게 만들어야지.

유겸: 길을 테이프로 붙여 보자.

청하: 길 밑에 의자를 놓자~ 그럼 더 기울어지잖아.

진아: 길이 더 기울어지니까 구슬이 더 잘 굴러갈 것 같아!

승관: 길이 더 높으면 더 잘 굴러가겠지?

찬성: 그럼 내가 블록을 더 앞으로 붙여야겠어~

승관: 더 높아지게 내가 잡아 줄게.

미나: 그럼 출발하는 곳이 제일 높아야겠다.

아이들은 구슬을 굴리는 길의 기울기가 클수록 구슬이 빨리 굴러가는 것을 발견한다. 아이들은 의자와 블록을 옮기면서 기울기를 조절하고 구슬의 움직임을 관찰한다.

교사의 놀이 지원	
	교실 어느 곳이든 길을 만들 수 있도록 공간을 허용함. 누구든지 구슬을 굴릴 수 있음.
	구슬의 양을 추가하고 다양한 종류의 테이프를 제공하여 아이들이 상상하는 길을 실험할 수 있도록 지원함.
	아이들이 물건을 옮길 때 부딪히거나 떨어뜨리지 않도록 안전교육을 함.

구슬이 도착하는 곳에 유니트 블록을 놓아서
구슬이 굴러가는 방향을 바꿔 볼까?
유니트 블록을 어떻게 놓느냐에 따라
구슬이 굴러가는 방향이 달라져.

유아들은 유니트 블록의 각도에 따라 구슬이 굴러가는 방향을 바꿀 수 있다는
점을 발견한다. 그리고 유니트 블록을 다양한 각도로 세워 구슬이 원하는 방향
으로 굴러가도록 길을 만든다.

⬜ 8일째 구슬이 자꾸 밖으로 도망가잖아!

급경사에 구슬이 안정적으로 내려가지 못하고 길 밖으로 떨어지는 경우가 많아
졌다. 아이들은 도망간 구슬을 찾아오느라 바쁘다. 아이들 중에는 구슬을 굴리
다가 바닥에 떨어뜨리고 찾지 못하는 일이 다반사가 되었다. 구슬 개수가 줄어
들자 아이들 사이에 다툼이 일어났다.

유정: 구슬이 밖으로 떨어졌어.

우원: 유정아, 여기 떨어진 구슬은 내 구슬이야.
나도 조금 전에 떨어뜨렸어.

유정: 그럼 내 구슬은 어디에 있지?

예슬: 유정이의 구슬은 의자 밑으로 굴러갔어.

택연: 구슬이 밖으로 떨어지지 않는 길은 없을까?

앗! 위험해

구슬을 잃어버리면 위험해요! 걸어가다가 구슬을 밟거나 차는 경우 자신과 근처에 있는 친구가 다칠 수 있어요!

아이들은 구슬이 길 밖으로 떨어지지 않는 방법에 대해 생각해 보고 여러 가지 방법을 시도하였다.

길 중간에 구슬이 떨어지지 않도록 종이 터널을 만들어 볼게!
하지만 종이 터널은 시간이 지나면 종이가 납작해져서 구슬이 못 지나가!

터널이 납작해지지 않도록 테이프 터널을 만들어 볼게!
하지만 밑에 블록이 없는 길은 테이프 터널을 만들 수 없어!

교사: 구슬 길 놀이 중에 무엇이 어려웠나요?

정국: 계속 구슬이 길 밖으로 떨어지니까 떨어지지 않게 종이랑 테이프로 막고 있어요.

교사: 종이랑 테이프를 사용하니 구슬이 밖으로 떨어지지 않았나요?

우원: 아니요~ 종이는 시간이 지나니까 내려갔어요.

도겸: 테이프는 블록이 있는 곳만 터널을 만들 수 있어요.

교사: 우리가 함께 생각해 줄 수 있나요?

유정: 종이처럼 길었으면 좋겠어.

세정: 테이프처럼 딱딱했으면 좋겠어.

채연: 그럼 선생님이 길고 딱딱한 터널을 사 오세요.

찬성: 투명한 터널이 필요해요! 밖에서 안이 보여야 구슬이 어디에서 멈추는지 알 수 있어요!

교사: 선생님도 너희가 말한 길고 딱딱하고 투명한 터널을 찾아볼게요.

유정: 또 구슬이 지나가는 길이 부서졌잖아.

택연: 내가 책을 보려고 지나가다가 길을 밟아서 부서졌어.

도겸: 길이 자꾸 부서져서 속상해.

유정: 우리 반 약속이 필요해.

효정: 그럼 우리 반 약속을 투표하자.

교사: 지난주부터 우리 반에 필요한 약속을 적었는데 투표해 볼까요?

우원: 우리 반에서 가장 필요한 약속은 뭘까? 내 소중한 한 표는 여기에 붙여야지!

승관: 어떤 약속이 가장 많은 표를 얻을까?

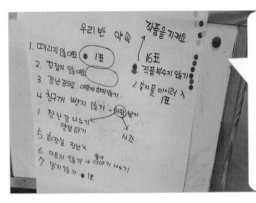

유겸: 우리 반에 가장 필요한 약속은 작품을 부수지 않기야.

도겸: 맞아! 구슬이 지나가는 길이 자꾸 부서지잖아.

효정: 응. 우리가 만든 구슬이 굴러가는 길도 작품이니까 이제는 지켜야 해.

세정: 그럼 우리 모두 작품을 지나갈 때 더 조심히 지나가야겠다.

교사의 놀이 지원	
	구슬이 길 밖으로 떨어지는 문제 상황에 대한 방안을 시도하거나 생각해 볼 수 있는 시간을 충분히 제공함.
	구슬이 길 밖으로 떨어지는 상황을 촬영하고 영상으로 볼 수 있도록 지원해 다른 아이들도 어떤 것이 문제인지 객관적으로 인식할 수 있었음. 일주일 동안 우리 반에서 필요한 약속을 모았는데 아이들이 필요에 따라 약속을 추가함.
	친구들과 함께 구슬이 길 밖으로 떨어지는 문제를 인식하고 해결할 수 있도록 이야기를 나눔.

교사는 길고 딱딱한 터널에 적합한 자료가 무엇일지 연구했다. 그리고 다른 교사의 도움을 받아 '찌통(투명 통)'을 구입하고 아이들에게 '찌통'을 보여 주었다.

찌통(투명 통)은 투명하기 때문에 구슬이 굴러가는 모습을 볼 수 있어요.

효정: 우와! 우리가 생각한 투명한 터널이다!

채연: 정말 투명한데 딱딱하고 길잖아! 투명 통이라고 이름을 짓자.

정안: 내가 투명 통 안으로 말하면 친구에게 소리도 잘 전달된다.

미나: 구슬도 잘 굴러간다.

진아: 투명 통으로 길을 만들어야겠다.

교사: 투명 통이 길지만 너희가 원하는 만큼 길지 않은데 어떻게 할까요?

유겸: 투명 통 끝을 테이프로 붙이면 구슬 길이 더 길어지니까 괜찮아요.

찌통(투명 통)과 찌통을 테이프로 이어 붙이니까 우리가 만든 구슬 길 중에 제일 길어지고 있어.

찌통(투명 통)을 손으로 들면 구슬이 밑으로 내려가~ 찌통을 반대로 들면 구슬이 반대로 내려가~ 찌통과 찌통 사이에는 구슬이 회오리 모양으로 움직여.

앗! 위험해

찌통(투명 통) 끝은 날카롭기 때문에 소리를 전할 때에는 얼굴에 직접 닿지 않도록 조심해야 해요! 찌통으로 칼싸움을 하면 아이들이 다칠 수 있으니 약속이 필요해요.

	교사의 놀이 지원
	찌통(투명 통)을 다양하게 탐색할 수 있도록 충분한 시간을 제공함(시각, 촉각, 청각 등).
	아이들이 필요하다고 말한 특성(투명하고, 긴 터널)을 파악하여 찌통(투명 통)을 제공함.
	아이들이 요구하는 자료를 찾기 위해 동료 교사와 의논하여 적절한 자료를 찾고 아이들에게 찌통(투명 통)을 지원함.

△ **11일째** 구슬이 교실에서 화장실로, 복도로 굴러간다고?

교실에서 구슬이 데굴데굴 굴러가~

교실에서 화장실로 구슬이 데굴데굴 굴러가!

화장실에서 복도로 구슬이 데굴데굴 굴러가. 그리고 다시 교실로 구슬이 굴러가~

교사의 놀이 지원	
	구슬이 굴러갈 수 있는 길을 만드는 데 충분히 시간을 제공함.
	아이들이 놀이 속에서 구슬이 지나가는 길의 방향을 의논하여 교실에서 시작해 화장실과 복도를 지나 다시 교실에 도착하는 긴 길을 만듦.

△ **13일째** 구부러지는 길도 있다고?

찬성: 선생님, 투명 통 여기를 잘라 주세요!

교사: 뭐가 불편하나요?

찬성: 투명 통이 구부러지지 않아서 옆으로 가고 싶은데 일자로만 가잖아요!

교사가 아이들의 요구에 맞추어 찌통(투명 통)을 잘라 주려고 해도 잘라지지 않는다.

교사: 선생님도 찌통(투명 통)을 자르는 게 어려워요. 찌통(투명 통)을 잘라도
　　　뾰족해서 다칠까 봐 걱정되는데….

효정: 그럼, 선생님 구부러지는 길은 없을까요?

미나: 우리 집 화장실에서 쓰는 샤워기는 구부러지는데?

연정: 샤워기 같은 물건이 있으면 좋겠다.

찌통(투명 통)은 딱딱하고 모양이 한가지로 고정되어 있어 아이들이 원하는 방향의 길을 만드는 데 어려움.

교사는 아이들이 말한 샤워기에서 아이디어를 얻어 '호스'를 찾아보았다.

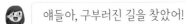 얘들아, 구부러진 길을 찾았어!

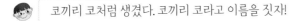 코끼리 코처럼 생겼다. 코끼리 코라고 이름을 짓자!

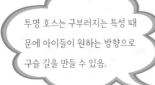

투명 호스는 구부러지는 특성 때문에 아이들이 원하는 방향으로 구슬 길을 만들 수 있음.

코끼리 코에 구슬을 넣고 두드리니 샤르륵 샤르륵 바다 소리가 들려.

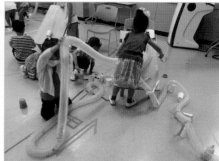

책상 위에 올리고 내 마음대로 방향을 바꾸니까 꼬불꼬불 길이 되기도 하네.

길이 구부러지니까 교구장 옆으로 구슬 길을 만들 수 있어!

구부러지는 길이 인형의 집도 지나가고 칠판도 쉽게 지나가.

유겸: 구슬이 굴러가는 길이 복도까지 나갔어요.

소미: 반듯한 길은 딱딱한 투명 통에 테이프를 붙여서 길게 만들어야지.

우영: 계단으로 방향이 바뀔 때에는 코끼리 코로 길을 만들자.

구슬이 계단까지 굴러가!

하지만 계단에 길을 만들면 다른 반 친구와 동생들이 불편하잖아.

💡 **교사의 고민**

계단은 모두가 함께 이용하는 공간인데 어떻게 구슬이 지나가는 길을 만들까?

아이들은 계단에 구슬 길을 만들고 구슬을 굴렸다. 하지만 아이들은 계단을 오가는 선생님과 친구들을 만나면서 구슬이 굴러가는 길이 다른 사람들에게 불편함을 준다는 것을 느꼈다. 아이들은 복도와 계단은 다른 학급의 아이들과 교직원이 모두 사용하는 공동의 공간임을 이해했다. 아이들이 결정한 '긴 구슬 길 만들기'에 도전하더라도 다른 사람들에게 피해를 주지 않고 도전할 수 있는 방법에 대해 아이들과 함께 고민을 나누었다.

교사: 얘들아, 다른 반 선생님에게 우리 반의 고민을 이야기했더니 1반 옆에 있는 비상계단을 추천했는데 보러 가 볼까요?

정국: 우리가 몰랐던 비밀 계단이 있었네!

채연: 비상계단은 친구들과 동생들이 이용하지 않으니까 1층까지 길이 만들어질 것 같아!

교사: 선생님은 우리 반 친구들이 계단에서 구슬을 굴리다가 떨어지거나 넘어지지 않을까 걱정이 돼요~

미나: 그럼 우리 반 계단 약속에 구슬 약속을 넣어요!

연정: 우리 반 계단 약속 종이 가져와서 고치자!

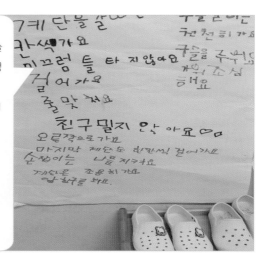

교사의 놀이 지원	
🏫	교실을 벗어나 복도, 계단에도 구슬이 굴러가는 길을 만드는 놀이를 허용함.
🔑	아이들이 교실 밖에 굴러가는 구슬 길을 만들고 싶다는 의견에 동료 교사들과 의논한 후 이용이 적은 비상계단을 추천받음.
📢	아이들과 계단을 이용할 때 필요한 안전 문제에 대해 이야기를 나누고 계단 약속에 구슬 놀이 약속을 추가함.

진아: 비상계단에 구슬이 지나가는 길을 만들자!

유정: 코끼리 코가 구부러지니까 계단 코너에도 길이 잘 만들어져!

유겸: 구슬이 여기에서 멈추는데?

세정: 투명 통에 테이프가 너무 많이 뭉쳐서 구슬이 안 내려가!

정안: 그럼 투명 통에 붙은 테이프를 뜯고, 다시 테이프를 붙일 때 조금만 쓰자!

연정: 친구들이 공사하고 있는데 이 상황을 모르는 다른 친구들을 위해 내가 안내문을 만들었어!

유겸: 3층에서 2층, 2층에서 1층으로 내려간다!

정국: 구슬이 1층에 도착할 거야!

소미: 구슬이 1층을 지나서 신발장까지 도착했어!

정안: 이제 조금만 더 힘내자!

미나: 드디어 구슬이 밖에까지 도착했어!

진아: 우리가 모두 힘을 모아서 해냈어!

교사의 놀이 지원	
🏫	복도, 계단, 현관, 유치원 밖까지 구슬이 굴러가는 길을 길게 만들 수 있도록 아이들의 시도를 허용함.
🧰	계단을 안전하게 이용하도록 지원함. 테이프로 통을 연결할 때 가위를 안전하게 사용하도록 지원함.

 놀이 과정 들여다보기

유아 2명이 시작한 건물 경사로 길 놀이가 유치원 밖에까지 구슬 길을 만드는 놀이로 확장됐다. 이 과정에서 아이들은 '구슬은 어떻게 해야 잘 굴러갈 수 있을까?', 장소에 따라 '구슬이 굴러가는 길을 어떻게 만들 수 있을까?' 고민하며, 구슬이 잘 굴러가도록 친구와 함께 소통하고 협동하여 문제들을 해결해 갔다.

 교사의 고민

아이들의 놀이가 교실 밖에까지 간다고?
교실 안에서 구슬 놀이를 하던 아이들이 교실 밖에서도 구슬을 굴리고 싶다고 했다. 다른 학급에도 피해가 될 수 있고, 계단을 이용하는 모든 사람들에게도 피해가 될 텐데….
한편으로는 계단과 복도에 이어 현관문 밖에까지 도전하고 싶어서 설레는 아이들을 보고 있으면 교사인 나도 시도해 보고 싶다는 딜레마가 생겼다. 결국 아이들과 놀이 기간을 정하기로 하고, 교직원과 다른 학급의 아이들에게 양해를 구했다. 교사도 아이들과 함께 도전하는 기분이 들었다.

교사의 배움

구슬이 잘 굴러가기 위해서 필요한 것은?
구슬이 멈추었다면 어떤 문제 때문일까?
아이들과 교사가 함께 고민하고 연구하며 다시 도전하는 과정에서 구슬이 멈추어도 실패와 포기가 아닌, 배움의 과정으로 다시 구슬을 굴려 보기 위해 시도하는 과정에서 큰 배움이 일어났다.
교사인 나는 그동안 어떤 문제에 부딪쳤을 때, 다시 연구하고 도전해 보는 과정을 이렇게 즐겼던가?
아이들의 놀이를 통해 실패를 즐겁게 받아들이는 방법을 배웠다.

■ 5개 영역으로 교육과정 운영 평가하기

신체운동 · 건강	▸ 신체활동 즐기기 신체 움직임을 조절한다. 학급 약속인 친구의 작품을 지키기 위해 교실에서 돌아다닐 때 조심스럽게 움직임. ▸ 안전하게 생활하기 일상에서 안전하게 놀이하고 생활한다. 복도와 계단에서 안전하게 구슬 길을 만들며 놀이함.
의사 소통	▸ 듣기와 말하기 자신의 경험, 느낌, 생각을 말한다. 구슬이 떨어지거나 멈추었을 때 자신의 경험과 느낌에 기반하여 해결 방안을 말함. ▸ 읽기와 쓰기에 관심 가지기 말과 글의 관계에 관심을 가진다. 구슬 길을 고치는 중에는 구슬을 굴리지 않도록 안내문을 글로 적음.
사회 관계	▸ 나를 알고 존중하기 내가 할 수 있는 것을 스스로 한다. 구슬이 굴러가는 길을 만들 때 자율적으로 참여함. ▸ 더불어 생활하기 친구와 서로 도우며 사이좋게 지낸다. 교실에서 밖으로 구슬 길을 만들 때 서로 역할을 분담하며 협력하여 문제를 해결함.
예술 경험	▸ 아름다움 찾아보기 예술적 요소에 관심을 갖고 찾아본다. 호스에 구슬을 넣고 두드려 보면서 소리를 탐색함. ▸ 예술 감상하기 서로 다른 예술 표현을 존중한다. 친구들이 함께 만든 구슬 길(작품)을 소중히 지켜 주자는 의견을 존중하고 구슬 길(작품)을 지킴.
자연 탐구	▸ 탐구과정 즐기기 궁금한 것을 탐구하는 과정에 즐겁게 참여한다. 구슬이 도착하는 장소에 유니트 블록의 방향을 변경하면서 구슬의 움직임을 관찰함. ▸ 생활 속에서 탐구하기 물체의 특성과 변화를 여러 가지 방법으로 탐색한다. 기울기에 따라 구슬이 굴러가는 속도가 바뀌는 실험에 참여함.

놀이를 통해 평가하기

■ **월간 교육 계획안으로 교육과정 운영 평가하기**

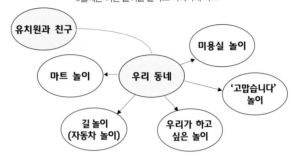

5 · 6월 놀이 계획(만 5세)

많은 어려움 끝에 만나게 되는 우리 반 친구들~ 친구 이름도 알아보고, 어디에 살고 있는지도 궁금하고,
6월에는 어떤 놀이를 할지도 이야기해 봐요~

- 유치원과 친구
- 미용실 놀이
- 마트 놀이
- 우리 동네
- '고맙습니다' 놀이
- 길 놀이 (자동차 놀이)
- 우리가 하고 싶은 놀이

※ 하루 일과는 유아의 상태, 흥미, 요구, 유치원 실정에 따라 융통성 있게 운영합니다.

6월의 행사	안전교육	
▸ 5월 27일(수) 개학 ▸ 5월 29일(금) 장애 이해 교육(유아) ▸ 6월 8일(월)~15일(월) 학부모 상담 주간 ▸ 6월 12일(금) 소방 합동 훈련 ▸ 6월 16일(화) 박물관 체험(5세 1반) ▸ 6월 17일(수) 박물관 체험(5세 2반) ▸ 6월 17일(수) 체격 검사 ▸ 6월 24일(수) 박물관 체험(5세 3반) ▸ 6월 25일(목) 5씨앗놀이사랑발표회 ▸ 6월 26일(금) 찾아오는 체험	생활안전	- 교실에서 안전하게 생활해요 - 유치원 위험한 곳은 어디일까요? - 놀잇감을 안전하게 사용해요
	성교육	-소중한 내 몸, 화장실 예절을 지켜요 -친구 몸도 소중해요 -소중한 내 몸과 친구 몸 OX퀴즈 -여자도 남자도 똑같아요(성차별 없는 직업 의식)
	교통안전	- 통학버스를 안전하게 타요 - 횡단보도를 안전하게 건너요 - 유치원 주변 교통 표지판을 살펴요
	폭력 및 신변안전	- 친구하고 마주 보고 - 실수야 실수 - 내 몸을 지켜요
	약물 및 사이버중독	- 몸에 해로운 음료수가 있어요 - 재미있는 텔레비전
	직업안전	- 안전한 유치원을 만들어요

가정통신
▸ 코로나19가 유행하며 생활 속 거리두기로 마스크 쓰기, 손 씻기와 소독, 기침 예절 지키기를 하고 있습니다. 가정에서도 유치원에 가기 전에 체온(37.5℃ 이하일 때 등원)을 꼭 확인토록 해 주세요. ▸ '책 보며 크는 마음' 책보기통장 첫 페이지의 활용 방법을 숙지하시고 적극 활용하여 매일 가방에 가지고 다닐 수 있도록 협조해 주시기 바랍니다. ▸ 유치원에서 먹일 약을 보내실 경우 원아수첩의 투약 의뢰서를 작성한 후 약병(한 번 먹을 양만 약병에 꼭 이름을 써서)에 담아 보내 주시기 바랍니다.

〈한 달간 놀이 진행 후 교육과정 운영을 평가한 예〉

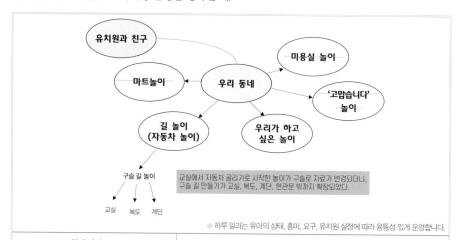

※ 하루 일과는 유아의 상태, 흥미, 요구, 유치원 실정에 따라 융통성 있게 운영합니다.

6월의 행사	안전교육	
	생활안전	- 교실에서 안전하게 생활해요 - 유치원 위험한 곳은 어디일까요? 　(구슬을 굴릴 때 교실, 복도, 계단에서의 약속이 　필요해요) - 놀잇감을 안전하게 사용해요
코로나19로 인해 체험학습 취소 ▸ 6월 12일(금) 소방 합동 훈련 ~~~~ ▸ 6월 24일(수) 박물관 체험(5세3반) ~~~~ ▸ 6월 25일(목) 5씨앗놀이사랑발표회 ~~~~ ▸ 6월 26일(금) 찾아오는 체험 ~~~~	성교육	- 소중한 내 몸, 화장실 예절을 지켜요 - 친구 몸도 소중해요 - 소중한 내 몸과 친구 몸 OX퀴즈 - 여자도 남자도 똑같아요(성차별 없는 직업 의식)
행사 위주가 아닌 놀이 과정으로 변경 ▸ 5월 27일(수) 개학 ▸ 5월 29일(금) 장애 이해 교육(유아) ▸ 6월 8일(월)~15일(월) 학부모 상담 주간 ▸ 6월 17일(수) 체격 검사	교통안전	- 통학버스를 안전하게 타요 - 횡단보도를 안전하게 건너요 - 유치원 주변 교통 표지판을 살펴요
	폭력 및 신변안전	- 친구하고 마주 보고 - 실수야 실수 - 내 몸을 지켜요
	약물 및 사이버중독	- 몸에 해로운 음료수가 있어요 - 재미있는 텔레비전
	직업안전	- 안전한 유치원을 만들어요

가정통신
▸ 집 짓기 놀이 중에 건물의 창문과 연결한 미끄럼틀에서 자동차를 굴리고 구슬도 굴려 봄. 자동차보다는 구슬이 더 잘 굴러가는 특징을 이해하고 구슬을 굴리기 시작함. 구슬을 멀리 굴릴 수 있는 방안에 대해 흥미를 보임. 아이들은 구슬 길 놀이 도중에 구슬이 굴러가지 않거나 길 밖으로 떨어지는 문제가 발생하자 어떻게 해결할지 고민하고 해결 방안을 제시함. 아이들은 구슬이 떨어지지 않도록 찌통(투명 통)을 사용했고, 구슬 길을 무너뜨리지 않도록 학급 약속을 정함. 구슬 길 방향을 변경하기 위해 구부러지는 호스를 사용함. 교실에서 화장실, 복도, 계단, 현관, 건물 밖까지 연결하는 구슬 길에 도전함.

■ 교사 저널 기록으로 교육과정 운영 평가하기

열한 번째 날: 구슬 길이 화장실을 지나간다

교사가 아이들에게 놀이 공간을 허용해 주자, 아이들은 구슬이 굴러가는 길을 교실에서 화장실 방향으로 결정했다. 아이들이 찌통(투명 통)을 이어 붙일 때 한 명은 찌통을 찾아 주고, 한 명은 테이프를 뜯어 주고, 한 명은 찌통을 잡아 주는 등 각자의 역할을 찾아 협력하는 모습을 보였다.

열다섯 째날: 구슬 길이 계단으로 내려간다

아이들이 만든 구슬 길이 교실에서 화장실을 지나 복도, 그리고 계단으로 내려가기 시작했다. 아이들은 복도처럼 직진하는 길은 찌통(투명 통)을 사용하였고, 계단에서 커브가 있는 곳은 호스를 사용하는 등 물체의 특성에 맞추어 구슬 길을 만드는 모습을 보였다.

열일곱째 날: 구슬길이 현관문 밖으로 나가다

3층에서 드디어 현관문 밖에까지 도착한 구슬 길을 보고 아이들은 환호했다. 구슬 길 공사를 마친 뒤 아이들은 교실에서부터 구슬을 굴리기 시작했다. 구슬을 따라 교실, 화장실, 복도, 계단을 지나 현관문 밖으로 나갔다. 아이들은 놀이를 통해 혼자가 아닌 친구와 함께할 때의 즐거움을 느꼈다.

■ 유아 관찰을 놀이 흐름에 따라 정리하기

미나: 이제 우리 반 길이 안 무너진다.

진아: 그럼 오늘 만들었던 길을 내일 또 만들 수 있겠다.

유겸: 계속 하고 싶은 놀이를 하니까 너무 좋아요!

교사의 지원: 아이들이 '작품을 지켜요' 약속을 서로 지키는 모습이 보여서 격려해 주며 놀이가 중단되지 않게 지원해 주었다.

교사의 지원: 교사도 아이들과의 약속을 지키기 위해 아이들이 필요하다고 말했던 '막아진 길'을 제공하였다. 아이들의 자동차와 구슬이 더 이상 길 밖으로 떨어지지 않았다.

⋮

〈놀이 속 민주시민교육〉

민주주의의 기본 정신은 자유 속에서도 책임을 다하고 다른 사람에게 피해를 주지 않는 것이다. 그런 면에서 아이들이 민주 시민으로 커 나가기 위한 교육에서 꼭 배워야 할 것은 약속을 만들고 지키는 과정 같다. 아이들은 자신들이 만든 구슬 길에서 구슬이 튕겨 나가거나 본의 아니게 길이 무너지고 부서지는 경험을 하면서 구슬 길을 제대로 만들기 위해서는 약속을 정하고 지켜야 한다는 것을 체감하는 듯했다. 2주 동안 구슬 길을 만들면서 아이들은 약속 판에 자신들이 꼭 지켜야 할 약속들을 적기 시작했다. 그리고 고심 끝에 꼭 지켜야 할 약속('작품을 지켜요')을 투표로 정하고는 서로 지키려고 노력하는 모습을 보였다. 한편, 구슬이 길에서 튕겨 나가지 않도록 해결 방법을 찾던 아이들은 교사에게 필요한 물건을 요청했고, 교사는 아이들이 요구한 찌통(투명 통)을 제공했다. 결국 아이들은 자신들이 만든 약속을 지키면서 교실에서 시작한 구슬 길을 화장실, 복도, 계단에 이어 현관문 밖에까지 연결하는 데 성공했다. 교사도 아이들도, 다른 사람들과 잘 지내기 위해서는 약속이 필요하고, 불편하더라도 함께 약속을 지켰을 때 더 큰 성취감을 느낄 수 있음을 구슬 길 만들기를 통해 경험했다.

〈교사의 저널〉

'교사가 결정한 약속?', '아이들이 결정한 약속!'

보통 학기 초가 되면 교사는 학급을 수월하게 운영하기 위해 교실에서 지켜야 할 약속을 미리 만들고 아이들에게 통보하듯 알려준다. 이런 모습에서 벗어나고 싶어서 학급의 주인인 아이들 스스로 놀이와 생활 중에 서로 지켰으면 하는 약속을 '약속 판'에 적어 보자고 제안했다. 약속 판에 약속들이 하나 둘 늘어나자 어느 날 함께 모여 약속 판을 보면서, 각각의 상황에서 약속이 되지 않아 불편을 느꼈던 친구들의 이야기를 들어 보고 그때의 상황과 감정을 이해하는 시간을 가졌다. 그리고 꼭 지켜야만 하는 약속을 투표로 정하기로 했다. 아이들 모두 자신의 입장과 친구의 입장을 생각하며 한 표를 행사하는 의젓함을 보였다. 이후 아이들은 기특하게도 놀이를 진행하면서 함께 정한 약속을 소중하게 생각하고 지키려고 노력했다.

💡 교사의 배움

유아의 놀이 흐름에 따라 교사의 지원을 작성하였다. 아이들은 다른 사람과 잘 지내기 위해서는 약속이 필요하다는 것을 느꼈다. 불편하더라도 약속을 지켰을 때 서로가 존중 받는 느낌을 경험하며 더 큰 성취감을 느끼는 것 같았다. 아이들의 놀이 속에서 민주 시민의 모습을 발견할 수 있었다.

<개인 유아 놀이를 기록하여 평가하기>

이름: 김소미

소미는 컵 위에 유니트 블록을 올려놓고 길을 만들어 구슬이 굴러가는 모습을 예측한다. 구슬을 굴려 보고 유니트 블록 사이에 틈이 생겨 구슬이 밖으로 굴러가는 모습을 관찰한다. 다시 유니트 블록을 점검하면서 틈이 생기지 않도록 구슬 길을 수정하며 문제를 해결한다. 그리고 자신이 예측한 대로 구슬이 굴러가는지 실험한다.	소미는 구부러지는 호스의 특성을 이해하여 인형의 집 창문을 통과하여 칠판 옆으로 지나간다. 친구와 함께 소리를 전달하는 놀이를 한다. 호스에 구슬을 넣어 보고 흔들어 보며 소리를 듣는다. 교실에 있는 물건들 (블록, 주사위, 반지 등)을 호스에 넣어 보고 물건이 서로 부딪히며 내는 소리를 민감하게 탐색한다.	소미는 교실, 화장실, 복도, 계단으로 이어지는 구슬 길을 친구들과 함께 만든다. 소혜가 찌통(투명 통)에 테이프를 붙이기 어려워하자 먼저 다가가 찌통을 잡아 주며 도와준다. 테이프가 뭉쳐져서 구슬이 굴러가지 않는 문제가 생기자 소미는 친구들과 테이프를 조금 써야 한다고 이야기하여 문제를 해결한다.

5세 코로나19 함께 극복해요!

■ 놀이가 이루어진 기간: 2020년 7월 6일(월)~7월 17일(금)

코로나19 장기화 # 놀이로 풀어 가는 안전교육
교사가 제안하는 놀이 # 만 5세 유아의 캠페인

놀이의 시작

2019년 12월부터 코로나19 감염병이 세계적으로 확산하였다. 2020년 7월에 코로나19 확진자 수가 증가하자 광주광역시와 전라남도는 사회적 거리두기를 2단계로 격상하였다. 교사는 평소에도 유아들에게 올바른 손 씻기와 마스크 착용법에 대해 지도했지만, 몇 명의 유아들은 손을 대충 씻거나 마스크를 코 밑으로 착용하였다. 이에 코로나19를 예방하는 방법을 아이들이 이해하고 생활화하도록 안전교육 및 기본 생활습관 교육이 필요하다고 판단하여 유아들에게 손 씻기와 마스크 착용에 대한 놀이를 제안하였다.

놀이의 흐름

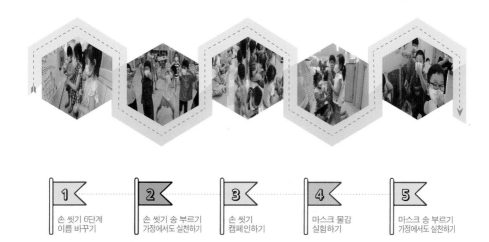

1	2	3	4	5
손 씻기 6단계 이름 바꾸기	손 씻기 송 부르기 가정에서도 실천하기	손 씻기 캠페인하기	마스크 물감 실험하기	마스크 송 부르기 가정에서도 실천하기

놀이 개요 한눈에 보기

<table>
<tr>
<td rowspan="7">교
육
적

놀
이

지
원</td>
<td>
공간</td>
<td>
• 캠페인 송을 만들 때 교실, 화장실, 복도 등 다양한 장소에서 촬영함.
• 가정에서도 캠페인 송을 안내하여 손 씻기와 마스크 착용을 실천함.
• 강당에서 친구들과 동생들에게 캠페인 송을 알려 줌.
</td>
</tr>
<tr>
<td>
자료</td>
<td>
• 손의 세균을 확인할 수 있도록 교육용 뷰 박스를 제공함.
• 마스크의 특성을 확인하도록 찌통(투명 통)과 물감 실험을 준비함.
• 노래를 재구성할 때 쓰기 도구와 전지를 제공함.
• 캠페인 송을 부를 때 노래를 부르고 춤추는 모습을 촬영함.
</td>
</tr>
<tr>
<td>
일과</td>
<td>
• 캠페인 송을 만들 때 시간을 연장하여 일과를 운영함.
• 일상생활 속에서 손 씻기 송과 마스크 송을 자유롭게 부름.
</td>
</tr>
<tr>
<td>
상호작용</td>
<td>
• 손 씻기와 마스크 착용의 올바른 방법에 대해 이야기를 나눔.
• 손 씻기와 마스크 착용 방법에 대해 유아의 생각을 반영하여 용어를 재구성함.
</td>
</tr>
<tr>
<td>
학습 공동체</td>
<td>
• 손 씻기와 마스크 착용의 올바른 방법에 대해 가족에게도 알려 줌.
• 동일 연령의 학급과 다른 연령의 학급에서도 손 씻기와 마스크 착용의 필요성에 대해 이야기하며 캠페인 활동에 동참하도록 함.
</td>
</tr>
<tr>
<td>
안전</td>
<td>
• 캠페인 송을 카메라로 촬영할 때 안전한 곳에서 움직임과 춤으로 표현하도록 지원함.
• 올바른 손 씻기와 마스크 착용 방법에 대해 알아보는 안전교육을 실행함.
</td>
</tr>
<tr>
<td>놀이에서의
배움</td>
<td>
• 손 씻기 6단계와 마스크의 올바른 착용 방법에 대해 알고 유아들이 이해할 수 있는 용어로 변경함.
• 익숙한 노래의 가사를 재구성하여 캠페인 송을 만들고 가사에 맞추어 움직임과 춤으로 표현함.
• 가족과 동생, 친구에게 코로나19 예방법을 알려 주면서 공동체로서 함께 약속을 지켜야 함을 알게 됨.
</td>
</tr>
</table>

아이들에게 손 씻기 6단계를 그림 자료를 사용하여 보여 주었다.

세정: 손 씻기가 6개나 되니까 너무 어렵다.

교사: 그럼 우리가 손 씻는 방법에 이름을 지어 줄까?

유정: 네~ 첫 번째는 파리처럼 손바닥 문지르는 것 같아.

효정: 그럼 1번은 파리 씻기~ 어때?

찬성: 좋아!

진아: 두 번째는 손이 고양이 손 같으니까 고양이 씻기!

미나: 세 번째는 미끄럼틀처럼 내려가잖아.

유겸: 네 번째는 엄지손가락이 들어가서 프로펠러 같아~ 헬리콥터 씻기로 하자!

정안: 다섯 번째는 손가락 사이에 손가락이 들어가서 거미 발 같아~ 거미 씻기.

유정: 여섯 번째는 손톱이 손바닥에 간질간질 너무 간지러워~ 간질간질 씻기야.

아이들은 손 씻기 방법의 움직임을 살펴보고 비슷한 동물이나 사물을 떠올리며 자신들이 이해할 수 있는 용어로 이름을 정한다.

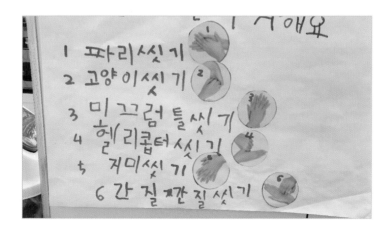

예슬: 우리가 지은 손 씻기 방법으로 손을 씻어 보자!

유정: 우리가 이름을 지어서 손 씻기 정말 쉽다.

유겸: 손톱에 있는 세균이 가장 마지막까지 있잖아.

승관: 그럼 손톱 세균을 없애려면 6번 간질간질을 많이 해야겠다!

연정: 손을 5초만 씻으면 안 돼! 30초 씻어야 손이 깨끗해지거든!

효정: 맞아! 나도 조금 씻으니까 세균이 남았었어.

교사는 유아들이 손 씻기에 관심을 보이자 손의 세균을 직접 눈으로 확인할 수 있는 교육용 뷰 박스를 제공했다. 손을 씻고 형광 로션을 바른 후 교육용 뷰 박스에 손을 넣어 세균을 확인하였다. 아이들은 자신의 손에 보라색으로 세균이 보이면 다시 화장실에 들어가 손 씻기를 반복하였다.

교육용 뷰 박스, 형광 로션
(보건소에서 대여 가능)

2일째 손 씻기 송을 만들어요~

교사: '니가 왜 거기서 나와' 노래를 손 씻기로 어떻게 바꾸는 거야?

예슬: '니가 왜 거기서 나와'를 왜 '니가 세균이 나와'이렇게 바꾸는 건 어때?

우원: 좋아! 그리고 이 노래 춤 아는데.

교사: 어떻게 하는 춤인데요?

우원: 손으로 뒤에 목을 잡고 손으로는 친구를 가리켜야 해요. 이렇게요.

아이들이 노래를 부르면서 춤을 춘다.

교사: 손 씻기 방법 중에 무엇을 더 알려 주고 싶나요?

연정: 5초만 씻지마! 라고도 말하고 싶은데.

교사: 왜 5초만 씻으면 안 될까요?

연정: 5초만 씻으면 손톱에 세균이 아직 있거든요!

소미: 그럼 5초만 씻었는데 손톱에 세균이~로 부르자!

세정: 좋아! 5초 할 때 손을 5라고 펴는 거야.

찬성: 그래 너~ 하면서 손 좀 깨끗이 씻어!

연정: 우리가 지은 노래 가사를 종이에 적어야 기억이 날 것 같아.

교사가 아이들에게 전지와 쓰기 도구를 제공한다.

아이들이 서로 소통하면서 가사를 재구성하고 그 내용을 전지에 적는다.

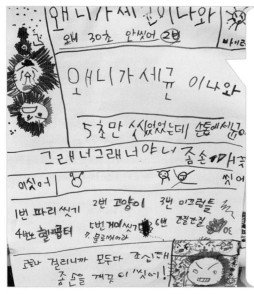

아이들이 재구성한 손 씻기 노래를 부르면서 춤을 춘다.

찬성: 우리 노래를 친구 반이랑 동생 반에게 알려야지!

효정: 하지만 나는 계속 노래를 부르면 목이 아픈데.

미나: 그럼 우리 동영상을 찍어서 유튜브처럼 알려주자. 나 유튜브 찍어 본 적 있거든. 우리는 노래하고 춤추니까 선생님이 카메라로 찍어 주세요.

교사: 그럼 손 씻기 단계 중에 알려 주고 싶은 손 씻기를 정해 볼까요?

찬성: 나는 1번 파리 씻기도 하고 싶고 2번 고양이 씻기도 하고 싶은데.

진아: 다하면 되지.

교사는 아이들이 알려 주고 싶은 손 씻기 단계에 맞추어 카메라로 촬영을 한다.

친구야 근데 니가 왜 손을 안 씻어~
3초만 씻었었는데 손톱에 세균이~

1번은 파리 씻기
(손바닥 문지르기)

2번은 고양이 씻기
(손가락 마주 잡고 문지르기)

3번은 미끄럼틀
(손등과 손바닥 문지르기)

4번은 헬리콥터 (엄지손가락을 다른 편 손바닥으로 돌리며 문지르기)

5번은 거미 씻기
(손가락 사이 문지르기)

6번은 간질간질

(손톱을 손바닥에 문지르기)

7번은 물로 씻어라~

(물로 깨끗이 씻기)

교사의 놀이 지원	
	손 씻기 송을 부르고 동영상을 촬영하도록 일과를 바꿈.
	손 씻기 송을 부를 수 있도록 화장실, 교실, 복도 등의 공간을 허용함.
	교육용 뷰 박스를 제공하여 손의 세균을 확인함. 쓰기 도구와 전지를 제공하고 노래를 재구성한 손 씻기 송 가사를 적음. 손 씻기 송을 부르며 동작을 하는 유아들을 카메라로 촬영함.

▷ 3일째 집에서도 손을 씻었어요!

금요일이 되자 아이들이 집에서도 손을 씻겠다고 이야기한다.

> 효정: 나는 동생에게 손 씻기 알려 줘야겠다.
>
> 미나: 우리 아빠도 손을 안 씻을 때가 있는데….
>
> 진아: 우리 엄마도 손을 금방 씻을 때가 있어!
>
> 교사: 선생님이 우리가 만든 손 씻기 송을 부모님께 보내 드릴게요.
>
> 유겸: 그럼 선생님이 보내 주신 동영상 보면서 가족 모두 손을 깨끗이 씻을 수 있겠다.

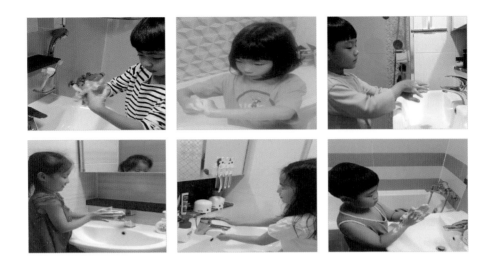

주말에 학부모에게서 메신저로 연락이 왔다. "선생님께서 보내 주신 손 씻기 송이 재미있다고 집에서도 계속 보네요. 아빠, 엄마에게 알려 주고 외출 후나 식사 전에 손을 정말 깨끗이 씻어요." 아이들이 유치원뿐만 아니라 가정에서도 손을 깨끗이 씻는 모습을 동영상이나 사진으로 확인할 수 있었다. 월요일이 되자 주말 동안 자신이 손 씻기를 실천한 이야기를 서로 나누며 공유하는 시간을 가졌다. 손을 올바르게 씻는 방법을 이해한 아이들은 언제 어디서든 실천하는 모습을 보였다.

교사의 놀이 지원	
	아이들이 손 씻기를 실천한 경험에 대해 서로 이야기를 나누는 시간을 충분히 제공함.
	손 씻기를 실천한 영상을 TV로 연결하여 함께 관람함.

집에서 손 씻기를 실천한 영상을 보며 이야기를 나눈다.

찬성: 난 집에서 손 씻기 방법을 동생이랑 엄마, 아빠에게 알려 줬는데.

유정: 손 씻기를 유치원 동생이랑 친구들에게도 알려 주어야 하는데.

교사: 그럼 어떻게 친구랑 동생들에게 알려 줄 수 있을까?

청하: 우리가 손 씻기 노래를 부른 영상을 보여 줘요.

소혜: 선생님이 영상을 TV로 보여 주세요.

교사: 너희들은 영상 끝나면 어떻게 알려 줄 거야?

우원: 우리는 직접 동생들에게 가서 알려 줄 거예요.

정안: 나는 손으로 보여 줄 거야.

찬성: 나는 말로 해 주고 싶은데.

찬성: 우리가 손 씻기 방법을 적었던 종이도 필요해! 손 씻기 방법을 적은 종이를 보여 주면서 알려 주자.

채연: 맞아. 글을 읽을 수 있는 친구는 우리가 쓴 손 씻기 가사를 읽을 수도 있잖아!

교사의 놀이 지원	
	손 씻기 캠페인을 계획할 수 있는 이야기 나누기 시간 추가함.
	손 씻기 캠페인에서 어떤 방법으로 알려 줄 수 있는지 상호작용 함.

다음 날은 손 씻기 캠페인을 하였다.

우리가 만든 손 씻기 영상을 보여 주자.

말로 알려 주고 싶은 친구~

손으로 보여 주고 싶은 친구~

1번은 파리 씻기야.

파리가 손을 닦는 것처럼 이렇게~

동생아, 이렇게 씻어야 해.

형이 손 씻는 모습을 잘 봐.

교사의 고민

캠페인은 어떻게 접근해야 할까?
아이들이 손 씻기를 동생들과 다른 반 친구들에게 알려 주고 싶다는 이야기에 어떤 방법으로 알려
줄지 고민 이 되었다. 아이들은 영상도 보여 주고 싶다는데. 직접 알려 주고 싶다는 아이도 있고…,
아이들이 캠페인 방법을 결정한 대로 지원했더니 언어로 설명하는 아이도 있고 직접 시범을 보이는
아이, 다가가서 손을 잡고 알려 주는 아이도 있다. 아이들은 교사의 생각보다 훨씬 더 친구와 동생의
수준에 맞추어 잘 알려 준다.

	교사의 놀이 지원
	손 씻기 영상을 스크린으로 볼 수 있도록 준비함. 아이들이 스스로 화장실에 붙여 두었던 손 씻기 방법이 적힌 종이를 가져와 잘 보이는 곳에 붙임.
	친구들과 동생들에게 손 씻는 방법을 언어와 손짓으로 알려 주며 소통함.

캠페인 활동 후에 다른 반에서도 손 씻기가 시작되었다.

우리도 알려 준 방법으로 손을 깨끗이 씻어 볼래.

진짜~ 세균이 사라졌어!

손 씻기를 즐겁게 했으면 좋겠다는 생각으로 시작한 손 씻기 놀이. 아이들의 놀이에 맞추어 지원하다 보니 노래와 춤이 만들어지고 나아가 캠페인 영상까지 촬영하게 되었다. 캠페인으로 동생들과 친구들에게 알려 주면서 놀이 속에서 계속해서 손 씻기 방법을 반복하니 자연스럽게 외워졌다. 아이들은 즐겁게 노래를 부르면서 손 씻기가 질병을 예방하는 하나의 방법임을 이해했고, 생활 속에서 실천하는 모습이 보였다. 나아가 유치원의 전체 원아들이 손 씻기 송에 대해 관심을 보여, 각 반만의 손 씻기 방법과 약속을 마련하여 손을 깨끗이 씻는 모습을 볼 수 있었다.

🔖 6일째 코로나19를 예방하는 방법이 또 있다고?

평소에 몇 명의 아이들은 마스크 착용을 답답해 하여 마스크를 코 밑으로 내리거나 마스크를 접어서 주머니에 집어 넣었다가 교사가 마스크 착용을 하라는 지도가 있으면 주섬주섬 꺼내어 다시 쓰는 모습을 보였다.

어떻게 하면 아이들이 마스크를 즐겁게 착용할 수 있을까? 고민을 하다가 마스크 실험을 제안하게 되었다. 찌통(투명 통) 밑에 마스크가 고정이 되도록 고무줄로 묶고, 반대편 찌통에 물감 물을 천천히 부어 마스크에 물감이 스며드는지 살펴보는 실험이었다.

물감이 섞인 물을 찌통(투명 통)에 넣으세요. 눈으로 마스크의 상태를 비교하며 마스크에 물감이 새는지 살펴볼 수 있어요!

유정: 마스크가 종이 같아서 물감 물이 스며들 줄 알았는데…. 정말 물감이 마스크에 묻지 않았어!

유겸: 통을 흔들어 볼까? 흔들면 물감 물이 밖으로 나올지도 몰라.

예슬: 통을 흔들어도 물감이 마스크에 묻지 않아.

유정: 시간이 계속 지나도 마스크에 물감이 묻지 않아.

유겸: 선생님~ 그럼 우리도 말할 때 침이 밖으로 안 나가는 거예요?

교사: 너희가 말할 때 침방울이 밖으로 나가지 않고, 친구의 침방울도 나에게 올 수 없나 봐요.

찬성: 마스크가 방패 같다. 침이 밖으로도 나가지 않고, 친구 침도 안 튀겨.

유겸: 마스크를 써야 나도 친구도 모두 침방울이 안 튀기는 거야.

예슬: 나도 친구도 모두 마스크를 써야겠다.

정국: 마스크 쓰는 순서가 있을까? 찾아보자.

택연: 우리 또 마스크 송도 만들자.

교사의 놀이 지원	
	교실에 비치되어 있던 KF 94 마스크와 찌통(투명 통), 고무줄, 물감으로 마스크 실험을 제공함.
	친구들과 마스크의 특성(자신과 타인의 침방울이 튀기지 않도록 도움)을 자유롭게 탐색하고 서로 소통함.

찬성: 우리 마스크 노래도 부르는 건 어때?

청하: 이번에는 친구야 마스크 좀 써~ 이렇게 할까?

정안: 마스크 턱까지, 마스크 코까지 써야 해.

우영: 우리가 실험한 것처럼 마스크는 방패라고 알려 주자.

결경: 손 씻기 방법이 있는 것처럼 마스크를 쓰는 데도 방법이 있지 않을까?

유정: 우리 핸드폰으로 찾아보자! 선생님 핸드폰 주세요.

효정: 우와! 정말 마스크를 쓰는 데도 순서가 있었어!

찬성: 우리가 마스크를 쓰는 순서에 이름을 정하자.

아이들은 마스크 착용 순서에 따라 노래를 부르고 자유롭게 춤을 추면서 마스크 송을 만들었다.

1번은 손 씻기~ (마스크 착용 전에
는 손을 깨끗이 씻어요.)

2번은 마스크 앞뒤 보기~(마스크의
앞은 거칠거칠하고 안은 부드러워요.)

3번은 귀에 걸기
(마스크 끈을 귀에 걸어요.)

| 4번은 턱까지 쓰기(입이 가려지도록 턱까지 쓰세요.) | 5번은 코 누르기~(코에 있는 철사를 눌러 틈이 생기지 않도록 해요.) | 6번은 접어서 묶기(사용한 일회용 마스크는 접어서 묶어 버려야 해요.) |

교사의 놀이 지원	
	마스크 송 노래를 부르고 동영상을 촬영하도록 일과를 바꿈.
	다양한 장소(교실, 복도, 화장실)에서 마스크 송을 촬영함.
	카메라를 사용하여 마스크 송을 부르는 아이들을 촬영함.

아이들이 마스크 송을 즐겁게 부르면서 유치원과 유치원 밖에서도 마스크를 착용하는 모습이 지속되었다. 가정과 연계하여 아이들에게 마스크 착용이 습관화될 수 있도록 지원하였다.

| 결경: 나는 외출하기 전에 마스크를 착용했어! | 정국: 아파트 나가기 전에 마스크를 써야지~ | 소혜: 유치원 가기 전에 마스크를 쓰고 출발! |

세정: 비눗방울 놀이를 할 때에 도 마스크를 착용해야 해!

미나: 나는 주차장 갈 때에도 마스크를 착용해야 한다고 엄마한테 알려 드렸어~

청하: 마스크를 착용하면 코로나 19로부터 우리 몸을 지킬 수 있어!

교사의 놀이 지원	
	유치원 안에서뿐 아니라 유치원 밖에서도 마스크 착용을 습관화함.
	가정과 연계하여 마스크 착용을 교육함.
	아이들이 마스크 착용을 실천한 경험에 대해 서로 이야기를 나누는 시간을 충분히 제공함.

💡 **놀이 과정 들여다보기**

코로나19를 예방할 수 있는 또 다른 방법인 마스크 쓰기에 대해 알아보는 과정에서 마스크의 특성을 실험하고 마스크에 물감이 새지 않는 점을 알아보았다. 마스크가 우리를 보호해 준다는 막연한 이야기보다는 실험을 통해 마스크의 특성을 이해하게 된 아이들이 마스크를 착용하는 순서에 관심을 보였고, 함께 알아보는 과정에서 손 씻기 송처럼 노래를 부르자는 제안에 따라 즐겁게 춤을 추고 노래를 불렀다. 아이들은 이후 생활 속에서 마스크를 바르게 착용하는 방법에 대해 서로 노래를 불러 주며 즐겁게 마스크를 착용하는 모습을 보였다.

장기간 지속되는 코로나19로 우리나라도 세계도 지쳐 가는 상황….

교사는 아이들에게 손 씻기와 마스크 착용에 대해 잔소리처럼 강요하는 상황이 반복되었다. 이런 상황에서 벗어날 방법을 찾다가 아이들과 놀이를 통해 기본 생활습관에 대한 교육을 시도해 보기로 하였다. 손 씻기와 마스크 착용 순서에 따라 이름을 지어 보고 노래도 부르며 스스로 행동을 조절하는 아이들의 모습에서 유능함을 느꼈다. 아이들은 동생들과 다른 반 친구들을 상대로 캠페인 활동을 하고 가족에게도 알려 주면서 주변 사람들에게까지 손 씻기와 마스크 착용을 즐겁게 시도할 수 있도록 돕는 선한 영향력을 끼쳤다. 교사도 아이들과 함께 코로나19로 인해 우울해졌던 마음에서 벗어날 수 있었다.

■ 5개 영역으로 교육과정 운영 평가하기

신체운동·건강

▶ 건강하게 생활하기
자신의 몸과 주변을 깨끗이 한다. 손을 깨끗이 씻으며 자신의 몸을 깨끗이 함.
질병을 예방하는 방법을 알고 실천한다. 손 씻기와 마스크 착용 시 올바른 방법을 알고 유치원 안과 유치원 밖에서 지속적으로 실천함. 일상에서 안전하게 놀이하고 생활함.

의사소통

▶ 듣기와 말하기
말이나 이야기를 관심 있게 듣는다. 손 씻기 순서와 마스크 착용 순서의 이름을 정하는 과정에서 자유롭게 이야기하고 들음.
자신의 경험, 느낌, 생각을 말한다. 마스크 물감 실험을 할 때 자신이 발견한 내용과 생각과 느낌을 말함.
▶ 읽기와 쓰기에 관심 가지기
말과 글의 관계에 관심을 가진다. 손 씻기 송과 마스크 송의 가사를 글로 적어 봄.

사회관계

▶ 나를 알고 존중하기
내가 할 수 있는 것을 스스로 한다. 캠페인 활동을 하면서 자기가 정한 역할에 맞추어 동생들과 다른 반 친구들에게 알려 줌.
▶ 더불어 생활하기
친구와 서로 도우며 사이좋게 지낸다. 마스크 송과 손 씻기 송을 촬영하면서 서로 도우며 사이좋게 놀이함.
약속과 규칙의 필요성을 알고 지킨다. 코로나19를 예방하기 위해서는 함께 약속하고 지켜야 함을 이해함.

예술경험

▶ 창의적으로 표현하기
노래를 즐겨 부른다. 손 씻기 송과 마스크 송을 놀이 속에서 즐겁게 부름.
신체나 도구를 활용하여 움직임과 춤으로 자유롭게 표현한다. 손 씻기 송과 마스크 송의 가사에 맞추어 자신의 느낌을 움직임과 춤으로 자유롭게 표현함.
▶ 예술 감상하기
다양한 예술을 감상하며 상상하기를 즐긴다. 촬영한 영상을 함께 보면서 친구의 노래와 춤을 감상함.

자연탐구

▶ 자연과 더불어 살기
물체의 특성과 변화를 여러 가지 방법으로 탐색한다. 찌통(투명 통)에 마스크를 고정하고 물감을 부어 마스크의 특성을 알아봄.
궁금한 것을 탐구하는 과정에 즐겁게 참여한다. 마스크를 착용하는 순서를 함께 알아봄.

놀이를 통해 평가하기

■ **월간 교육 계획안으로 교육과정 운영 평가하기**

7월 놀이 계획(만 5세)

날씨가 더워지면서 여름을 시원하게 만들어 줄 놀이가 필요해요~
두근두근! 아이들과 함께 즐거운 물놀이도 하고, 얼음 놀이도 하고~ 물총 놀이까지!
친구들과 함께 놀아서 더 시원한 7월 놀이가 벌써 기대되네요.

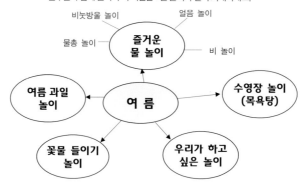

※ 하루 일과는 유아의 상태, 흥미, 요구, 유치원 실정에 따라 융통성 있게 운영합니다.

7월의 행사	안전교육	
▶ 7월 3일(금) 소방서 체험(3세) ▶ 7월 8일(수) 숲 체험(5세) ▶ 7월 9일(목) 숲 체험(4세) ▶ 7월 10일(금) 숲 체험(3세) ▶ 7월 13일(월)~15일(수) 1학기 　독서퀴즈대회 주간(각 학급별 운영) ▶ 7월 27일(월) 칭찬저금통 활동 평가 ▶ 7월 31일(금) 여름방학 선언	생활안전	- 몸에 좋은 음식을 먹어요 - 식중독은 무서워요(올바른 손 씻기 방법) - 안전하게 물놀이해요 - 길을 잃었을 때
	성교육	- 소중한 몸, 건강한 몸 - 싫어요, 안 돼요, 도와주세요(노래)
	교통안전	- 비 오는 날 안전하게 다녀요 - 자동차를 안전하게 타요
	약물 및 사이버중독	- 스마트폰 체조 - 인터넷은 시간을 정해 사용해요 　(전자 미디어 안전교육)
	직업안전	- 폭염, 태풍, 호우에 대비해요 - 황사와 미세먼지를 알아보아요

가정통신
▶ 코로나19가 계속되며 생활 속 거리두기로 마스크 쓰기, 손 씻기와 소독, 기침 예절 지키기를 하고 있습니다. 가정에서도 유치원에 가기 전 체온(37.5℃ 이하)일 때 등원을 잰 후 '개인별 건강관리기록지'에 기록한 후 보내주세요. ▶ 1학기 독서퀴즈대회는 아이들이 도서를 선정하고 학급별로 자체 운영하고자 합니다. 평소 가정에서 책 읽기와 책읽기통장에 많은 관심을 가져 주시기 바랍니다. ▶ 1학기에 예정되었던 학부모 참여 수업과 5씨앗놀이사랑발표회, 물놀이 체험학습은 코로나19로 인하여 취소합니다.

〈한 달간 놀이 진행 후 교육과정 운영을 평가한 예〉

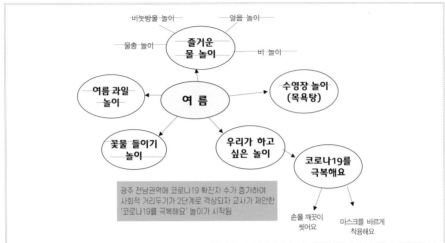

※ 하루 일과는 유아의 상태, 흥미, 요구, 유치원 실정에 따라 융통성 있게 운영합니다.

7월의 행사	안전교육	

~~코로나19로 인해 체험학습 취소~~
 	
▸ ~~7월 8일(수) 숲 체험(5세)~~
▸ ~~1학기 독서퀴즈대회 주간(기간 미정)~~
  7월 20일(월)~7월 24일(금) 책 놀이 주간
 	
행사 위주가 아닌 놀이 과정으로 변경
 	
▸ 7월 27일(월) 칭찬저금통 활동 평가
  (칭찬의 날)
▸ 7월 31일(금) 여름방학 선언
	생활안전	- 몸에 좋은 음식을 먹어요 (영양사 선생님 교육)
		- 식중독은 무서워요 (올바른 손 씻기 방법)
		  (사회적으로 코로나19가 확산하여 유아들이 스스로
		  예방할 수 있는 방안을 알고 실천하는 행동이 필요함.)
		- 안전하게 물놀이해요
		- 길을 잃었을 때

	성교육	- 소중한 몸, 건강한 몸 - 싫어요, 안 돼요, 도와주세요(노래)
	교통안전	- 비 오는 날 안전하게 다녀요 - 자동차를 안전하게 타요
	약물 및 사이버중독	- 스마트폰 체조 - 인터넷은 시간을 정해 사용해요(전자 미디어 안전교육)
	직업안전	- 폭염, 태풍, 호우에 대비해요 - 황사와 미세먼지를 알아보아요

가정통신
▸ 코로나19 팬데믹이 계속되자 유아들이 생활 속에서 손 씻기와 마스크 착용을 생활화하는 습관이 필요하다고 교사가 판단하여 손 씻기 6단계 이름을 유아들과 변경하기를 제안함. 유아들이 직접 손 씻기 6단계에 맞추어 손을 깨끗이 씻고, 뷰 박스를 사용하여 손의 세균을 스스로 확인함. 유아들이 매스미디어에서 접했던 '니가 왜 거기서 나와' 노래 가사를 손 씻기 송과 마스크 송으로 개사함. 유아들이 캠페인 활동의 일환으로 노래를 부르고 춤을 추는 모습을 카메라로 촬영하여 가정에서도 감상하고 손 씻기와 마스크 착용을 실천하도록 함. 나아가 유아들이 다른 학급 친구들과 동생들에게도 노래를 알려 주며 선한 영향력을 미침.

■ 교사 저널 기록으로 교육과정 운영 평가하기

둘째 날: 좋아하는 노래에 맞추어 '손 씻기 송'을 개사한다

처음에는 교사의 제안으로 손 씻기 6단계 이름을 아이들의 언어로 변경했고, 이후 아이들은 생활에 있는 말을 자신의 언어로 변경하는 놀이로 확장하였다. 특히 대한민국의 트로트 열풍에서 히트한 곡 '니가 왜 거기서 나와'라는 노래에 맞추어 손 씻기 송을 개사하였다. 교사는 이 노래를 알지 못했지만 아이들은 자신이 알고 있는 음과 가사에 자신의 언어로 변경하는 모습을 보였다. 하지만 아이들이 노래를 부를 때마다 가사가 달라지자 가사를 글로 남겨야 하는 필요성을 느꼈다. 교사는 쓰기 도구와 종이를 제공해 주었다. 아이들은 스스로 기억하고 싶은 내용을 개사하는 과정에서 장기 기억으로 남길 수 있는 노하우를 스스로 만들어 가고 있었다.

넷째 날: 손 씻기 송에 맞추어 영상을 촬영한다

아이들이 개사한 손 씻기 송을 불러 본다. 한 유아가 "손 씻기 송을 잊지 않으려면 촬영해서 매일 봐야 해." 하고 말한다. 기억하고 싶은 아이들의 욕구가 장기 기억할 수 있는 새로운 방법을 찾는 모습이 보였다. "레디~ 액션~" 소리에 맞추어 교실에 비치된 카메라로 노래와 춤을 촬영한다. 아이들은 짤막한 영상을 보면서도 웃음이 멈추지 않는다. "너무 재밌다. 나도 같이 춤출래!" 촬영을 할수록 출연하는 아이들의 수가 많아진다.

완성된 영상을 교사가 편집한 후 전체 유아들이 함께 시청했다. 아이들은 영상에서 친구들과 자신이 주인공이 되어 노래를 부르고 춤을 추는 모습을 재미있어 했다. 교실 어디에서나 즐겁게 손 씻기 송을 부르고 서로 순서를 읊조리는 모습이 보였고, 특히 손을 씻을 때 서로 알려 주며 지원하였다. 이제 교사가 잔소리를 하지 않아도 손 씻기를 할 때는 즐겁게 서로 지원하는 모습에서 아이들의 자발성과 놀이의 힘을 느꼈다.

■ 유아 관찰을 놀이 흐름에 따라 정리하기

유겸: 우와~ 물감을 찌통(투명 통)에 넣어도 마스크가 막아 주니까 물감이 안 새어 나와~
찬성: 마스크가 방패 같아.
유정: 그래서 마스크 쓰면 침이 안 튀기나 봐!

교사의 지원: 아이들은 마스크 착용 또한 코로나19를 예방할 수 있는 방법이라는 것을 알고 있었다. 하지만 몇 명의 유아들은 마스크를 코밑으로 내려 착용하거나 주머니에 넣는 모습이 보였다. 이에 교사는 교실에 있는 찌통(투명 통) 바닥에 고무줄을 사용하여 마스크를 고정하고는 마스크 실험을 제안했다. 찌통에 물감을 부었던 아이들은 마스크가 물감이 새어 나오지 않도록 막는 것을 확인하고 마스크에 흥미를 보였다.

찬성: 마스크 송도 만들자!
유정: 마스크도 쓰는 방법이 있을 거 같은데…. 선생님, 인터넷으로 찾아봐요!

교사의 지원: 손 씻기 송을 지어 보았던 아이들은 마스크 송도 만들자고 제안하였다. 마스크를 착용하는 방법을 아이들과 함께 인터넷으로 찾아보았고, 마스크 송을 재구성할 때 아이들이 모르는 글자를 교사가 적어 주었다.

효정: 선생님은 손씻기 송처럼 마스크 송도 카메라로 찍어 주세요~
정안: 친구야 마스크 좀 써~
마스크 턱까지 마스크 코까지
얼굴을 덮어라~ 마스크 우리 방패야!
우영: 일번은 손씻기!마스크 쓰기 전에도 우리 손 씻어야 해~

교사의 지원: 아이들이 마스크 송을 부르는 모습을 영상으로 촬영하였다.

⋮

놀이의 흐름에 따라
교사의 지원을 적기

유치원의 놀이로 끝나지 않고, 가정에서도 손 씻기와 마스크 착용을 습관화하고 있습니다.

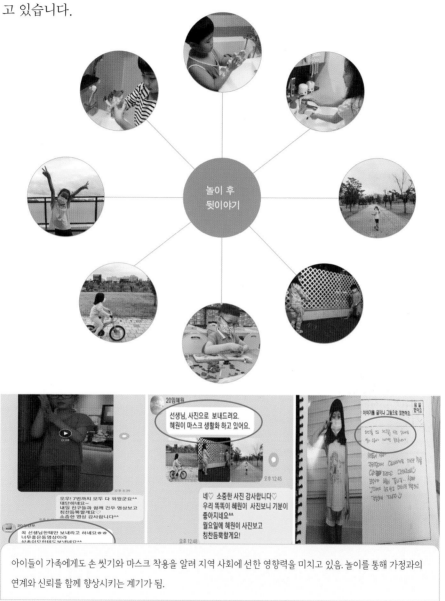

아이들이 가족에게도 손 씻기와 마스크 착용을 알려 지역 사회에 선한 영향력을 미치고 있음. 놀이를 통해 가정과의 연계와 신뢰를 함께 향상시키는 계기가 됨.

■ 유아 관찰과 교사의 저널

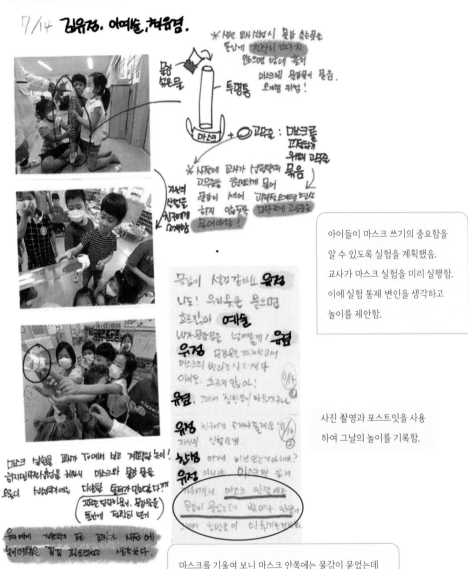

아이들이 마스크 쓰기의 중요함을 알 수 있도록 실험을 계획했음. 교사가 마스크 실험을 미리 실행함. 이에 실험 통제 변인을 생각하고 놀이를 제안함.

사진 촬영과 포스트잇을 사용하여 그날의 놀이를 기록함.

마스크를 기울여 보니 마스크 안쪽에는 물감이 묻었는데 밖에는 물감이 안 묻었어. 그래서 침방울이 밖으로 안 튀나 봐(아이들의 이야기를 관찰).

놀이 후 교사의 깨달음

〈개인 유아 놀이를 기록하여 평가하기〉

5월 26일
유겸이는 마스크를 바르게 착용하지 않고 영화관 놀이를 준비하기 위해 팝콘을 준비한다.
교사가 "유겸아, 음식을 준비할 때는 너의 침방울이 묻을 수 있으니 마스크를 착용해야 해."라고 말한다.
유겸이는 "알겠어요. 마스크를 쓰면 되잖아요." 말하면서 마스크를 착용한다.
5분 뒤 유겸이의 마스크가 코에서 턱까지 점점 내려간다.

7월 14일
유겸이는 등원 시 마스크가 코밑으로 내려와 있다.
교사가 제안하는 놀이에 유겸이가 참여한다.
물감 물을 찌통(투명 통)에 넣을 때에도 마스크가 코밑으로 내려와 있다.
실험 후 마스크를 만져보고 쳐다본다.
"정말 마스크가 있으니까 물감 물이 안 묻네~ 마스크가 방패구나. 마스크를 바르게 써야겠다."
그러고는 마스크가 코와 턱을 덮도록 바르게 착용한다.

7월 15일
아이들의 제안으로 마스크 송을 만들었다. 유겸이는 "코 누르기를 알려 주고 싶어요. 저도 이제 마스크를 쓰면 코를 잘 누르거든요!"라고 말한다. 친구들과 마스크 송 영상에서 마스크를 착용하고 코를 누르는 모습을 알려 준다.

9월 15일
정안이 마스크를 착용하지 않자 유겸이는 "친구야 ~ 마스크 좀 써!"라고 말하면서 알려준다.
캠페인 송을 개사하여 친구의 이름으로 노래를 불러주어 알려준다. 유겸이는 2달이 넘게 지났어도 마스크를 계속해서 바르게 착용하고 있고 친구에게도 바르게 착용하도록 알려주었다.

무작정 놀기! 왜 재미없지?

5세

■ 놀이가 이루어진 기간: 2020년 4월 6일(월)~4월 10일(금)

#교사의 역할 #마음대로 놀기 #23명이 같은 놀이 #선생님 재미없어요 #자유 놀이

놀이의 시작

바깥 놀이를 정말 좋아하는 우리 반 아이들, 그러나 미세먼지 때문에 오늘도 바깥 놀이를 하지 못했다. 빛누리관(강당)에서 충분한 대근육 활동을 한다고 생각했는데도 아이들은 놀이터에 가고 싶어 하거나 마음대로 놀고 싶다고 이야기한다. 아이들의 자유를 존중하는 게 무엇일까 고민 중이던 교사는 아이들이 원하는 장소, 원하는 교구로 마음대로 놀 수 있도록 한다. 그런데….

놀이의 흐름

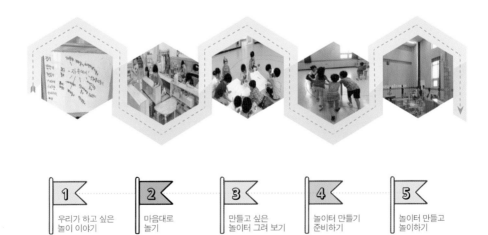

1 우리가 하고 싶은
놀이 이야기

2 마음대로
놀기

3 만들고 싶은
놀이터 그려 보기

4 놀이터 만들기
준비하기

5 놀이터 만들고
놀이하기

교
육
적

놀
이

지
원

공간

• 빛누리관(강당) 전체를 아이들의 공간으로 허용함.

자료

• 놀이터를 만들 수 있는 자료에 대해 이야기를 나눔.
• 교실에 없는 자료인 박스, 비닐, 테이프, 다양한 크기의 종이 등을 제공함.

일과

• 놀이터 구성 계획과 약속을 위한 이야기 나누기 시간 추가함.
• 더 놀이하고 싶다는 아이들을 위해 놀이 시간을 늘림.

상호작용

• 유아의 흥미와 관심을 존중하며 놀이가 연속적으로 이루어지도록 상호작용 함.

안전

• 친구가 위험한 행동을 할 때는 함께 알려 주기로 약속함.
• 안전한 놀이를 위해 유아들을 세심히 살피고 지원함.

놀이에서의
배움

• 자신이 생각하는 놀이터를 상상하고 실제로 구성하며 즐겁게 놀이함.
• 놀이 속 갈등을 긍정적인 방법으로 해결함.
• 유아들이 생각한 재료와 도구로 놀이터를 구성하고 놀이하며 스스로에 대한 유능감을 느낌.
• 우리 반 모두가 함께 정한 약속의 필요성과 중요성을 느낌.

우리가 하고 싶은 놀이에 대해서 이야기를 나눈다.

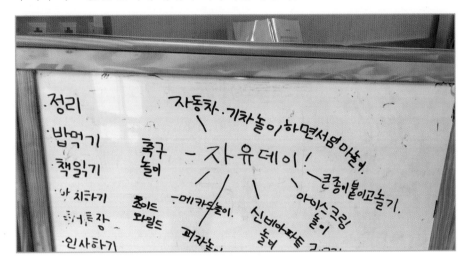

"놀이터 가서 놀고 싶어요.", "바깥 놀이요!", "바깥 놀이를 계속해요.", "자유 놀이!"
그런데 미세먼지 때문에 나갈 수가 없다. 아이들도 그것을 알고 있다.
"선생님, 미세먼지 때문에 우리 못 나가잖아요.", "건강에 안 좋아요."

"그럼 얘들아, 유치원에서도 놀이터에서처럼 놀 수는 없을까?"
"당연히 되죠 !", "우리가 유치원을 놀이터로 만들면 되잖아요!"
"그럼 너희들의 생각대로 유치원을 놀이터로 만들어 보자!"

아이들이 생각하는 놀이터에 대해서 이야기를 나누자 교사의 머릿속 놀이터와는
다르게 아이들은 우리 유치원에서 가장 넓다고 생각하는 강당에서 자신이 놀고 싶
은 놀잇감을 가지고 놀거나 '무궁화 꽃이 피었습니다' 같은 놀이를 하고 싶단다.

모두 다른 아이들의 생각, 어떻게 해야 할까?

23명 모두가 생각한 놀이터가 다 달랐다. 만들고 싶은 놀이터의 모습, 하고 싶은 놀이의 모습도 모두 달랐다. 이때 어느 한 가지 생각으로 투표를 해서 놀이를 해야 할까? 아니면 모든 아이들의 생각을 들어 줘야 할까? 고민을 하다 각자의 생각대로 놀이를 할 수 있게 허용하기로 했다.

	교사의 놀이 지원
	아이들이 생각하는 놀이터, 하고 싶은 놀이에 대해 이야기 나누기
	아이들이 하고 싶은 놀이를 할 수 있도록 허용
	놀고 싶은 놀잇감 모으기

◁ 2일째 이건 진짜 놀이터가 아니잖아요

각자가 놀이터에서처럼 하고 싶은 놀이를 하기로 한 아이들, 자신들이 원하는 놀잇감을 가지고 놀기 시작한다.

잡기 놀이를 하는 아이, 앉아서 친구와 책을 읽는 아이, 훌라후프를 돌리는 아이, '무궁화 꽃이 피었습니다' 놀이를 하는 아이….

한참 놀이를 하던 그때

"야 ! 왜 내 꺼 밟고 가!"
"조용히 좀 해."
"별로 재미없다."

"왜 재미가 없을까?" 하고 아이들에게 묻자 "이건 진짜 놀이터가 아니잖아요."
라고 대답한다.

교사의 놀이 지원
오늘 놀이에 대한 이야기 나누기 시간 가지기

아이들과 우리 유치원 바깥 놀이터 사진, 공원에 있는 놀이터 사진을 보면서 우리가 만들고 싶은 놀이터에 대해 조금 더 구체적으로 이야기를 나누었다.

"미끄럼틀 만들어요!"

"야 ~ 미끄럼틀을 어떻게 만들어?"

"워터파크도 만들고 싶어요."

"얘들아, 불가능은 없다! 우리는 할 수 있어!"

"맞아, 우리는 할 수 있어!"

아이들에게 자신의 생각을 좀 더 표현해 볼 수 있도록 종이를 나누어 주었다. 아이들이 서로의 그림에 관심을 가질 수 있도록 그림을 전시한 후 자신이 만들고 싶은 놀이터에 대해 계속 생각해 볼 수 있는 기회를 주었다.

놀이터를 어떻게 만들면 좋을까?

우리가 만들고 싶은 놀이터를 한 번 그려 보자!

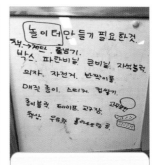

필요한 것도 적어 볼까?

교사의 놀이 지원	
🕐	우리 유치원 놀이터 모습, 다른 놀이터 모습 사진을 보며 이야기 나누기 우리가 그린 놀이터 모습을 감상할 수 있도록 복도에 게시하기
📢	다양한 놀이터에 대한 모습을 존중하는 상호작용
🏠	A4 용지, 큰 종이, 스티커, 그리기 도구

🔖 4일째 빨리 놀이터를 만들고 싶어요!

다음 날 우리가 생각하고 있는 놀이터를 위해서 필요한 것들을 준비해 두기로 한다. 친구와 함께 옮기기도 하고, 이게 정말 필요한 것인지 한 번 더 생각해 보는 시간을 가지기도 했다.

무거운 건 함께 옮기자.

하나씩 쌓아 두면 친구들이 사용하기 편할 거야.

교사의 놀이 지원	
📢	힘들고 어려운 일이 생겼을 때 어떻게 하면 좋을지 이야기 나누기 "책상을 혼자 들기에는 너무 무거운데 어떡하지?"
🏠	파란색 비닐, 테이프, 다양한 크기의 종이 제공
🧰	마음이 속상하거나 위험하다고 생각하는 순간에 대해 생각해 보는 시간 갖기 "너희가 놀이하면서 위험했을 때는 언제였니?"

💡 **놀이 과정 들여다보기**

단순하게 '그냥 놀자'가 아닌 좀 더 생각해 볼 수 있는 시간과 활동을 제공하자 아이들은 각자 머릿속에 생각하는 놀이터를 구성해 보면서 놀이터 만들기를 기대하고 있었다. 그리고 친구의 생각에 자신의 생각을 더하며 적극적으로 참여하고 준비하는 과정 속에서 친구들과 함께 만들어 가는 것에 대한 즐거움을 느끼고 있었다.

🔖 5일째 5세 2반 놀이터 진짜 재미있어요

드디어 오늘은 놀이터를 만드는 날이다.

"선생님, 이 비닐도 우리가 이야기한 비닐 맞죠? 집에 있어서 가져왔어요!"

아이들은 놀이터 만들기를 시작하자마자 자신들이 생각했던 놀이터를 구성하기 시작한다.

여기는 워터파크야. (훌라우프를 들고) 이걸 하고 들어와야 안전해.

이렇게 하면 워터 슬라이드야. 튜브랑 타야 돼.

여긴 레이저 놀이터니까 레이저 맞으면 안 되는 거 알고 있지?

공이랑 훌라우프 빌려 가세요. 놀잇감 빌려 가는 곳입니다~

여기다가 공 넣어 봐, 지환아!

이렇게 하면 운동도 할 수 있지?

여기는 쉬는 곳이야. 우리 여기서 쉬자.

실내화는 여기에 벗고 들어와야 합니다~

이제 놀이 끝~ 1시간이 넘게 놀면서 땀을 뻘뻘 흘리는 아이들에게 정리 시간이라고 외치자 "안 돼!", "더 놀고 싶어요."라고 여기저기서 소리친다. 하지만 아이들에게는 휴식도 필요했기 때문에 "몸을 쉬게 할 시간도 필요하지 않을까?", "목마른 친구들은 없나요?"라고 이야기하자 아이들은 이번에 휴식할 수 있는 공간을 만들고 스스로 휴식을 한다.

놀이를 하며 재미있었던 일, 속상했던 일들을 이야기하며 아이들은 자신의 놀이를 돌아보고 어떤 이야기 나누기 시간보다 더 집중했다. 몇몇 아이들만 이야기하던 시간에서 평소에 이야기를 잘 하지 않던 아이까지 적극적으로 자신의 생각을 표현하기 시작했다.

교사의 놀이 지원	
🕐	휴식 시간 제공하기, 놀이에 대한 느낌 나누기, 놀이 공유하기
🧰	위험한 상황이나 안전이 우려되는 경우 지원(잡아 주기, 모여서 이야기하기)함.
📢	놀이 중 갈등 상황을 긍정적인 방법으로 해결할 수 있는 상호작용을 함.

"선생님, 전 재미없어요."
23명 아이들 모두가 놀이에 지속적으로 흥미를 보이고 참여한 것은 아니었다. 처음에는 모두가 놀이터를 구성하기도 하고 놀이터에서 함께 놀았다. 그런데 그중 한 친구가 "선생님, 교실에 가고 싶어요."라고 말하고 또 다른 친구는 교사 옆을 서성이며 "재미없다."라고 중얼거렸다. 친구들 간에 갈등도 일어났다. 놀이중심 교육과정 이전의 나라면 유아가 왜 흥미가 없는지에 대해 궁금해 하기보다 친구들과 갈등을 일으키면 놀이를 금지시키거나 갈등 그 자체(친구끼리는 싸우면 안 됨, 화해해야 함)에만 집중했을 것이다. 그러나 교사가 놀이에 적극적으로 참여하고 세심히 관찰하는 과정에서 놀이가 재미없다는 유아를 더욱 깊이 이해하게 되었다.

서윤 : 아~ 재미 하나도 없다.

교사 : 서윤이는 왜 재미가 없어?

서윤 : 그냥요.

교사 : (서윤이가 만든 워터파크 쪽으로 가서) 서윤아, 이렇게 멋지게 만들었는데 선생님 여기서 놀아도 되니?

서윤 : 맘대로 해요.

교사 : 우와 진짜 재밌는데 ~ 지환아, 우리 같이 워터파크에서 놀자 ~

서윤 : 그런데 친구들은 안 오잖아요.

교사 : 왜 친구들이 안 오지 ? 이렇게 재미있는데

교사가 서윤이의 놀이에 관심을 보이고 놀이하자 몇몇 친구들이 다가왔다.

교사 : 지후야 같이 놀자. 진짜 재밌어! 서윤이가 만든 워터파크래.

지후 : 저 여기 왔었는데 서윤이가 종이가 찢어졌다고 화냈어요.

서윤 : 네가 내 설명 안 듣고 탔잖아.

지후 : 나 설명 못 들었어.

교사 : 지후가 설명을 정말 못 들었나 봐. 서윤아, 한 번 더 설명해 줄 수 있겠어?

서윤 : 그래요.

■ 5개 영역으로 교육과정 운영 평가하기

신체운동 ·건강	▸ 신체활동 즐기기 실내외 신체활동에 자발적으로 참여한다. 다양한 교구와 자료를 사용하여 놀이터를 만드는 데 즐겁게 참여함 ▸ 안전하게 생활하기 일상생활에서 안전하게 놀이하고 실천한다. 놀이터를 만들고 놀이할 때 지켜야 할 약속에 대해서 이야기하고 위험한 상황이 생길 경우 놀이를 멈추고 함께 모여 이야기를 나눔
의사소통	▸ 듣기와 말하기 말이나 이야기를 관심 있게 듣는다. 친구가 하는 이야기를 듣고 놀이에 참여함. 자신의 경험, 느낌, 생각을 말한다. 놀이터 놀이를 하며 친구에게 자신의 생각, 느낌, 경험을 이야기함.
사회관계	▸ 나를 알고 존중하기 내가 할 수 있는 것을 스스로 한다. 놀이터 놀이에서 자신이 할 수 있는 것들을 스스로 찾아서 함. ▸ 더불어 생활하기 친구와 서로 도우며 사이좋게 지낸다. 놀이터를 만들며 서로 역할을 분담하고 협력하며 문제를 해결함. 서로 다른 감정, 생각, 행동을 존중한다. 놀이터를 만들고 놀이하면서 친구의 감정을 존중하며 놀이함.
예술경험	▸ 예술 감상하기 다양한 예술을 감상하며 상상하기를 즐긴다. 친구들이 만든 놀이터를 감상하며 할 수 있는 놀이들을 자유롭게 상상함.
자연탐구	▸ 자연과 더불어 살기 물체의 특성과 변화를 여러 가지 방법으로 탐색한다. 놀이터에 필요한 것들을 만들면서 물체를 여러 가지 방법으로 탐색함.

놀이를 통해 평가하기

■ 한 주간 놀이 진행 기록으로 교육과정 운영 평가하기

〈한 주간 교육과정을 실행하여 기록하고 학부모와 공유한 예〉

5월 1주				
기 간	2020. 5. 6.(수) ~ 2020. 5. 8.(금)	놀이 주제	놀이터 놀이	
이렇게 놀았어요				

놀이터에서 놀고 싶어요 ~~
"선생님, 미세먼지가 많아서 우리 바깥 놀이 못 하죠?", "아~ 놀이터 가고 싶다." 바깥 놀이와 놀이터를 좋아하는 우리 반 친구들이지만 미세먼지 때문에 나가는 것이 어렵다는 것은 알고 있어요. 그래서 가장 좋아하는 놀이터를 우리가 직접 만들어 보기로 했어요! 처음에는 23명 친구들의 생각을 모으는 게 어려웠습니다. 그래서 우리 반은 우리가 만들고 싶은 놀이터를 그림으로 그려 보고, 친구들에게 소개하고, 어떤 재료로 어떻게 만들지, 어떤 약속이 필요한지 이야기하며 하나씩 정해 나갔어요

> 일주일간 이루어진 상자 놀이 내용 및 배움 반영

"얘들아, 놀이터 만들 때 이 의자도 필요할 것 같지 않아?", "미끄럼틀 나랑 같이 만들 사람~", "놀이터를 만드는 것뿐만 아니라 만드는 과정을 즐기기 시작했어요. 서로 합의된 규칙을 만들고 자신들만의 방법으로 갈등을 해결해 나가기 시작했답니다. 그리고 드디어 협동해서 만든 우리 반 놀이터! 놀이가 끝날 땐 '더 놀고 싶어요.', '함께 만든 거니까 우리 거예요.'"라고 이야기하며 23명 친구들이 하나 됨을 느꼈어요.

놀이 사진

안전교육	▸ 성교육- 여자도 남자도 똑같아요 ▸ 생활안전- 몸에 좋은 음식을 먹어요 ▸ 생활안전- 식중독은 무서워요(올바른 손 씻기)

▪ 교사 저널 기록으로 교육과정 운영 평가하기

첫째 날: 우리 반 친구들이 생각하는 놀이터는 뭘까?

놀이터를 만들고 싶다는 이야기는 나왔지만 구체적인 이야기 나누기를 하지 않으니 유아들이 각자의 생각들만 이야기하고 놀이는 확장되지 않았다. 아이들이 만들고 싶은 놀이터와 어떤 재료로 어떻게 만들 것인지, 어떻게 놀고 싶은지에 대한 이야기 나누기를 계획했다.

셋째 날: 23명의 생각을 모아 보자

각자가 만들고 싶은 놀이터가 달라서 갈등이 생기는 아이들. 우리 반 친구들이 서로의 생각을 알아야 했다. 서로가 만들고 싶은 놀이터를 그림으로 그리고 구체적으로 필요한 재료를 소개하도록 하였다. 그 후 놀이터 만들기에 필요한 규칙과 재료, 방법 등을 친구들끼리 합의를 통해 하나씩 정해 나갔다. 서로가 이야기하고 합의한 공동의 규칙은 교사가 하는 말 한마디보다 더 큰 힘이 있었다.

다섯째 날: 세심한 관찰과 기록 공유가 필요해요

아이들은 놀이터를 만드는 과정을 즐기고 자신들이 만든 놀이터에서 재미있게 몰입해서 놀이했다. 놀이터 자체보다는 혼자 또는 다 같이 다양한 지식을 활용하고 다른 유아와 협력하여 놀이를 만들어 나갔다. 교사는 놀이만 보고 재미있게 '논다'가 아닌 재료를 탐구해 나가며 자신의 신체를 움직이고, 친구들과 이야기하고, 갈등을 조절해 나가는 모습을 발견하였다. 놀이 속에서 유아들이 어떤 방식으로 상호작용을 하는지, 어떤 부분에 흥미가 있는지, 어떻게 존중해야 하는지 관찰을 통해 발견할 수 있을 것 같다. 또한 유아들이 서로의 놀이를 함께 공유하는 시간을 제공해야겠다.

〈개별 유아 놀이 평가를 발달평가 및 생활기록부에 반영하기〉

이름 : 김정우		
유아 놀이 평가	누리과정 영역별 평가	
정우는 다른 친구들이 만든 놀이터에 관심을 보인다. 그리고 고깔과 교구장을 다양하게 활용하여 자신만의 놀이터를 만든다. 자신이 만든 놀이터에서 어떻게 놀이하는지 친구들에게 소개하면서 규칙이 있어야 함을 이야기한다. 놀이 속 규칙을 정할 때 시계를 보며 "한 사람당 5분씩이야, 긴 바늘이 하나씩 가면 끝이다."라고 이야기한다.	신체운동·건강	자신의 신체를 다양한 방법으로 움직이며 조절하고 놀이할 때 다치지 않게 조심한다.
	의사소통	자신이 만든 것에 대해 글로 표현하는 것을 좋아하며 놀이 속에서 자신의 느낌을 자유롭게 이야기한다.
	사회관계	놀이 속에서 친구들에게 규칙 만들기를 제안하고 이를 지키기 위해 노력한다.
	예술 경험	다양한 재료를 조합하여 표현하고, 친구들의 작품과 자신의 작품을 보며 차이를 발견하고 이해한다.
	자연 탐구	자신만의 놀이 공간을 만들기 위해 자발적으로 탐구한다. 교구의 위치와 방향을 고려하여 공간을 만들고 숫자나 시간에 관심이 많다.

비구조적 놀잇감을 이용한 놀이의 장점은, 유아가 놀잇감을 탐색하는 과정에서 새로운 놀이가 무한 변주돼서 일어날 수 있다는 데 있다. 이는 어떤 것도 규정짓지 않은 비구조적 놀잇감 자체가 가진 특징으로, 결과물보다 놀이로 만드는 과정을 더 중요시하는 이유이기도 하다. 놀이 자체가 끊임없이 바뀔 수 있기에 집중력이 높아지며, 이 과정에서 유아는 몰입감을 느끼게 된다. 이러한 즐거움이 반복되면 당연히 놀이에 긍정적으로 참여하게 돼 더욱 다양한 형태로 놀이가 확장되며, 반복되는 놀이 속에서 유아는 주변 환경에 대한 이해와 적응이 높아지고 사회성이 길러지며, 이는 창의적인 사고에도 도움을 준다.

Part Ⅲ.

부록

비구조적 놀잇감을 활용한 놀이

교사는 자율적으로 학급을 운영하여 유아가 주도하는 놀이가 활성화될 수 있도록 지원하고 있다. 교사는 기존에 유아의 놀이를 제한하였던 고정화된 놀잇감과 유형, 운영 방식 등을 유아의 자유로운 놀이가 가능할 수 있도록 자율적으로 개선해야 한다. 이를 위해 교사는 기존 생활 주제 교구를 용도와 속성에 따라 분류하여 놀이의 흐름과 필요에 따라 제공할 수 있고, 유아의 생각과 상황에 따라 용도의 변경이 자유로운 비구조화된 자료를 함께 지원할 수 있다.

비구조화된 자료에 대해 예를 들면, 박스(상자), 여러 가지 종류의 컵, 찌통(투명 통), 밧줄, 털실, 끈, 철사, 밀가루, 점토, 테이프, 재활용품(페트병, 주스 박스, 투명컵, 병뚜껑 등)을 사용할 수 있다.

1. 박스를 활용한 놀이

| 박스로 미끄럼틀 만들기-유아가 책상에 박스를 고정하여 기울기를 만들고 도착 지점에 이불을 놓아 미끄럼틀로 활용. | 위아래가 뚫린 박스가 자동차로 변신-박스 안에 들어가 운전대를 만들어 자동차 놀이가 일어남. | 위아래가 뚫린 박스가 운동기구로 변경-유아가 박스 안에 들어가 반동을 만들어 운동을 함. |

위가 뚫린 박스를 농구 골대로 사용 - 박스를 벽에 붙여 공을 던져 넣을 수 있는 농구 골대로 사용함.

박스 안을 미술 작품 전시장으로 활용 - 자신이 만든 그림과 색종이로 접은 여러 작품들을 박스에 붙여 미술 전시장으로 사용.

박스에 넓은 판을 붙여 책을 편하게 볼 수 있는 물건을 만듦.
박스에는 보고 싶은 책을 넣고 박스 위 기울어진 박스 판 위에서 책을 펴고 읽을 수 있음.

박스 조각을 사용하여 미로 놀잇감 만들기 - 박스 조각에 수수깡과 모루를 붙이고 구슬을 굴려 미로 놀잇감으로 활용.

박스와 테이프로 집 만들기 - 숨기 놀이를 좋아하는 만 3세 유아에게 교사가 박스를 제공하자 집에 천장이 있어야 숨을 수 있다고 말함. 유아가 테이프와 종이로 천장을 만들어 집을 만듦.

박스 집에 벽화 그리기 - 유아가 만든 박스 집에 크레파스와 색연필 등 다양한 미술 재료로 벽화를 꾸밈.

박스 집에서 휴식하기 - 아가 놀이 중에 박스 집에 찾아가 휴식을 취함.

박스 집에서 숨기 놀이 - 유아가 숨바꼭질을 하면서 박스에 숨어 놀이함.

병원 놀이 - 박스 집에 병원 놀잇감을 가져와 환자와 보호자, 의사, 간호사 등 역할놀이가 일어남.

여우 집 놀이 - 동물의 탈을 만들던 중 극놀이가 일어남.	책 보는 조용한 장소 - 조용한 박스 안에 들어가 읽고 싶은 책을 친구와 함께 봄.	박스 집을 검정색 비닐로 감싸고 우주선 집으로 만듦-유아가 검정색 비닐로 집을 덮어 어둡게 만든 후 야광 스티커와 손전등을 사용하여 우주선 집을 꾸밈.

2. 광목천을 활용한 놀이

광목천을 구슬길로 사용 - 구슬에 물감을 묻혀 굴린 구슬 그림을 경사로로 만들어 구슬 놀이에 활용.	광목천을 카페 탁자보로 사용 - 광목천에 봄꽃과 곤충 도장을 찍어 꽃길 카페 탁자보로 활용.	광목천에 흙 그림 그리기 - 흙 그림을 그릴 수 있는 적당한 자료를 유아들과 찾다가 광목천으로 정함.

광목천을 인형극 틀로 사용 - 흙 그림에 사용했던 광목천을 인형극 틀로 활용.	광목천을 집 지붕으로 사용 - 흙 그림 광목천을 지붕으로 사용.	광목천 그림을 미술 전시관으로 사용 - 숲에 다녀온 후 광목천에 가을 숲을 꾸며 미술 전시관으로 활용.

3. 찌통(투명 통)을 활용한 놀이

찌통(투명 통)으로 말 전하기 놀이 - 친구에게 자신의 생각과 감정을 찌통으로 전달.

새로운 소리 만들기 - 호스에 구슬을 넣고 찌통으로 두드려 소리 탐색.

찌통에 손전등 넣기 - 여러 개의 찌통에 손전등을 붙여 빛을 살펴봄.

환경판에 찌통으로 만든 물길 - 바다 환경판에 찌통을 붙여 물이 지나가는 길을 만듦.

찌통으로 곡식 나르기 - 쌀과 밤 등 찌통으로 곡식을 나르면서 곡식 소리를 탐색.

찌통으로 마스크 실험하기 - 찌통 안에 물감을 넣어 보고 찌통 끝에 마스크를 고정하여 마스크의 역할과 중요성에 대해 알아봄.

4. 자연물을 활용한 놀이

가을 낙엽으로 꾸민 모자 - 철사에 낙엽을 끼워 왕관을 만들고 모자에 연결함.

자연물 거미줄 놀이 - 테이프에 낙엽, 나뭇가지, 열매 등을 붙여 자연물로 거미줄 놀이함.

솔방울 축구하기 - 철사에 솔방울을 연결하여 공을 만들고 축구 놀이함.

솔방울 패션쇼 - 솔방울을 매달아 스프레이 물감으로 알록달록 물들이기를 함.

솔방울 투호 놀이 - 솔방울을 던져 투호 바구니에 넣기 게임함.

자연물 패턴 놀이 - 꽃잎, 열매, 돌멩이, 나뭇조각 등으로 다양한 모양 만들기.

5. 철사를 활용한 놀이

철사로 글씨 쓰기 - 부러지는 철사의 특성을 활용하여 친구 이름 쓰기.

철사로 꽃 반지 만들기 - 철사로 내 손에 맞는 반지 만들기.

철사, 구슬, 나뭇조각으로 인형 만들기 - 놀이 중에 필요한 인형과 의자, 자전거 등 만들기.

철사 줄에 내가 하고 싶은 말 연결하기 - 친구에게 하고 싶은 말을 적은 종이를 펀치로 뚫어 철사 줄에 전시함.

철사 줄 단추 패턴 놀이 - 철사 줄에 단추를 끼워 패턴 놀이하기.

태풍 후 부러진 나뭇가지로 트리 만들기-산책 중에 부러진 나뭇가지를 가져와 철사와 여러 가지 재료를 이용해 트리 만들기.

6. 밧줄을 활용한 놀이

밧줄로 달팽이 만들기 - 밧줄을 돌돌 말고 다른 밧줄을 연결하여 커다란 달팽이 만들기.

밧줄 당기기 놀이 - 밧줄에서 느껴지는 친구의 힘과 나의 힘을 조절하며 밧줄 당겨 보기.

밧줄 거미줄 놀이 - 밧줄로 만든 거미줄을 피하고 넘어 보는 놀이.

밧줄로 집 만들기 - 밧줄로 집을 만들고 신호에 따라 다른 집으로 이사 가기 .

밧줄로 8자 놀이 - 긴 밧줄로 8을 만든 후 8 밖에 있는 유아가 8 안에 있는 유아를 손으로 잡기 놀이.

아침에 교실에 들어오는 미션 놀이 - 교실 문 앞에 밧줄로 길을 만들어 교실에 들어올 수 있는 미션 놀이가 됨.

7. 보자기를 활용한 놀이

보자기를 사용하여 책상 밑에 비밀 공간 만들기 - 책상에 보자기를 고정하기 위해 무거운 물건을 올리고 비밀 공간을 만들어 놀이함.

보자기로 소풍 가기 - 보자기가 돗자리로 활용되어 언제, 어디서든 소풍 장소가 됨.

보자기를 극놀이 소품으로 사용 - 「빨간모자와 늑대」 동화를 읽고 극놀이 소품으로 보자기를 사용함.

보자기를 식탁보로 사용 - 생일 파티 놀이 중에 음식을 차리기 위해서 보자기를 식탁보로 사용함.

보물을 숨기기 위해 사용 - 미로놀이 중에 보물, 꽝 등을 보자기에 숨겨 놓음.

보자기로 나비 날개를 만들어 날아다니기 - 나비가 되어 꽃에 앉아 냄새도 맡고 꿀도 따 보기.

보자기를 이불로 사용 - 부모님 역할이 되어 아기를 재우기 위해 보자기를 이불로 사용함.

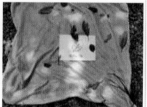

바깥 놀이에서 보자기 기준에 따라 모아 감상하기 - 바깥에 있는 자연물을 기준에 따라 보자기에 모으기, 보자기 위에 있는 자연물 감상하기.

보자기를 친구와 잡고 위아래, 옆으로 흔들기 - 친구와 함께 자연물을 올린 보자기를 잡아 흔들면서 자연물의 움직임을 살펴보기.

8. 재활용품을 활용한 놀이

꼭꼭 숨어 있는 그림을 찾아라 - 여러 가지 그림을 놓고 물티슈 뚜껑을 열어 똑같은 그림 찾기 놀이함.

플라스틱 컵으로 만든 뽑기 - 플라스틱 컵 사이를 백업으로 연결하여 뽑기 도구를 만듦.

요리조리 미로 찾기 - 상자에 아이스크림 막대를 꽂아 구슬이나 스티로폼 공을 넣고 미로 찾기 놀이.

일대일 축구놀이 - 상자에 빨래집게를 붙인 뒤 손의 힘과 방향을 조절하여 축구 경기를 함.

신문지 비 놀이 - 신문지를 길고 가늘게 찢어 비 놀이한 후 신문지 공을 만들어 놀이함.

병뚜껑 구슬치기 - 테이프로 세모 모양을 만들고, 병뚜껑을 놓은 후 구슬로 치기 놀이함.

9. 책상을 활용한 놀이

우체국 배달 자동차 - 책상과 의자를 연결하여 택배 물건을 싣는 자동차를 만듦.

퍼즐판, 책상, 블록을 이용한 구슬길 - 교실 악기 놀이방에 깔아 둔 퍼즐 매트를 연결하여 구슬 길로 활용.

나무판, 책상, 블록, 찌통(투명 통)을 연결한 구슬 길 - 책상, 나무판, 블록, 찌통, 도로 테이프를 활용해 구슬 길을 만듦.

에필로그

"아이들의 놀이 속에서 유능함을 발견하다"

+

4세반 교사 고유진

놀이중심 교육과정을 운영하기 전까지는 놀이에 대한 불안함과 의문이 많았다. 그러나 아이들의 놀이를 잘 들여다보고 기록을 한 후 아이들의 놀이를 따라가 보니 놀이에 대한 확신과 믿음이 생겼다.

내성적인 유아든 활동적인 유아든 모두 누가 가르쳐주지 않아도 자신들이 새로운 놀이를 창조해 내고, 규칙을 만들어 친구들과 어울려 놀이하는 모습을 보였다. 가장 인상적인 것은 자신이 흥미를 느끼는 것, 관심이 있는 것이 놀이에서 자연스럽게 나타나고 있었다는 것이다.

교사가 이러한 흥미에 관심을 기울여 기록을 하고, 적절한 지원을 해 주었을 때 아이들의 놀이는 폭발할 수 있다. 또한, 이러한 폭발적인 놀이는 우리 반의 놀이 이슈로 나타나며 모든 아이들이 즐길 수 있게 된다. 그 놀이는 점차 정교해지고, 더해지며 변형되기도 하고 그 놀이 속에서 아이들의 유능함을 발견하였다.

나에게 놀이중심 교육과정은 아이들의 유능함을 발견할 수 있는 방법이라고 생각한다. 이제 누군가 놀이중심 교육과정에 대해 묻는다면, 어떤 방법보다 아이들의 유능함을 발견하고 이를 키워 줄 수 있다고, 믿어 보라고 말할 수 있다.

"아이들과 맛있는 놀이 밥 짓기"

+

5세반 교사 박장미

무작정 놀이중심 교육과정을 운영하면서 '놀이' 그 자체에만 집중할 뿐 진심으로 아이들에게 귀를 기울이지 않는 나를 발견했다. 화려한 놀이에 집중하고 흥미를 잃는 놀이는 외면했기 때문이다. 이 후 아이들의 목소리에 귀를 기울이고 기록하고 아이들과 공유하기를 시작했다. 이러한 과정들은 아이들이 무엇에 몰입하고 있는지, 내가 어떻게 아이들을 이해하고 있는지, 어떻게 해야 할지를 계속 질문하게 했다. 이러한 나의 질문들은 아이들에 대해 마침표를 찍지 않고 주변 선생님들과 이야기하게 했다.

나는 '이번 주, 그리고 다음 날 어떤 활동, 놀이를 해 볼까?', '놀이'를 중심으로 하는 고민에서 '이 아이가 가장 행복할 땐 언제일까?', '나와 아이들의 만남의 의미는 무엇일까?' 등 '사람'을 중심으로 고민하는 교사로 변화하는 것을 느끼고 있었다. 그러다 보니 발달적 관점으로 아이나 놀이를 규정짓지 않고 아이가 만나는 친구, 공간, 사물 등 모든 것들이 관계 맺고 있음을 알 수 있었다.

나는 놀이중심 교육과정을 시작하기 전엔 믿지 않았다. 놀이가 유아의 밥이라는 사실을, 놀이 속에서는 유아들 모두가 유능하다는 사실을. 그러나 아이들과 만나고 실천하면서 함께 교사와 유아 모두 함께 성장하는 모습을 느낄 수 있었다.

"와~ 재밌게 잘 놀았다"

+

5세반 교사 **박은성**

오래전 아이들과 체육관에서 게임 수업을 한 후 맘속으로 게임 방법과 약속을 지키면서 '재미있게 잘 놀았다'며 자평을 하는데 아이들이, "선생님, 우리 이제 놀아도 돼요?"라고 물어 왔다. "지금까지 놀았잖아?"라고 질문을 했지만 "이제 놀고 싶어요."라는 아이들의 모습에서 '지금까지의 놀이는 아이들이 원하는 놀이가 아니었구나.'라는 생각이 충격으로 다가왔다. 선생님으로서 아이들과 놀아 준다고 생각했지만 사실은 교사가 주도하고, 교사만 만족한 수업이었다.

놀이 중심 수업을 하면서 가장 크게 바뀐 점은 '놀이를 누가 주도하는가?', '누가 즐거워하는가?'이다. 교사로서 놀이 속에서 배움 잇기, 안전, 기본 생활습관 등은 놓을 수 없지만 놀이의 흐름에 유아가 주체로서 열정적으로 참여하고 몰입해서 놀이한 후 "와~ 진짜 재밌었다."는 말을 하며 놀이가 마무리되기를 희망한다.

근래 학부모와 전화 통화에서 "우리 아이가 왜 토요일엔 유치원에 가면 안 돼요?" 하면서 주말 내내 유치원에 가기를 기다렸다는 소리를 듣고 뿌듯한 마음이 들었다. 무언가를 해 주기보다 잘 놀 수 있도록 선생님의 목소리를 줄였을 뿐인데 교실 분위기가 바뀐 것 같다는 생각이 들었다.

오늘도 놀이가 끝난 후 "와~ 재밌게 잘 놀았다."라는 아이들의 말을 들을 수 있도록 고민하고, 지원하고, 노력한다.

"교사가 더 많이 내려놓을수록 놀이는 살아난다!"

+

3세반 교사 김진화

2019 개정 누리과정 시범유치원으로 선정되어 다양한 연수를 듣고 사례들을 접했을 때, '우리 유치원은 예전부터 놀이 중심으로 운영했는데 뭐가 달라진 거지?' 하고 의문을 가졌다. 그래서 때로는 서울, 오송까지 가서 듣는 연수가 피곤하게 느껴지기도 했다. 하지만 시간이 지날수록 놀이 중심 수업이 활성화된 옆반 선생님과 나의 다른 점을 발견하게 되었고 이 차이는 고스란히 유아들의 놀이에 나타났다. 유아의 흥미를 고려하여 놀이 중심으로 교육과정을 운영했다고 생각했는데 여전히 교실 안에서의 나의 권위는 높았고 가르치는 것에 몰두한 나머지 유아들을 지시하고 통제하고 있음을 깨닫게 되었다. 그럼에도 아이들은 자신들이 만든 놀이로 즐거움을 찾고 있었으며, 교사가 더 많이 내려놓을수록 유아가 주도하는 놀이들이 많이 나타났다.

특히 작년에는 놀이 주제, 교실 환경, 놀잇감 등이 유아로부터 시작되어 짧게는 몇 주, 길게는 한 달 이상 놀이의 흥미가 지속되는 것을 관찰할 수 있었고, 교사가 무엇을 가르치려 노력하지 않아도 놀이 과정에서 실패를 경험하고 문제를 해결해 가는 유아들의 모습에서 놀이 속 배움을 발견하게 되었다. 아울러 유아들의 놀이를 관찰하는 것이 얼마나 중요한 일인지, 교사가 어떻게 상호작용하고 어떤 자료를 지원해 주느냐에 따라 놀이가 확장되기도 하고 방향을 잃기도 한다는 것을 경험한 소중한 시간이었다. 올해는 유아의 놀이를 지원하는 과정에서 교사의 교육적 의도나 놀이의 흐름에 대한 고민과 반성적 사고를 통해 교사와 유아가 함께 성장하는 경험을 하고 있으며, 이 과정에서 유아·놀이 중심 교육과정이 더욱 단단해지고 있음을 느낀다.

"친구야 나랑 놀자!" 매일 아침 설레는 마음으로 교실에 들어서는 아이들, 땀을 뻘뻘 흘리며 놀이하는 아이들, 자신의 경험을 놀이에 반영하여 교사에게 놀이를 제안하는 아이들, 놀이 영역을 변형하고 새롭게 창조하는 아이들을 보며 비로소 우리 아이들이 유치원의 진정한 주인이 되었음을 느낀다.

"긴 고민 끝에 내린 놀이의 정의는 '함께 사는 삶'"

+

5세반 교사 최소라

내가 생각하는 놀이의 정의는 '함께 사는 삶'이다.

영화나 드라마 대본처럼 잘 짜여진 기존의 수업안이 아니라 유아와 교사가 놀이에서 일어나는 문제 상황이나 실패를 경험해 보고 구성원들과 함께 이야기를 나누고 다시 도전하는 모습이 꼭 삶과 비슷하다고 느껴졌다. 사실 어른인 나조차 무언가 도전하기 전에 실패에 대한 두려움이 앞서고 실패 후엔 다른 사람의 시선이 의식되어 재도전에 어려움이 많다.

놀이를 접하는 아이들도 자신들이 잘하고 익숙한 놀이만 하려는 모습을 보이다가 점차 흥미에 따른 놀이를 시도하고 생겨나는 문제를 인지하고 해결 방안을 함께 알아보며 도전하는 과정이 눈에 띄게 보였다.

이는 우리가 삶을 살아가는 데 가장 중요한 자세가 아닐까?

아이가 넘어지면 어른이 도움을 줄 때까지 가만히 기다리는 것이 아니라 스스로 옷을 털고 일어나 문제가 무엇인지 살펴보고 신발 끈을 묶어 다시 나아갈 수 있는 힘을 갖는 것이 삶을 살아가는 데 가장 필요하다고 생각한다. 이를 위해 교사는 유아의 놀이에서 놀이와 배움을 연결하는 상황을 지속적으로 관찰하고 기록하며 상황마다 적절한 지원을 해야 한다. 이러한 과정에서 다양한 교사의 역할이 요구되는데 "교사는 어떻게 해야 하지? 이게 맞나?"라는 불확실성에 대한 어려움이 많았다. 전문적 학습공동체를 통해 동료 교사와 놀이 상황에 맞는 교사의 역할과 지원에 대해 서로 어려움을 공감하고 의견을 말하면서 이론과 실천적 지식을 연결하는 장이 되어 교육적인 판단을 세우는 데 큰 도움이 되었다.

아이들과 놀이 속에서 푹 빠져 지내다 보니 점차 교사도 교실 속 구성원으로서 아이들과 함께 놀고 몰입하고 고민도 솔직하게 이야기할 수 있게 되어 '놀아주는 척하는 교사'가 아니라 '함께 놀이를 즐길 줄 아는 교사'가 되었다.

유아와 교사가 함께 놀기, 몰입, 고민 그리고 웃음이 끊이지 않는 교실이 진정한 살아 있는 교실이 아닐까? 생각한다.

"놀이에는 생각보다 인내심과 기다림의 시간이 더 많이 필요하다"

+

4세반 교사 임선아

1년 동안 놀이중심 교육과정은 어떻게 이루어졌을까? 놀이중심 교육과정이 시작된 지 얼마 되지도 않았을 뿐 아니라 코로나19로 인해 아이들과 정작 만난 날은 몇 개월 남짓! 그래도 교실에서 고군분투하며 놀이 중심 수업에 대해 수없이 고민해 보았다.

"이거 해요?", "이것도 하는 거예요?", "여기에 해요?" 끊임없이 확인하던 아이가 자신이 하고 싶은 놀이를 선택하고 친구와 공유하는 모습, "선생님하고만 같이 할래요." 하면서 교사가 없으면 놀이하지 않던 아이가 친구들과의 놀이 속에 스며 들어가 있는 모습, "이것 봐, 너도 해 봐! 정말 신기하지?" 하며 새로운 것을 발견하며 끊임없이 도전하는 모습. 아이들은 놀이 안에서 친구와 관계하며 자율과 절제, 끈기와 배려, 상황에 맞는 표현 방법, 문제해결력을 기르며 성장하고 변화했다. 이러한 장면이 담긴 놀이를 기록하며 아이들의 놀이 공간과 시간, 감각을 온전히 글로, 사진으로 담아낼 수 있었다는 것이 새삼 멋지고 감격스럽다. 기록하며 지원하고, 지원함으로써 함께 성장했던 순간들!

유아와 교사가 함께 성장할 수 있었던 이유는 인내심과 기다림임을 깨닫는다. 제자리에서 똑같은 놀이를 하는 것처럼 보이는 아이들을 인내심을 가지고 기다리다 보면 어느 순간 아이가 놀이 속에서 엄청난 발전을 하고 있다는 것을 발견하게 되기 때문이다.

"놀이는 지금!!"

+

원감 조경희

수십 년을 교사로 살아 보고, 지금은 원감으로 아이들과 교사를 함께 바라본다. 날마다 놀이하고 기쁨도 맛보고 실패의 쓴맛도 보는 아이들과 교사들이 아름답다. 그 속에 시간 가는 줄 모르는 몰입과 아이들을 향한 끝없는 바라봄이 있으면 적어도 후회는 없으리라. 그래서 놀이는 지금 이 순간이 지나면 사라지고 없음을 기억하련다.